AF505883

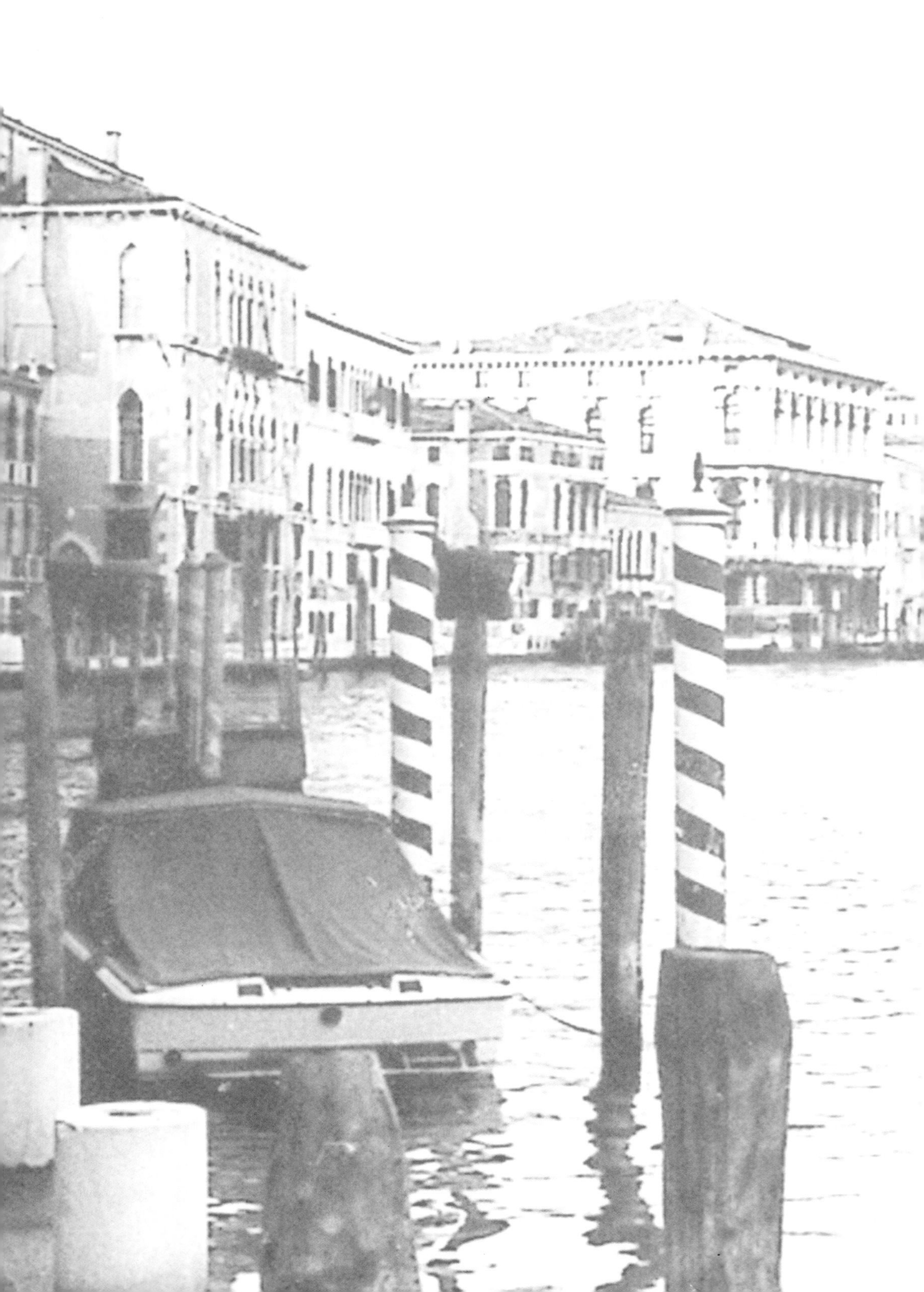

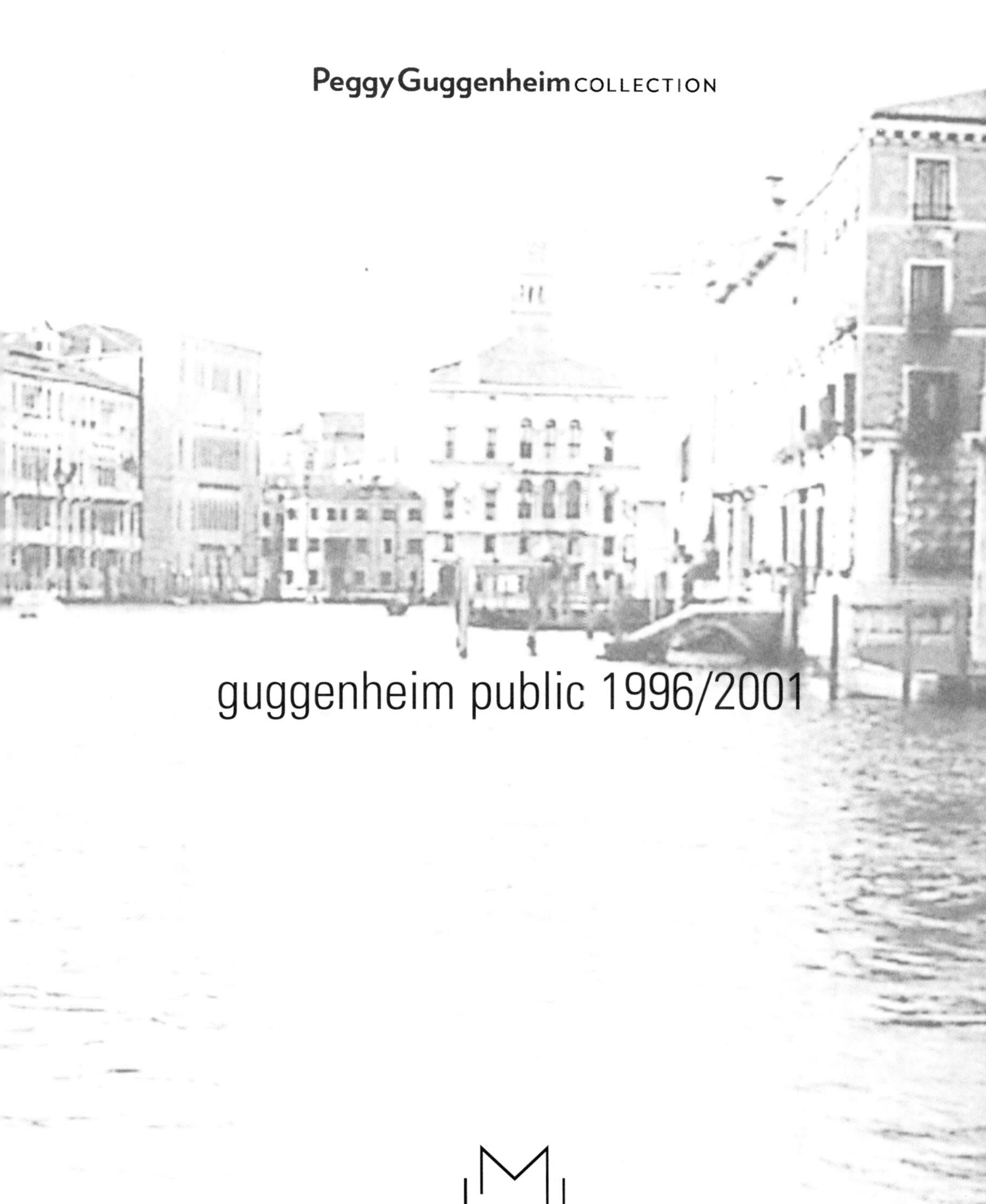

Peggy Guggenheim COLLECTION
guggenheim public 1996/2001

Guggenheim public
a cura di Anita Sieff

redazione
Chiara Barbieri, Sandra Caroldi
traduzioni
Susan Wise, Chiara Barbieri

progetto grafico e impaginazione
hopefulmonster, Torino

fotolito
FB, Torino
stampa
Garabello Artegrafica, San Mauro (To)

In copertina, installazione in occasione del Simposio
sull'Amore al Teatro Fondamenta Nuove, Venezia,
di Maurizio Pellegrin, Vincenzo Casali, Kico Mion.

Edizione
hopefulmonster
via Santa Chiara 30
10122 Torino
tel. +39.011.4367197
fax +39.011.4369025
e-mail: info@hopefulmonster.net
www.hopefulmonster.net

a to Joseph Beuys

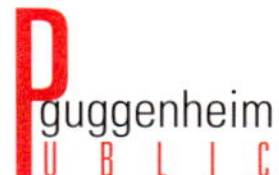

Il progetto Guggenheim public alla Collezione Peggy Guggenheim è stato molto affascinante e stimolante, soprattutto nell'ambito di una programmazione più tradizionale come quella tenuta dalla Fondazione con le sue mostre temporanee. Il progetto si è basato su incontri a intervalli regolari tra persone provenienti da vari campi del sapere in un luogo, Palazzo Venier dei Leoni, abbastanza isolato da evitare l'influenza e i condizionamenti derivanti dai media e dalle abituali dinamiche di mercato e di lavoro, ed in una città, Venezia, collegata al presente da un legame ben più esile rispetto a molte altre città. Guggenheim public, come nelle intenzioni di Anita Sieff, ha così assunto le caratteristiche di un'opera concettuale.

Guggenheim public, ideato da Anita Sieff e Richard A. Rifkind, ha ricevuto l'appoggio della Norma and Rosita Winston Foundation, New York, che ha reso possibile anche la realizzazione di questo volume. Nell'arco degli ultimi due anni il progetto ha inoltre ricevuto il sostegno del Consorzio Venezia Nuova. Il Simposio sull'Amore, organizzato nel 2000 da Guggenheim public, è stato inoltre finanziato dalla Fondazione della Cassa di Risparmio di Venezia e dalla Regione Veneto. A nome della Collezione Peggy Guggenheim esprimo a tutti la mia gratitudine per la generosità offerta.

Desidero esprimere la mia stima e gratitudine a Philip Rylands, direttore della Collezione Peggy Guggenheim, ad Anita Sieff, che ha autonomamente diretto il progetto per l'intera sua durata, a Chiara Barbieri, che lo ha coordinato all'interno della Collezione Peggy Guggenheim, e a tutti coloro che con maggior o minore assiduità hanno contribuito con le proprie idee e creatività alla riuscita del progetto.

Thomas Krens
Direttore, Fondazione Solomon R. Guggenheim

The Guggenheim public project at the Peggy Guggenheim Collection has been a fascinating and stimulating addition to the more traditional programs of the Foundation, such as temporary exhibitions. Based on the meeting of highly intelligent minds in debate and argument, at regular intervals, in a place (Palazzo Venier dei Leoni) arguably detached from any environment that may somehow condition the participants' reflexes in terms of the market place, the work place, the stage or the media, and in a city itself more tenuously locked into the present than most cities one can think of (Venice), Guggenheim public took on, as Anita Sieff intended, something of the character of a conceptual work of art.

Guggenheim public was conceived by Anita Sieff and Richard A. Rifkind. It has been financed by the Norma and Rosita Winston Foundation, New York, which has also funded the publication of this volume. Support has also been received from the Consorzio Venezia Nuova over the past two years. In 2000, the Symposium on Love, a project of Guggenheim public, received additional financing from the Fondazione della Cassa di Risparmio di Venezia and the Regione Veneto. On behalf of the Peggy Guggenheim Collection, I express gratitude for their generosity.

Together with Philip Rylands, director of the Peggy Guggenheim Collection, I would like also to express esteem and gratitude to Anita Sieff, who single-mindedly led the project over its entire life, to Chiara Barbieri, who provided management and coordination from within the Peggy Guggenheim Collection. and to all those who with greater or lesser frequency contributed their ideas and their intellects to the project.

Thomas Krens
Director, The Solomon R. Guggenheim Foundation

Giorgio Agamben, Olivia Agostini, Mario Airò, Maurizio Allegretto, Carol
Antonio Attisani, Chiara Barbieri, Ludovica Barbieri, Franco Basag
Anna Benucci, Paola Bernardi, Sara Bernardi, Alberto Bernstein, Chia
Stefano Bonaga, Simonetta M. Bondoni, Achille Bonito Oliva, Natas
Connie Burg, Giorgio Busetto, Giulio Busi, Enrico Caine, Sara Caine
Letizia Cariello, Sandra Caroldi, Vincenzo Casali, Philippe Casanov
Elena Cimenti, Marco Cingolani, Virginia Ciuffini, Luca Clabot, Jack Coh
Costa, Giovanni Costantini, Jan Cox, Alessandra Craighero, Teres
Dallerba Ricci, Francesco Da Mosto, Lisa Corinne Davis, Nicolò De Fa
Demarco, Nives De Meo, Duccio Demetrio, Caterina De Rienzo, Ghisla
D'Udine, Fabrizio Elefante, Enrichetta Emo, Eredi Brancusi, Maria Giu
Feldman, Mariuccia Ferraguti, Pier Ferrarese, Marco Ferraris, Aurora Fon
Galimberti, Umberto Galimberti, Michael Galasso, Alessandra Gallet
Maries Gardella, Luigi Gardenal, Michele Gervasutti, Sergio Ghet
Sergio Givone, Daniele Goldoni, Antonietta Grandesso, Piera Grandes
Iachini, Giuseppe Indelicato, Christian Jankowski, Franco Jesurum, Aria
Satish Kumar, Sergio Lamacchia, Teresa Lapis, Maurizio Lazzarato, Dia
Romano Madera, Alberto Madricardo, Danilo Mainardi, Elena Marango
Carlo Maschietto, Jeff Matsuno, Humberto Maturana, Ebba Matz, Stefa
Cristiana Moldi Ravenna, Karen Moller, Carlo Montanaro, Francesca
Ugo Morelli, Maria Morganti, Luca Muscarà, Paola Nervi, John Pet
Patelli, Eliana Paternolli, Marco Paties, David Peat, Maurizio Pelleg
Pini, Angela Pisciotta, Carlo Pizzati, Corrado Poli, Antonio Presti, Tizia
Sophie Revel, Sonia Rolak, Beppe Richieri, Carole Rifkind, Dick Rifkin
Ronco, Paolo Rosa, Philip Rylands, Enrique Ruspoli, Grace Sale
Catherine Shainberg, Guido Salsilli, Mariateresa Sartori, Marco Senal
Adriano Sofri, Enrico Spanio, Ivano Spano, Charlene Spretnak, Gerd Ste
Grazia Toderi, Raffaella Toffolo, Fabio Tomei, Toni Toniato, Edmund
Vittorio Urbani, Chiara Vaccari, Gloria Vallese, Ornella Vanoni, Mar
Nick Waplingston, Paula Weideger, Emmi Whitehorse, Pyra Wise

ntich, Antonio Arevalo, Mauro Arrighi, Michele Arzenton, Rita Asirelli, Martine Batchelor, Jean Baudrillard, Gloria Beggiato, Luca Bendini, rtola, Paolo Bianchi, Sandra Binion, Alberto Boatto, Constantin Bokhorov, rdiglia, Marina Boscaro, Goran Bregovich, Troels Bruun, Guido Burbatti, ccardo Caldura, Ettore Camuffo, Donatella Caprioglio, Gabriella Cardazzo, olo Cecchi, Francois Chat, Arthur Chen, Laura Cherubini, Angiola Churchill, Marco Cola, Lorenzo Colombo, Alessandro Consolo, Giorgio Conti, Guido risigiovanni, Davide Cristante, Ludovica Dal Lago, Mario D'Avino, Pucci autier Deblonde, Daniele Del Giudice, Tommaso Del Vecchio, Richard evroede, Karen Diamond, Elisabetta Di Maggio, Massimo Donà, Bruno bbri, Paolo Fabbri, Don Factor, Corrado Fantoni, Ken Eagle Feather, Karen avia Fossa Margutti, Orsola Foscari, Antonella Franch, Suzi Gablik, Katja ca Gambarotto, Gabriella Gamberini, Manuela Gandini, Fiora Gandolfi, namaria Ghion, Cristiana Giacometti, Stefania Giammetta, Luigi Giannuzzi, lexander Greene, Silvia Gruner, Luis Guzman, Ann Hamilton, Roberta kic, Massimo Kaufmann, Shelagh Keeley, Joseph Kosuth, Ziva Kraus, wis, Salvatore Leurini, Silvestro Lodi, Giuseppe Longo, Simone Lucetti, ntonio Marazzi, Vittorio Marchiori, Giacomo Marramao, Rosa Martinez, edda, Laura Megna, Anat Meruk, Stefano Micelli, Tommaso Mingati, ontreale Mantica, Gabi Morales, Barbara Morandi, Gabriella Morandi, sson, Emanuela Not, Gustavo Ortiz, Raul Pantaleo, Alberto Panza, Paolo iziana Penzo, Lucia Pesce, Telmo Pievani, Dominique Pinchi, Francesco etto, Luca Quarin, Cay Sophie Rabinovitz, Franco Rella, Salomon Resnik, ichela Rizzo, Giovanni Rizzoli, Gianni Romano, Elia Romanelli, Claudio asser, Norbert Salenbauch, Michela Salerno, Nildo Sanvido, Gigi Savio, ederico Serafini, Anita Sieff, Saverio Simi, Lidija Sircelj, Gleb Smirnoff, na Szeemann, Richard Tarnas, Federica Thiene, Elizabeth Thompson, rres Tresierra, Merilyn Tunneshende, Luigina Tusini, Flavia Urbani, scon, Federico Vegas, Ezio Visconti, Vito Vitti, Joan Waltemath, san Wise, Lika Woolf, Michele Zaggia, Marina Zanazzo, Guido Zucconi

guggenheim public 1996/2001
un esperimento di scultura sociale

direttore di progetto Anita Sieff

L'esperimento Guggenheim public è stato un processo durato 5 anni: dal settembre 1996 al dicembre 2001. L'ispirazione è decisamente riconoscibile come eredità di Josef Beuys, e il mio intento è sempre stato di creare ad ogni incontro una "scultura sociale" come Beuys intendeva l'opera immateriale della comunicazione. In questo mi sono sentita l'anima dell'esperienza, la scultura doveva la sua riuscita comunque al di là di me, ad una disponibilità comune all'ascolto e alla generosità di un darsi. Molto spesso siamo stati sorpresi dalla gioia di una intimità in cui si vedevano crescere inaspettatamente, in una sorta di concerto, le rispettive creatività e formarsi un significato che andava molto oltre le nostre stesse visioni particolari per formarne una comune, inusuale.

La crescita dei partecipanti al Guggenheim public è partita da una prima selezione di venti persone sulla base di una loro onestà intellettuale, ed è cresciuta organicamente perché ognuno aveva la possibilità di estendere l'invito ad altre persone che sarebbero, se lo avessero gradito, divenute a loro volta partecipi del dialogo. La membership card distribuita ai partecipanti forniva l'accesso gratuito ai vari musei Guggenheim del mondo, e vantaggi come uno sconto nello shop e al ristorante. Il progetto Guggenheim public è stato sponsorizzato da Carole e Dick Rifkind, sostenitori del museo e miei amici personali.

Il presente catalogo tiene conto di quanto esposto come premessa fondante, poiché il testo di ciò che si leggerà non sarà mai imputabile ad un autore in particolare, ma sarà frutto del montaggio dei vari contributi ad opera di una redazione flessibile. Durante ogni incontro il dialogo veniva registrato e poi deregistrato per produrre il materiale da pubblicare via foglio annuale e newsletter trimestrali. Le deregistrazioni subivano un montaggio per ragioni di sintesi. Le deregistrazioni sono state fatte i primi due anni da Chiara Barbieri e gli ultimi tre anni da Sandra Caroldi. La redazione del Simposio sull'Amore era formata da Sandra Caroldi, Alberto Madricardo, Nives De Meo, Mario D'Avino. I testi integrali dei contributi al Simposio sono reperibili sul sito: www.ethicstv.com. Le traduzioni in inglese sono state a cura di Susan Wise. Tra i partecipanti più assidui nel corso dei cinque anni ricordo Donatella Caprioglio, psicoterapeuta infantile; Elena Cimenti, storica dell'arte; Gabriella Cardazzo, filmaker; Sandra Caroldi, sociologa e artista; Paolo Cecchi, musicologo; Giorgio Conti, urbanista; Giovanni Costantini, graphic designer; Pucci Dallerba Ricci, architetto; Nives De Meo, docente di matematica; Mario D'Avino, docente di filosofia; Elisabetta Di Maggio, artista; Massimo Donà, docente di estetica; Fabrizio Elefante, consulente editoriale; Maria Giulia Fabbri, architetto; Marco Ferraris, artista; Fiora Gandolfi, giornalista; Antonietta Grandesso, architetto; Amedea Lo Russo, psichiatra; Alberto Madricardo, docente di lettere; Antonio Marazzi, antropologo; Cristiana Moldi Ravenna, poeta; Maurizio Pellegrin, artista; Claudio Ronco, compositore violoncellista; Susan Wise, poeta; Michele Zaggia, docente di filosofia. Sono loro dunque che hanno alimentato maggiormente il farsi della scultura sociale, ma molti sono stati coloro che hanno depositato generosamente il proprio pensiero e contribuito alla crescita di una coscienza sempre più sofisticata della natura di "public".

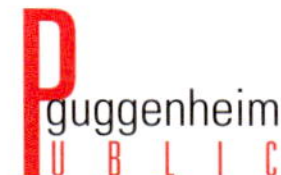

guggenheim public 1996/2001
an experiment of social sculpture

project director Anita Sieff

The Guggenheim public experiment is a process that lasted five years: from September 1996 to December 2001. We can certainly identify Joseph Beuys' legacy as its inspiration, my intent always being to create at each encounter a "social sculpture", which for Beuys was the immaterial work of communication. I felt I was its soul, yet the sculpture succeeded beyond me, in a shared willingness to listen and to give ourselves in a generous spirit. We were often taken by surprise by the joy of feeling a closeness where we could unexpectedly see, as in a concert, our respective creativities expand, and a meaning appear that went way beyond our own personal visions to form a new, shared and unusual one.

The number of the Guggenheim public participants began with a selection of twenty members, based on their intellectual honesty, then growing organically, since each of them could extend the invitation to other persons who could have, in turn, become participants in the evolution of the dialogue. The membership card given to the participants offered free access to the Guggenheim museums and other benefits such as discounts in the bookshops and restaurants. The Guggenheim public project was sponsored by Carole and Dick Rifkind, Advisory Board members of the museum and personal friends.

The present catalogue reflects the founding premise of the above principles, since the texts you will read can never be attributed to a particular author but is the result of a flexible editing of the different contributions, the group of editors being varied. During each encounter the dialogue was recorded. The de-recorded material was subsequently abridged in view of a synthesis. Editing of the Symposium on Love was done by Sandra Caroldi, Alberto Madricardo, Nives De Meo, Mario D'Avino. The full texts of the contributions to the Symposium on Love can be found on the site www.ethicstv.com. The de-recording of each encounter was performed the first two years by Chiara Barbieri, and the last three years by Sandra Caroldi. English translations were by Susan Wise. The most assiduous participants over the five years period were Donatella Caprioglio, psychotherapist for children; Elena Cimenti, art historian; Gabriella Cardazzo, filmaker; Sandra Caroldi, sociologist and artist; Paolo Cecchi, musicologist; Giorgio Conti, urban planner; Giovanni Costantini, graphic designer; Pucci Dallerba Ricci, architect; Nives De Meo, mathematics professor; Mario D'Avino, philosophy professor; Elisabetta Di Maggio, artist; Massimo Donà, aesthetics professor; Fabrizio Elefante, publishing consultant; Maria Giulia Fabbri, architect; Marco Ferraris, artist; Fiora Gandolfi, journalist; Antonietta Grandesso, architect; Amedea Lo Russo, psychiatrist; Alberto Madricardo, humanities professor; Antonio Marazzi, anthropologist; Cristiana Moldi Ravenna, poet; Maurizio Pellegrin, artist; Claudio Ronco, cello composer and performer; Susan Wise, poet; Michele Zaggia, philosophy professor. They were the ones who took the greatest part in performing the social sculpture, but many others generously offered their thoughts and contributed to the growth of a more and more sophisticated awareness of the nature of "public."

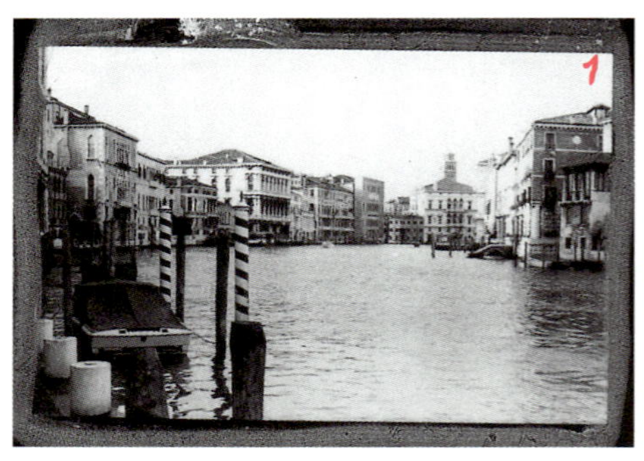

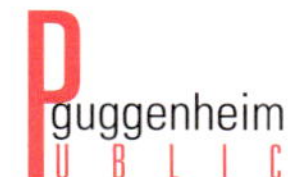

Con il secondo anno di attività, Guggenheim public ci impone una riflessione relativamente a quanto elaborato. Nei nostri precedenti incontri abbiamo convenuto che la complessità del vivere contemporaneo ci sottopone ad una vigilanza estrema affinché possiamo cogliere le mille implicazioni e operare le nostre scelte nella più alta consapevolezza. Questo impegno di energie, che ci toglie dalla norma di un procedere lineare, perché dissemina l'attenzione, ci dispone anche in modo diverso nei confronti del futuro, delle aspettative e prevedibilità perché ci ingaggia senza sosta nel presente. Abbiamo pensato di dover lavorare sul presente per poter essere in grado di fronteggiare l'emergenza di un futuro. Ma lavorare sul presente vuole dire trovare un linguaggio comune in grado di consentire la comunicazione tra le specificità dei saperi. Abbiamo identificato l'etica come parametro, come indicatore di metodo per l'accesso ad un metalinguaggio.

Il *work in progress* che la vita ci impone è anche un aspetto fondamentale dell'esperimento Guggenheim public perché ogni incontro deve tenere conto di una complessità analoga. Le persone che partecipano agli incontri provengono dai più svariati campi del sapere. Il Guggenheim public del resto non vive della pianificazione di temi ma si pone come catalizzatore di attenzione e ha l'ambizione, nell'inaspettata avventura dello stare assieme e nell'osservanza dell'unica ed imprescindibile indicazione di metodo che sono disponibilità e tolleranza, di poter individuare quel filo rosso che è il divenire consapevole di un intento comune. Devo dire che finora abbiamo rispettato l'obiettivo, e l'affluenza e periodicità di questi incontri lo dimostrano. Data la natura non produttiva di questa iniziativa è anche giusto limitarla ad essere un laboratorio a cui poter accedere per ispirarsi, rispettando così la natura del luogo nel quale ci riuniamo. Vorrei ringraziare la Collezione Peggy Guggenheim e la Fondazione Guggenheim per sostenere una iniziativa come la nostra dando prova di una grande lungimiranza per quello che è il futuro delle istituzioni museali, viste non solo come luoghi dove ospitare le opere come testimoni della cultura, ma dove promuoverla nel suo processo in divenire.

Abbiamo ripreso i nostri incontri quest'anno parlando di Beuys e della sua idea di "scultura sociale" chiedendoci come nel contemporaneo sia stata portata avanti la sua eredità. La riflessione si inserisce nella prospettiva del progetto "Simposio sull'amore" relativamente all'articolazione di che cosa implichi l'atto creativo individuale e sociale.

Un grazie a tutti per il contributo a questa iniziativa.

In its second year, Guggenheim public calls upon us to think about what we have accomplished. In our previous encounters we agreed that the complexity of living today forces us to be very much on our guard in order to grasp all the implications and make our choices with the utmost awareness. Such a commitment of our energies, that frees us from the norm of a linear course by fanning out our attention, also alters our approach to the future, to our expectations and foresights, since it constantly recalls us to the present. We thought we should work on the present to be able to face the emergency of a future. But working on the present means finding a common language for communication between the different forms of knowledge. We identified ethics as a parameter, a method pointer for seeking such a meta-language.

The work in progress life imposes on us is another essential aspect of the Guggenheim public experiment, because each encounter has to deal with a like complexity. Those who take part in the encounters come from the most varied fields of knowledge. Besides, Guggenheim public does not live on planning themes but seeks to be a catalyst of attention. Its purpose, within the unforseen adventure of being together, and in the respect of our absolutely compelling methodology — willingness and tolerance — is to identify that guiding line: becoming aware of a shared intent.

I can only say that up to now we have stuck to our purpose, and the popularity and regularity of our meetings are there to prove it. Given the non-productive nature of this undertaking, it is only fair to limit it to being a laboratory, a source of inspiration, thus acknowledging the nature of the place where we meet. I wish to thank the Peggy Guggenheim Collection and the Guggenheim Foundation for backing an initiative such as ours, thus proving great foresight as to the future of museum institutions, seen not merely as places containing works as testimonies of culture, but where culture can be promoted in its becoming.

This year we resumed our encounters talking about Beuys and his concept of "social sculpture", wondering how his legacy is being pursued in our day. That reflection is a part of the "Symposium on Love" project about the meaning of the individual and social creative act.

Many thanks to everyone for their contribution to this undertaking.

Guggenheim public è un esperimento in cui da un lato la Collezione Peggy Guggenheim, come ospite, dall'altro i partecipanti, come risorse, avviano un dialogo allo scopo di ridefinire il significato di luogo di cultura. Dall'11 settembre 1996, ogni mercoledì sera alle 20 al Museum Café per la cena, e alle 21 in biblioteca per il proseguimento della riunione, ci si incontra per tentare l'esperienza della creazione di pensiero sulla base di una disponibilità al reciproco ascolto. Ogni incontro viene registrato: questo foglio offre un estratto di alcune conversazioni di questi primi mesi, oltre a brani tratti da testi scritti dai partecipanti per l'occasione. Si tenta qui di restituirle senza trarre conclusioni, ritenendo più importante, in questo momento, condividere con chi legge il senso dell'iniziativa. Guggenheim public rappresenta un'anomalia nell'orizzonte culturale contemporaneo, poiché non si prefigge e non è gravato da esigenze immediatamente produttive. È quindi in base ai processi e non agli esiti che l'iniziativa va interpretata. In sintonia con lo spirito di Peggy Guggenheim, Guggenheim public si propone di diventare un riferimento internazionale per chi giunge a Venezia con l'interesse di partecipare alla vita culturale della città.

Guggenheim public is an experiment whereby the Peggy Guggenheim Collection, as the host, engages a dialogue with the participants to redefine the significance of a place of culture. As of September 11,1996, we meet every Wednesday at 8.00 p.m., in the Museum Café for dinner, and then at 9.00 in the library, to continue our meeting, and attempt, on the basis of an unreserved reciprocal attention and acceptance, to experience the creation of thought. Every meeting is recorded, and thus excerpts from conversations of the past few months are here collected, together with excerpts from texts written by the participants for the occasion. Our attention has focused on presenting such conversations to the reader, rather than bringing him to any direct conclusion, as we presently believe it far more important to share the experience of the initiative. Guggenheim public represents an anomaly on the contemporary cultural horizon, as it neither includes among its goals, nor is aggravated by, the urge of immediate productivity. The initiative should therefore be viewed in terms of its process and not of its results. In the spirit of Peggy Guggenheim, Guggenheim public is also intended as an international referent for those who come to Venice and wish to participate in the cultural life of the city.

Non necessariamente si vede con l'occhio, forse il vedere lo si vive con la mente. Normalmente si ha un approccio visivo, non estetico.

Non esiste un territorio del pensiero che ti educhi nella dimensione estetica, esiste un intersecarsi orizzontale di immagini che non sempre sollevano il sistema di percezioni in termini di qualità.

Siamo oberati da immagini. Il vuoto è relativo alla perdita del vedere come esperienza estetica. Solo un approccio filosofico — dunque di sublimazione — può consentire l'esperienza estetica.

• A me interessa l'esperienza del vedere come prigione. Se uno si fissa troppo su un'immagine ne viene imprigionato. L'immagine di Venezia, per esempio, è tanto forte da compromettere il desiderio di aprirsi a nuovi modelli.

In questo caso il vedere può diventare una prigione del pensiero.

• Sto cercando di andare verso il vuoto.

Il pieno dell'architettura mi terrorizza e quindi sono d'accordo sul rischio della prigione del vedere, in un certo senso. La parola è immagine — ci dovremo rifugiare lì.

• Il vedere — come cinefilo sono un voyeur sistematico — è senza teoria. Senza l'istinto dell'artista il teorico non può esistere.

• Il vedere come forma privilegiata di conoscenza e di rapporto, come legame immaginario con ciò di cui non partecipiamo più, costituisce in questa fine secolo una piccola rivoluzione antropologica. È come se gli occhi si fossero spropositati rispetto a qualunque altro modo del percepire.

Da un punto di vista filosofico ci si potrebbe interrogare se esiste un'etica del vedere: un buon vedere, un cattivo vedere? È la semplice differenza tra il guardare e l'osservazione consapevole?

Da un punto di vista esistenziale, e di "educazione sentimentale" potremmo chiederci quali sentimenti determina una percezione affidata prevalentemente allo sguardo. Ricordando però che la forma di conoscenza più profonda, quella teologica, ha presupposto il non visibile come parte fondamentale del nostro essere e della nostra relazione. Ci sono religioni nelle quali è interdetta ogni immagine, ogni

The act of seeing is not necessarily related to the eye, as is probably lived in our mind. We tend to have a visual, rather than an aesthetical approach. There is no area of thought which educates us to the aesthetical dimension, there exists only a horizontal entwining of images which does not always qualitatively improve our perceptiveness.

We are aggravated by images. Emptiness is related to our loss of vision as aesthetical experience. Only the philosophical approach, that of sublimation, calls for an aesthetical experience.

• It is the act of seeing as 'prison' which interests me. If we focus for too long on an image, it may capture us. The image of Venice, for example, is so strong that the desire to open oneself to new models is jeopardized as a result.

The act of seeing may thus become a prison for our minds.

• I am striving to reach emptiness.

The fullness of architecture terrorizes me, and here I somewhat agree with the risk of seeing as a prison. Words are images — there lies our refuge.

• The act of seeing (as a cinephile, I am a systematic voyeur) exists without theory. A theory cannot exist without the instinct of the artist.

• At the end of this century, seeing as a privileged form of both knowledge and relation, as an imaginary bond with what we are no longer a part of, becomes a small anthropological revolution. It is as if our eyes had overgrown any other form of perception. From a philosophical point of view, we could indeed wonder if an ethic of vision exists: is there a good or a bad way of seeing? Does it simply consist of the difference between looking and consciously observing?

From an existential point of view, and that of a 'sentimental journey', we could also wonder which feelings arise from a predominantly visual perception. However, we should not forget that the deepest form of knowledge, theology, presupposes the not-visible as the fundamental core of our existence and relation.

"icona", di ciò che pensiamo come divinità.

• Poiché mi occupo di cultura aniconica mi interessa il problema posto da Daniele, se cioè il procedere verso una cultura dell'immagine sia un problema essenziale della conoscenza. L'aniconismo infatti, il divieto della rappresentazione, significa che l'endiade di percezione — sentire e vedere — è un dilemma fondante della conoscenza. In realtà il precetto aniconico indica sostanzialmente — per esempio nell'ebraismo — un ribaltamento per cui bisogna vedere le voci e sentire le immagini.

Il rovesciamento della percezione automatica come viene posto nella religione del misticismo può essere una via interessante verso la conoscenza. Secondo la cultura ebraica l'energia si trattiene proprio grazie al divieto di raffigurare, cioè di delimitare il dicibile in un'immagine. L'energia sta nel non detto. Il nome divino, per esempio, non può essere pronunciato, eppure la professione di fede è l'ascolto.

• Il vedere è un'esperienza di enorme ambiguità ma paradossalmente è diventata il certificato dell'oggettività delle cose. Se tu vedi una cosa questa sparisce. Guardare e vedere sono attività sostanzialmente diverse. Quando Bonnard parla della pittura, come di un'avventura del nervo ottico, o quando Giacometti dice che tra la punta del naso e la sua radice c'è un abisso, ambedue intendono proprio questo. Quando si guarda a lungo una cosa, questa tende a sparire, quindi il vedere non deve essere dato per scontato.

• Forse il vedere è prossimo al concetto di consapevolezza.

• Il vedere è intimamente connesso con l'apparire. Io le cose non le vedo: mi appaiono. Anche nelle esperienze estetiche. Per molti anni non ho visto certe cose, poi, per incanto, ripassando davanti allo stesso Bonnard, mi appariva. Era caduto il velo.

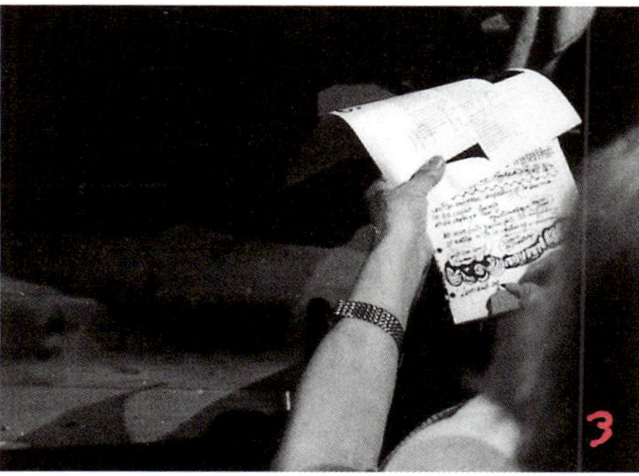

• Introdurrei la bellezza come fattore per determinare la visione.

Penso che nell'opera d'arte, come nella natura, ci sia sempre una possibilità di determinazione della bellezza come metodo. Bellezza come grazia o violenza.

• In realtà esistono diverse soglie del percepire, soglie diverse come l'istinto, la consapevolezza ecc. Sentiamo parlare di conoscenza come di traiettoria che passa principalmente nell'ambito del visivo. Scordiamocelo. La conoscenza è una complessità che ha bisogno di molti più canali: passa attraverso i cinque sensi e altro.

• È esistito un tempo in cui si credeva che lo sguardo fosse una forma di emissione tattile. La donna di Dante tiene lo sguardo basso perché teme che lo sguardo dell'uomo possa attraversare il suo corpo.

• E non credi che questo capiti ancora adesso?

• Sì, tant'è vero che una persona guardata si gira. Tuttavia è cambiato proprio l'atto. Esiste un atto del guardare come azione che è diventata debordante e che è diventata strumento di lavoro, di commercio e guadagno.
Questo cambia la natura dell'atto.

• Forse ci vuole un'etica dell'estetica.

• Dobbiamo renderci conto che la perentorietà dell'immagine è data dalla consuetudine a non metterla in dubbio, a non contestarla.
Perché non ci domandiamo chi e perché ci fanno vedere quello che ci viene dato da vedere?

• Non è il problema del "chi", ma del "quanti". Non è mai capitato storicamente che così tanti individui abbiano partecipato al problema della rappresentazione. Anche il gesto della creazione artistica — in un universo che non è solo l'universo dell'immagine, ma in cui il lavoro è teso alla rappresentazione — deve fare i conti con la nuova realtà.

• Così si rischia di perdere di vista il problema della qualità estetica, che non importa più perché non abbiamo più soglia critica: questo è devastante.

• È vero che nella differenza tra ieri ed oggi si colgono certe sfumature.
L'equivoco di base sul significato di theatron greco è che si pensa si chiamasse così perché si andava a vedere lo spettacolo, invece non è vero.
Si chiamava così perché in quel luogo si vedeva qualcosa per la prima volta, che era anche l'unica. Il vedere era apparizione. C'era una epifania. Il vedere era l'atto conoscitivo, era esperienza, era una scoperta con la quale convivere e che poteva modificare la propria vita.

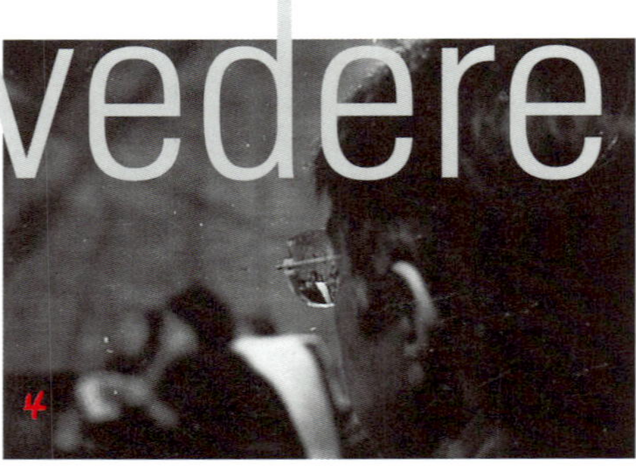

Il vero problema è come dire, non cosa dire. Come vedere non cosa vedere.

• Abbiamo bisogno delle parole per il processo della riflessione che ci conduce alla conoscenza. Perciò non dobbiamo avere paura delle parole, ma guardarle e usarle per quello che sono.

• All'inizio anch'io ero abbastanza intimidita perché sentivo tutte queste parole, questi concetti.

• Ma non dobbiamo sentirci intimiditi.

• Già. È anche interessante sentire i vari punti di vista. Penso che ognuno di noi debba cercare di dire qualcosa di nuovo.

• È adorabile che siamo qui in mezzo ai pasticci linguistici, portati dalla passione di una riunione come questa. Si tratta ora di essere disponibili, veloci, elastici e senza problemi così da trovare un codice per elaborare riflessioni.

• Questa sera ho sentito molte cose interessanti, mi è piaciuto quello che ha detto Giulio quando ci ha fatto ricordare la modalità diversa di rapportarci all'immagine e alla parola.

Credo che non dobbiamo difenderci, qui c'è tutto da esporre, c'è un rischio da correre. Se avremo voglia di rischiare ci divertiremo e scopriremo qualcosa. Il problema con cui mi confronto nel vedere e nel far vedere è il problema del dentro e del fuori. Per esempio oggi parlo di vuoto, perché non riesco più ad attaccarmi a certe cose che ormai ho consumato, intendo dire quelle che non mi permettono più di vedere. Se dovessi veramente vedere Venezia, come me la vogliono far vedere, me ne sarei già andata. Invece la vedo come un potenziale. È vero che ha una forma finita, che è vecchia, che è rimasta indietro nel linguaggio, però è anche in divenire, è una possibilità.

play, which is untrue.

The name meant that in such a place one saw a play for the first and also the only time. Seeing was apparition. It was an epiphany. The act of seeing was a cognitive one, it was experience, it was a discovery one had to live with, which could change one's life.

The real problem lies in how something should be said, not what should be said. How to see, not what to see.

• We need words for the process of meditation that will lead us towards knowledge.

Therefore, we should not be afraid of words, but see them, and use them for what they are.

• At the beginning I felt intimidated too, as I heard all these words and concepts.

• But we should not feel intimidated.

• Indeed. I find it also interesting to hear different points of view.

I believe we should all try to say something new.

• It's wonderful to find all of us hear enmeshed in linguistic traps, driven by the passion of a meeting such as this one.

It is now a matter of being receptive, quick, agile and free so as to find a common code in order to elaborate thoughts…

• Tonight, I have heard quite a few interesting things, I like what Giulio said when he made us think of the different ways of relating to images and words. I don't think we should be defensive, we should open up and take chances.

If we are willing to take chances, we will enjoy ourselves and discover new things.

The problem I face when I see, or I make someone see, is that of the exterior and the interior. Nowadays, for example, I speak of emptiness because I can no longer keep hold of what I have already exhausted, the things that no longer allow me the possibility of seeing.

If I really were to see Venice as they want me to see it, I would have already left it.

Instead I see it as a potentiality. It has a definite form, it is old, and its language is far behind, but it is also changing, it is a possibility.

seeing

complessità

complexity

Queste serate non hanno né piano né strategia anche se forse prima o poi arriveremo al punto di decidere il tema della nostra discussione. Proviamo a parlare della crisi del linguaggio, un po' in tutti i campi, per l'architetto, per lo scrittore, per il filosofo. Negli incontri precedenti era emerso il bisogno di prendere in considerazione una serie innumerevole di eventi: quindi l'idea della complessità piuttosto che della linearità.

• È importante fare una distinzione tra complessità reali e complessità indotte da una serie di condizioni che ci troviamo quotidianamente a vivere. Un conto è la complessità insita nelle tecniche, nei linguaggi di ognuno, un conto è la complessità di linguaggio dovuta a condizioni di mercato, cioè al grado di sovraffollamento di offerte rispetto a una domanda che tende a restringersi. Complessità è un termine relativo che va definito rispetto all'ambito a cui fa riferimento. All'origine della nostra volontà di incontrarci sta il desiderio di comunicare al di là della cerchia di persone con le quali si hanno gerghi e consuetudini in comune.

• Esiste questo bisogno, ma siamo trattenuti dalla condizione di "disagio" dell'artista. Il disagio dell'artista è particolare in questa fine millennio. Noi produciamo cose e abbiamo bisogno che altri le comprendano. Esiste però uno scollamento fra la società e coloro che creano questi prodotti e questo genera il mio disagio, il disagio dell'artista, il disagio dell'opera d'arte. Tuttavia non si tratta di un disagio negativo, ma di una condizione di tensione — che però può essere positiva, interessante.

• Questo in maniera indotta rientra nella complessità del linguaggio.

• Il linguaggio dell'economia aziendale distingue fra *problem* e *mess*. Il problema può essere risolto con la logica, con un metodo. Il *mess* invece sfugge alle definizioni, è una cosa che dipende dal fattore umano, non ha procedura. Quello che distingue il *mess* è la complessità. L'artista lavora nella complessità e la risolve con il messaggio dell'arte.

• L'arte contemporanea ha semplicemente messo in evidenza il *mess* che già esisteva. Allora il problema è come paragonare l'arte agli altri ambiti disciplinari. Nel linguaggio tecnico/scientifico è chiaro quello che devo comunicare e il codice con cui lo comunico. È molto meno chiaro cosa vuole

Our evenings have neither a plan, nor a strategy, though we may eventually come to the point of defining a theme of discussion. Let's approach how the crisis of language affects different fields of activities, and is thus perceived by architects, writers, or philosophers. Our previous encounters had voiced the need for considering a multitude of events, and thus the idea of complexity as opposed to linearity.

• It is important to separate between true complexities and those which are instead induced by a series of circumstances as found in our daily lives. The complexity inherent in one's context and language differs from the complexity of language as instilled by market conditions, that is by the degree of supplies which over-exceeds that of consistently decreasing demands. The term complexity is a relative one, and it should be re-defined each time according to what it refers to. At the heart of our wanting to meet here stands the desire to communicate beyond the group of people who share our habits and jargons.

• The need is real, though we are held back by the discomfort felt by the artist. At the end of the millennium, the discomfort of the artist is of a peculiar nature. We produce things, and we need others to understand them. The existence of a progressive detachment between society and those who create such products, nevertheless, generates my discomfort, the discomfort of the artist, the discomfort of the work of art. It is not however negative, it is a situation of tensions which could indeed be positive, interesting.

• In an induced way, it all falls within the complexity of language.

• The language of corporate economy distinguishes between problems and mess. A problem may be resolved with logic and method. On the other hand, a mess defies all definitions, depends on the human factor and has no method. What identifies a mess is complexity. Artists work within complexity and resolve it with the artistic message.

• Contemporary art has simply revealed the pre-existing mess. Therefore, the problem is how to compare art to other disciplines. Technical and scientific languages clearly specify their subjects and codes of communication. Artists are less clear

comunicare l'artista, perché il campo è meno definito.

• Nel XX secolo sono arrivate le avanguardie artistiche, che hanno sconvolto comportamenti e modelli, ma che non è detto siano l'unico termine a cui dobbiamo riferirci. La domanda che pongo è questa: siamo certi che non dobbiamo fare i conti con i concetti canonici di linguaggio e utente, di artista e pubblico, di uso del colore e di forma, prima di parlare di un'arte assolutamente votata a questa perdita di riferimenti, a questa perdita di elementi che costituiscono i fondamenti di un linguaggio?

• Ma i riferimenti non sono mai andati perduti.

• Nel campo dell'arte siamo ben oltre questo concetto delle avanguardie. Non ci sono più i margini per parlare di avanguardia, oggi ci sono solo dei margini ristretti in cui ti puoi muovere con estrema difficoltà. Se prima c'erano delle regole da rompere per cui eri in qualche modo d'avanguardia, oggi non è più possibile sovvertire il campo, per cui già un piccolo movimento è un grande movimento. Mi oppongo al concetto della chiarezza dell'arte. La chiarezza cos'è? Un concetto di quantità? Mi piacerebbe sapere se quando l'artista crea (l'architetto disegna) si sente o no a disagio.

• Ma cos'è il disagio per te?

• È quando non sei in sintonia con l'ambiente che ti circonda. La società non è minimamente interessata alla mia esistenza, anche perché la mia esistenza propone una conoscenza di tipo verticale, mentre gli altri la leggono in senso orizzontale.

• L'artista è colui a cui è delegato questo scavo nell'interiorità: in questo senso è un professionista del disagio. Credo però che ormai il confrontarsi con il disagio sia una condizione non tipica dell'arte ma del quotidiano di ciascuno di noi.

• È vero, il disagio è di tutti. Mi piace il termine perché rappresenta la crisi che sovverte l'idea di poter procedere e affrontare cognitivamente la logica della vita.

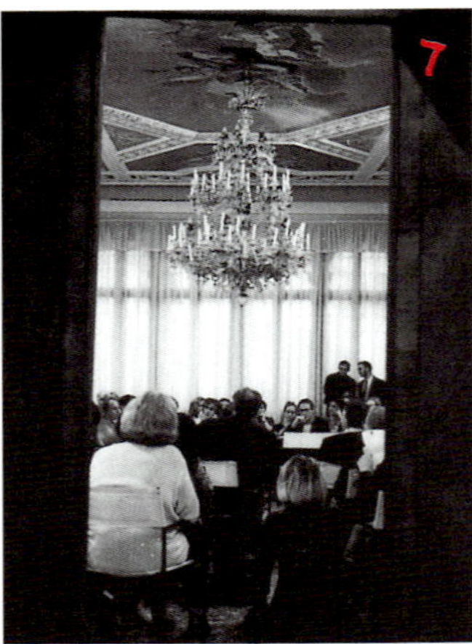

about what they intend to communicate, since their field is less defined.

• The 20th century has witnessed the rise of artistic avant-gardes which upset all patterns and behaviours, though they should not be considered our only point of reference. My question is the following: is it true that we can avoid coming to terms with the accepted ideas of language and consumer, artist and audience, color and form, before addressing the issue of art as completely devoted to the loss of referents, that is elements which are the foundations of language?

• Still, the points of reference have never been lost.

• The artistic world has by now overcome the concept of avant-garde. It is no longer possible to speak of avant-gardes, all that is left are restrictive margins that make movents difficult. Once, there were rules to be broken and one could somehow be avant-garde. Now, it is impossible to undermine anything, and therefore an intangible move is already a major move. I oppose the idea of the intelligibility of art. What is clarity? A quantitative idea? I would like to know if the artist feels at ease or not when he creates (as the architect draws).

• What is your idea of discomfort?

• When you are not in tune with your surroundings. Society is not in the least interested in my existence, since my existence proposes a vertical approach to knowledge, while everyone else reads it horizontally.

• The artist is the one appointed to fathom interiority, and from this point of view he is a professional in 'discomfort'. However, I believe that by now discomfort is no longer a typical condition of art, but one that permeates our ordinary lives.

• That is true, discomfort belongs to everyone. I like the term, because it represents the crisis which subverts the possibility of facing and continuing the cognitive logic of life.

• Maybe the artist has always escaped such logic,

• Forse l'artista è sempre sfuggito a questa logica mentre adesso ci si ritrova dentro come chiunque altro. Artista è un termine da rivedere profondamente. Un artista è colui che illogicamente si confronta con l'essere.

• Attualmente l'artista non ha più nessuna delega da parte di una società logica, non è più colui che si confronta illogicamente con l'essere. Si è trattato di un brevissimo interludio storico quello in cui si è pensato di dover affrontare alcuni problemi laicamente, delegando all'artista una dimensione sacrale.

• Tornando al disagio, credo che sia più grande di quanto si può pensare. La scienza biologica e psicologica sta soffrendo dello stesso disagio di cui sta soffrendo l'arte. Nelle scienze cognitive c'è attualmente un enorme disagio: da una parte c'è chi cerca di capire il meccanismo della consapevolezza, mentre d'altro lato ci sono gli scienziati "riduzionisti" che, per dirla semplicemente, potrebbero sapere quante cellule sono coinvolte nel mio processo di apprendimento della lingua italiana, e che sono diverse da quelle coinvolte quando parlo in inglese!

• Ma c'è una motivazione diversa!

• Sì. Ma c'è la stessa crisi di comprensione.

• Quando Cartesio aprì il cervello per cercare la ghiandola pineale, stava cercando il libero arbitrio.

• E infatti non lo trovò.

• Sì che lo trovò! Ciò che voleva verificare era l'idea di libertà che stava inseguendo e se l'immaginario fosse fisico. È un argomento molto pericoloso. Non penso che vi sia alcuna crisi di linguaggio nel mio campo, l'architettura, perché il peso della storia è dalla mia parte. L'architettura non esisteva all'inizio nel mondo fisico. Il peso del linguaggio è efficace nell'arte dell'architettura, sebbene ci siano molte persone che non la pensano così.

• Il peso del linguaggio è una condizione storica.

• State parlando di *problems* o di *mess*?!

• In un laboratorio si possono fare esperimenti, ma

and now he finds himself trapped inside it, like everyone else. The term artist should undergo a profound revision. An artist is someone who illogically confronts himself with being.

• At present, a logical society no longer delegates the artist, and the artist is no longer the one who illogically confronts himself with being. It was only during a brief historical interlude that the idea of solving certain problems in a secular way, thus delegating the artist to a sacred dimension, was taken up.

• Going back to discomfort, I believe it is more widespread than we may consider. Biology and psychology are both suffering from the same discomfort art suffers from. Nowadays, cognitive sciences face a major discomfort. On one hand, there are those who attempt to understand the mechanisms of awareness. On the other hand, there are 'reductionist' scientists who, to put it plainly, could tell you how many cells are involved in the process of learning the Italian language, and that they are different form those involved when speaking English.

• But there are different reasons!

• Yes. But there is the same crisis of understanding.

• When Descartes opened the brain looking for the pineal body, he was looking for free will.

• And indeed he did not find it.

• Yes, he did! He wanted to prove the idea of freedom he was working on, and whether the imagination was something physical. The issue is quite dangerous. I do not believe in a crisis of language in my field, that is architecture, because the weight of history is on my side. Architecture did not exist at the beginning of the world *per se*. The weight of language is beneficial to the art of architecture, although many believe otherwise.

• The weight of language is a historic condition.

• Are you talking about problems or mess!?

• We can carry out experiments in laboratories, but the actual condition of one's conscience is related

le condizioni della coscienza sono legate a una dimensione difficilmente sperimentabile. Per esempio dal punto di vista artistico io guardo un'immagine e un mio collega può chiedermi dov'è la mia attività elettrica cerebrale che viene tramutata in espressione.

• Posso dire che Dick sta lavorando da anni per capire la sequenzialità degli eventi.

• Questo è interessante per noi, perché gli scienziati sembrano avere una meta, comunicazioni, colleghi, mentre l'artista non ce l'ha.

• Quando vedo un'opera contemporanea, quello che vivo è un esperimento. Per l'artista è lo stesso?

• Io credo di sì.

• Secondo me la procedura dell'artista è completamente diversa da quella dello scienziato, perché uno scienziato usa un sistema pragmatico, fornisce dati, vuole arrivare a una coscienza universale. L'artista invece parte da un sistema universale per arrivare ad un dato che è il frutto di un'esperienza, esattamente il contrario.

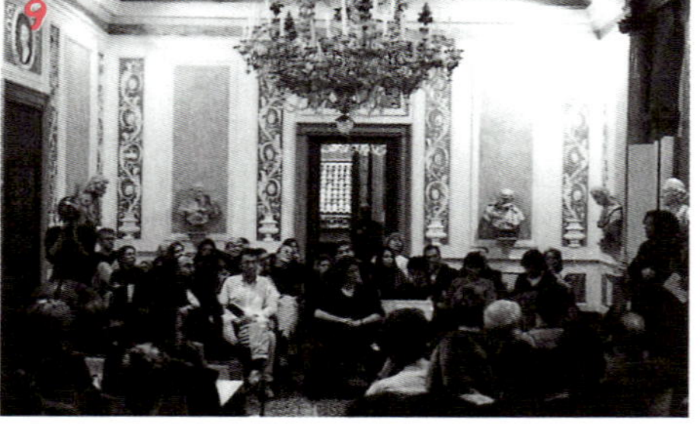

• Non è il contrario perché il metodo dello scienziato è esattamente come quello di un'artista il quale gioca con la sua idea e dopo alcuni mesi fa l'esperimento, cioè il quadro.

• Tu però procedi mettendo assieme dei dati, per forza di cose devi usare il particolare, hai una logica sequenziale da seguire.

• Per me è più interessante quando ognuno racconta qualcosa della sua esperienza. Preferirei che ognuno definisse la propria esperienza del disagio. Esiste l'artista? Esiste lo scienziato?

• Mi pare che si debba riflettere sulla liceità delle nostre azioni. Tu puoi pensare che la tua azione sia bastevole a sé stessa. Se pensi che debba essere ricompensata e hai un'attesa di riconoscimento, di denaro, per esempio, questo provoca inevitabilmente disagio. Quando lavoro la mia azione si conclude in sé stessa. La spinta che aiuta nel lavoro deve essere autoreferenziale, l'azione deve finire nel momento in cui è compiuta.

to a dimension we can hardly assess. From an artistic point of view, for example, I may look at an image while a colleague inquires where my own cerebral, electric activity which is transformed into expressions, is located.

• Dick has been working on the consequentiality of events for years.

• This is quite interesting. It seems that scientists have goals, communication, and colleagues, while the artist doesn't.

• When I see a contemporary work of art, it is like an experiment. Does the artist perceive it the same way?

• I think so.

• I believe the artist's process to be quite different from the scientist's. A scientist employs a pragmatic procedure, provides data, and aims at a universal conscience. On the other hand, the artist starts from a universal system to achieve a result which derives from experience — it is the opposite.

• It is not the opposite, as the scientist employs the same exact method of the artist, playing with an idea for several months and then carrying out his experiment, that is the painting.

• However, you proceed by accumulating data, therefore making use of the particular, as your logic is sequential.

• I find it more interesting when everyone describes his own experience. I wish everyone defined his own experience of discomfort. Does the artist exist? Does the scientist exist?

• We should probably consider the legitimacy of our own actions. One may consider his own action as self-sufficient. If one believes that it should be compensated, and is thus expecting a recognition, such as money, then this situation will inevitably lead to discomfort. In my work, my action is complete in itself. One's drive in one's job must be self-referential, one's action must end at its completion.

• However, Giulio, do you thus overcome

• Facendo questo, Giulio, tu superi il disagio?

• Certo, non c'è nessun disagio.

• Penso che il disagio sia una condizione esistenziale, una sorta di disorientamento di fronte al fare, ma anche il piacere del fare ciò che dobbiamo.

• Sono d'accordo con Giulio. Da quanto è stato detto emerge che il disagio è sempre in relazione alla comunicazione. Per esperienza personale, sono a disagio magari perché non riesco ad arrivare a fine mese, ma quando lavoro ho un godimento assoluto. Ogni *mess* che incontro non è una condizione di disagio ma una spinta a procedere. L'azione che faccio è bastevole in sé, è assoluta.

• Il mio disagio è quello dell'essere umano e quello che si fa serve per progredire.
Il progresso illumina la vita degli artisti.

• Questo è lo schema classico dell'azione che provoca solo felicità.

• Il disagio può essere identificato solo nel passaggio fra lo scatto tra il pensiero e l'azione. Chiunque ha a che fare con uno specifico è più avvantaggiato, chi invece non ce l'ha, si trova di fronte a un grandissimo problema, a un vuoto.

• Io non avverto il disagio di Anita e Maurizio perché non penso all'arte come a un linguaggio, non penso di dover comunicare qualche cosa. Il mio disagio è simile a quanto ho letto in un articolo: "l'artista è esposto alla solitudine e al ridicolo".

• Non credo tu non abbia voglia di comunicare, perché nel momento in cui ti cimenti con una forma di espressione denoti il tuo desiderio di comunicare.

• No, di realizzare qualcosa che non conosco.

• Non credo che sia vero quello che stai dicendo.

• Cosa vuol comunicare l'arte? Voi lo date per scontato, ma non lo è.

• Per me l'arte è solo comunicazione, io ho tutto il mio mondo da comunicare. E ti dirò di più, l'atto del fare è il pretesto della comunicazione: faccio domande attraverso il mio lavoro, a me stesso e agli altri.

• Per alcuni artisti esistono solo una forma e un

discomfort?

• Certainly, there is no discomfort.

• I believe discomfort is a condition of existence, some sort of disorientation when faced with action, and the pleasure of doing what we have to.

• I agree with Giulio. From what has been said so far, it seems that discomfort is always related to communication. My personal experience tells me that my discomfort may arise when it is difficult to get to the end of the month, however, when I work, I experience absolute pleasure. All the mess I may come across drives me to push forward, and is far from being a discomfort. My action is self-sufficient, it is absolute.

• My discomfort is that of the human being, and actions are a driving force towards progress. Progress illuminates the artist's life.

• This is the classical idea of action that leads only to happiness.

• Discomfort may be defined only in the transformation of thought into action. Acting within a specific field is an advantage; those who don't, find themselves confronted with an enormous problem, with emptiness.

• I feel neither Anita's, nor Maurizio's discomfort, as I do not think of art as a language, I do not feel that I have to communicate anything. My discomfort resembles what I once read in an article: "the artist is exposed to loneliness and ridicule."

• I do not believe that you feel no desire to communicate: the moment you set out on some form of expression, you manifest your wish to communicate.

• No, I express my desire to create something which is unknown to me.

• I do not believe what you are saying is true.

• What does art desire to communicate? You take this aspect for granted, and you should not.

• To me, art is just about communication. I have an entire world to communicate to others. And I'll tell you even more, actions are an excuse for

colore, non c'è altro. Il dialogo fra il pittore e il pubblico è sin troppo semplice. Il minimalismo ha creato un ambiente che io trovo bellissimo, anche se è tutt'altro che estetico.

• La dicibilità di ciascuno di noi è sé stesso.

• Se non provo disagio è perché lavoro in un contesto con obiettivi molto precisi.

• Non possiamo parlare di solitudine più che di disagio? Da una parte ci sono Dick e Giulio, che appartengono al mondo degli scienziati e che hanno un percorso quotidiano accettato e condiviso da altri, mentre mi sembra diverso il mondo di Maurizio, che ricerca giorno per giorno. Allora forse il termine solitudine è più chiaro.

• È troppo romantico.

• Penso che si tratti di un problema di transfer, di delega sociale a un gruppo di romantici delegittimati che devono vivere l'esperienza dell'indicibile. L'artista vive fuori dall'etica, nell'eccesso, e fa una cosa che il buon borghese non vuole fare, appunto lo scontrarsi con l'indicibile. C'è stato tutto un periodo prima e ci sarà tutto un periodo dopo in cui questa delega viene ritirata, in cui la società se la riprende. Io vivo questa delega, e so che di fronte a qualsiasi problema in realtà è l'indicibile che ha il sopravvento. Penso che la mia ricerca, come quella di chiunque altro, sia non garantita. È l'etica che permette di sentirsi a proprio agio o a disagio.

• Non sono d'accordo. Credo che sia anche una mancanza di risorse.

• A te capita davvero di voler dire qualcosa e non avere le risorse?

• Assolutamente.

• È il fare stesso che è veramente enigmatico, ed è molto diverso dall'agire, non prevede un fine.

communicating: with my work I pose questions to others, and to myself.

• Only one form and one color exist for some artists, nothing else. The dialogue between painter and audience is too simple. Minimalism has created an environment that I find very beautiful, although it is anything but aesthetic.

• What each of us has to say is just ourself.

• I do not feel discomfort whenever I work with extremely precise goals.

• Shouldn't we be talking about loneliness rather than discomfort? On one side we have both Dick and Giulio, who belong to the world of science and have a daily course of action that is accepted and shared by others, while the world of Maurizio, who researches day after day, seems quite different. From such a perspective, the term loneliness seems much clearer.

• It is too romantic.

• I think it is a problem of transfer, of social proxy given to a group of romantics lacking legitimacy, who must live the experience of what cannot be uttered. The artist lives beyond ethics, in excess, doing what a good bourgeois citizen refuses to do, confronting the unutterable. It has already happened and it will happen again, when this proxy is withdrawn, when society takes it back. I live such proxy, and I know that it is indeed the unutterable that wins when we confront any problem. I do not believe that my or anyone else's search has any guarantee.
It is ethics that originates discomfort or ease.

• I do not agree. I think that lack of resources also comes into play.

• Does it really happen to you that you want to communicate and you lack resources?

• Absolutely.

• It is 'doing' *per se* which is a real enigma and is also quite different from 'acting', since it does not need a goal.

6.12.00

con with Guido Burbatti

Guido Buratti, psichiatra e psicoterapeuta, è direttore scientifico del Centro Gregory Bateson che dal 1988 si occupa di ricerca nell'ambito della comunicazione umana.

Pensando alla mia storia sia personale che professionale ma anche di studioso dei sistemi viventi in generale, e di quello che gli scienziati del sociale utilizzano per conoscere la teoria generale dei sistemi e la teoria della comunicazione e a quello che è avvenuto in questi ultimi 25 anni … sono arrivato alla conclusione che credo che Anita abbia ragione e che quello che lei sostiene in un modo così artistico e come tale non sistematico … in realtà può avere un riscontro assolutamente forte sull'evoluzione dell'epistemologia di questi ultimi anni e quindi sui livelli di conoscenza cui siamo arrivati sull'uomo e sui sistemi viventi in generale. Sembrava che la cosa più importante per studiare il sistema uomo fosse conoscere e decodificare, trovare le leggi della comunicazione.

La cibernetica che è nata come una branca della fisica progressivamente si è sempre più spostata sul piano delle relazioni generali tra sistemi e per analogia relazioni generali tra i sistemi umani. La cibernetica è nata per esercitare un controllo sui missili … successivamente attraverso una serie di passaggi si è svincolata dalla fisica diventando scienza autonoma: scienza dell'informazione prima e poi informatica. Questa grossa innovazione scientifica si è sposata all'ambito specificamente umano. E visto che io sono un seguace di Bateson … si deve proprio a lui ed ai suoi collaboratori il tentativo di trasferire le nuove interpretazioni dei sistemi generali al sistema uomo, e quindi tentare di leggere il funzionamento dell'uomo non più usando i concetti tradizionali della psicodinamica di Freud, che utilizzava i concetti della fisica classica, ma utilizzare il modello circolare, il modello relazionale e quindi utilizzare le spiegazioni dei sistemi non più in senso di causalità lineare ma circolare, dove c'è un'interdipendenza tra tutti i membri del sistema. Questa cosa ha rivoluzionato

Guido Burbatti, psychiatrist and therapist, is scientific director of the Gregory Bateson Center, which has been researching human communication since 1988.

When I think about my personal or professional history, as a researcher of living systems in general, and about what social scientists use to grasp the general theory of systems and the theory of communication, and about all that has happened in the last 25 years … I've reached the conclusion that I believe Anita is right and that what she sustains in such an artistic and therefore non-systematic way can actually have a very strong counterpart in the recent evolution of epistemology and, therefore, in the levels of knowledge we have reached, regarding man and living systems in general. It seemed that the fundamental element to study Man as a system was knowledge and decodification, the identification of the laws of communication. Cybernetics sprang up as a branch of physics, then gradually shifted to the level of general connections between systems, and, by analogy, between human systems. Cybernetics was created to control missiles … later through a series of transitions it broke away from physics and became an independent science: first science of information and then computer science. This great scientific innovation became part of a specifically human sphere. And since I am a follower of Bateson … it is precisely to him and his collaborators that we owe the attempt to apply the new interpretations of the general systems to the system of Man, and therefore to try to interpret how man functions, no longer using the traditional concepts of Freud's psychodynamics, the concepts of classical physics, but the circular model, the relational model, and the explanations of systems no longer according to a linear causality but a circular one, where all members of the system are interdependent. This brought about a revolution in psychiatry, especially in Italy. The systematic model created at Palo Alto

molto le scienze psichiatriche, soprattutto in Italia. Il modello sistemico nato a Palo Alto utilizzava come tecnica e come modello interpretativo dei comportamenti umani la teoria generale dei sistemi e la teoria della comunicazione. Tutto si basava su una serie di assiomi della comunicazione e su una serie di presupposti teorici che sembravano soddisfare al massimo la comprensione del funzionamento del sistema uomo, in particolare inserito in un contesto piccolo che poteva essere la sua famiglia che comunque era significativa rispetto alle patologie che poteva provocare. Questo modello che era sicuramente più rigoroso e che spiegava meglio alcuni fenomeni, in realtà era un modello non sufficientemente realistico. Era un modello di descrizione. Ci permetteva di assumere arbitrariamente che una famiglia fosse un sistema e che come tale funzionasse e che quindi fosse modificabile utilizzando alcuni strumenti. Si dava per scontato che quello che il terapista vedeva era un qualche cosa di oggettivo … quindi il terapista si metteva dietro lo specchio che garantiva l'oggettività della situazione. Eravamo convinti che qualsiasi problema, con una consultazione famigliare, potesse essere risolto. Pensavamo di avere la verità in mano ci siamo resi conto che la lettura oggettiva del sistema uomo è una "balla". Non è oggettiva affatto! Le modifiche che riuscivamo ad indurre nei sistemi famigliari non erano dipendenti tanto e solo dal nostro livello di oggettività, di osservazione e di distacco, mediato dalla teoria generale dei sistemi…ma che, anche malgrado gli strumenti di oggettività che il contesto terapeutico metteva rispetto al soggetto osservato, la validità dell'intervento si giocava totalmente nella relazione. L'idea che esista qualche cosa di esterno da noi, che esiste in quanto tale è una "balla" colossale! Quello che è esterno esiste nella misura in cui ciascuno di noi gli dà senso. Quindi nella misura in cui entra in relazione con noi.

La cosa forte che hai detto è che noi non siamo se non siamo in relazione.
Ciò significa accettare un campo di relazioni e quindi rapportarci con qualche cosa che è diverso. Significa entrare in una dimensione di comprensione, di accettazione, di apertura…

used as method and interpretive model of the human behavior the general theory of systems and the theory of communication. Everything was based on a set of axioms of communication and on a series of theoretic assumptions that seemed the most satisfactory for the comprehension of the workings of the system of Man, particularly in a small context that could be his family, that was significant with respect to the pathologies it could provoke. That model, which was certainly more accurate and provided a better explanation of certain facts, was actually insufficiently realistic. It was a descriptive model. It enabled us to arbitrarily assume that a family was a system and that it worked as such, and thus could be modifiable by using certain tools. It was taken for granted that what the therapist saw was something objective … so the therapist placed himself behind the mirror that guaranteed the objectivity of the situation. We fully believed that any problem could be solved with a family consultation. We thought we had a grasp on truth, and then we realized that the objective reading of the system of Man was "nonsense". It is not at all objective! The modifications we were able to introduce in the family systems didn't just depend on our level of objectivity, observation and distance, mediated by the general theory of systems … but, even in spite of the instruments of objectivity the therapeutic context put in place with respect to the observed subject, the validity of the intervention depended entirely on the relationship. The notion that something exists outside of us, exists as such, is sheer "nonsense"! What is outside exists insofar as each of us gives it meaning. Therefore insofar as it is in relationship with us.

The most important thing you said was that we are not unless we are in a relationship. That means accepting a field of relationships and thus relating to something different. It means entering in a dimension of comprehension, of acceptation, of receptivity…

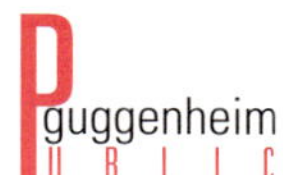

2.5.00

con with Telmo Pievani

Telmo Pievani insegna epistemologia all'Università di Milano e si occupa di filosofia della biologia e della fisica, nonché dei sistemi complessi ed evolutivi.

Guggenheim public è partito dall'idea della complessità come paesaggio in cui riconoscere l'unità. Anche se siamo formalmente diversi, in realtà non siamo separati…

• Io mi occupo di filosofia della scienza vi parlerò dell'idea di relazione nello studio dei sistemi evolutivi. I processi evolutivi avvengono in un tessuto relazionale e avvengono in sistemi che noi oggi chiamiamo sistemi complessi. Vi parlerò in realtà di una crisi di paradigma. Un paradigma che ha dominato la scienza per tutto il '900 e che dalla seconda metà degli anni ottanta è entrato rapidamente in crisi. Questo è il paradigma determinista, riduzionista della scienza. Era questo un paradigma molto rassicurante, un paradigma che dava una gabbia concettuale molto forte, ma anche molto restrittiva, con dei postulati molto forti. Negli ultimi anni questi postulati stanno cedendo. Che cosa significhi questo, non lo sa nessuno … Che cos'è questa complessità di cui si parla tanto? Detto molto semplicemente, i sistemi complessi sono dei sistemi in cui molti fattori interagiscono l'uno con l'altro. Sono sistemi a rete e hanno una caratteristica: sono sistemi che hanno una altissima dose di imprevedibilità e per questo non si lasciano controllare.

• La teoria della complessità nasce nella metà del '900 dalla crisi della fisica e ha avuto varie formulazioni. I sistemi complessi sono quelli che si chiamano anche strutture dissipative. Sono tutti sistemi non in equilibrio, sistemi profondamente instabili all'interno dei quali si assiste ad una proprietà straordinaria: essere in grado di produrre ordine, di produrre una struttura ordinata a partire da una dinamica inizialmente caotica. Le reti sono un esempio di questo. Le famose reti autopoietiche sono quell'insieme di elementi che si connettono in

Telmo Pievani teaches epistemology at the University of Milan, and researches on philosophy related to both biology and physics, and particularly complex evolutionary systems.

Guggenheim public's point of departure was the notion of complexity as a context for recognizing unity. Even if we are formally different, in fact we are not separated…

• My field is the philosophy of science, and I'm going to talk to you about the idea of relationship in the study of evolutionary systems. Evolutionary systems come about in a tissue of relationships and in systems that today we call complex systems. As a matter of fact I shall be talking about a crisis in the paradigm. A paradigm that ruled science throughout the 20th century and that since the late 1980s has been challenged. I mean the deterministic, reductionist paradigm of science. It was a very reassuring paradigm, one that produced a very potent conceptual receptacle but a very limited one as well, with rigorous postulates. In recent years these postulates have been yielding. Nobody knows what this means … What is this complexity we hear so much about? In very simple terms, complex systems are those in which many factors interact with one another. They are network systems and have a common trait: they are systems with a very high level of unpredictability and therefore cannot be controlled.

• The theory of complexity appeared in the mid-20th century from the crisis of physics, and had a number of formulations. Complex systems are also called dissipative systems. They are all systems that are not in equilibrium, are highly unstable, in which we can observe a remarkable property: the fact that they can produce an orderly structure out of an originally chaotic dynamic. Networks are an illustration of this. The famous self-made networks. They are an ensemble of elements that are so closely connected that they can maintain and reproduce themselves. Each element produces an

modo così denso da sostenersi da sé, da autoprodursi. Ogni elemento produce un elemento della rete medesima. Uno stormo di oche è un esempio straordinario di sistema complesso. Voi potete conoscere deterministicamente il comportamento di ogni singola oca ma questo non vi è sufficiente per comprendere il comportamento dello stormo. Lo stormo è un superorganismo.

• Quello che noi sappiamo oggi è che i sistemi complessi hanno alcune caratteristiche che non ci aspettavamo e che sollevano molti dubbi. Una caratteristica di cui si parla spesso è quella delle proprietà emergenti. In questi sistemi quando la densità delle connessioni supera una certa soglia imprevedibile, il sistema produce un comportamento assolutamente inedito. Un esempio di cui si parla spesso è quello dell'evoluzione simbiotica. Gli organismi pluricellulari non si sono formati, come abbiamo sempre pensato, per competizione, ma ciascun elemento ha sacrificato una parte di sé ed il risultato è stato quell'invenzione straordinaria che è la vita a più cellule. Questo evento simbiotico è avvenuto più volte. Tutto ciò ha un significato importantissimo dal punto di vista filosofico e scientifico perché il paradigma neodarvinista del '900 ha sempre sostenuto che tutti i processi di cambiamento avvengono per selezione naturale, per competizione. Qui invece c'è uno straordinario cambiamento evolutivo che avviene per cooperazione.

• Un'altra caratteristica di cui si parla tanto in questi ultimi anni è che i sistemi complessi vivono ai margini, ai limiti del caos. Quando avete una rete, un insieme di elementi che si connettono uno con l'altro, voi potete studiare i diversi tipi di rete, studiando le connessioni. Avrete reti molto connesse e altre meno. Quando il grado di connessione è al di sotto di un certo grado la rete si cristallizza. Se il sistema di connessioni è troppo alto il sistema entra in un regime caotico. È un sistema che produce ogni volta che interagite un effetto farfalla. Qualsiasi mutamento locale introdotto produce un cambiamento macroscopico, imprevedibile, quindi incontrollabile.

• Ma dove avviene la vita, l'evoluzione? L'evoluzione avviene in tutti i sistemi viventi quando

element of the network itself. A flock of wild geese is an extraordinary example of a complex system. You can deterministically know the behavior of each individual goose, but that is not enough to comprehend the behavior of the flock. The flock is a super-organism.

• What we do know today is that complex systems have several characteristics we hadn't expected, which raise a number of questions. One often mentioned trait is that of emerging properties. In these systems, when the density of connections goes beyond a certain threshold, that we cannot foresee, the system produces an utterly unusual behavior. An example we often bring up is that of symbiotic evolution. Pluri-cellular organisms were not formed, as we always believed, by competition, but instead each element sacrificed a part of itself, and the result was that extraordinary invention that is life with several cells. That symbiotic event occurred on more than one occasion. This is highly significant from a philosophical and scientific point of view, since the 20th century Darwinist paradigm always claimed that every process of evolution was brought about by natural selection, by competition. Here instead there is an extraordinary evolutionary change that comes about through cooperation.

• Another trait we have heard a lot about recently is that complex systems live on the borderline, the edge of chaos.

• When you have a network, a set of elements that connect one with the other, you can study the various types of networks, examining the connections. You'll find highly connected networks, and others far less. When the degree of connection is below a certain level, the network crystallizes. If the system of connections is too high, the system becomes chaotic. It is a system that produces a butterfly effect every time it interacts. No matter what local change you introduce, the change is macroscopic, unforeseeable. So you can't control it. Just where does life, evolution occur? Evolution occurs in all the living systems when the degree of connection is not chaotic but is very close to that threshold. Which means that when a system is too orderly and tends to equilibrium, it dies. Where there is equilibrium, there is death. Life appears where there is instability, but also when you go

il grado di connessione non è caotico ma rimane vicinissimo a questa soglia. Il che significa che quando un sistema è troppo ordinato e tende all'equilibrio, muore. Là dove c'è equilibrio, c'è morte. La vita avviene là dove c'è instabilità, ma anche in questo caso se si supera una certa soglia subentra il caos e quindi l'estinzione.

• Un'altra caratteristica importante si chiama criticità: il tipo di cambiamento che avviene in questi sistemi è profondamente discontinuo, secondo un'evoluzione non lineare, non graduale e quindi ancora una volta imprevedibile. Ci sono eventi che possono provocare cambiamenti macroscopici e che ripetuti una seconda volta provocano un cambiamento piccolissimo. Questa è la famosa metafora della pila di sabbia. I sistemi complessi funzionano come una pila di sabbia. Ogni volta che aggiungete un granello potrete avere differenti situazioni. Non creare nessun cambiamento, oppure creare una piccola valanga o ancora lo stesso granello può provocare una grandissima valanga che conduce all'appiattimento della pila. Voi non riuscirete mai a prevedere quando il granello produrrà una valanga o assolutamente nulla.

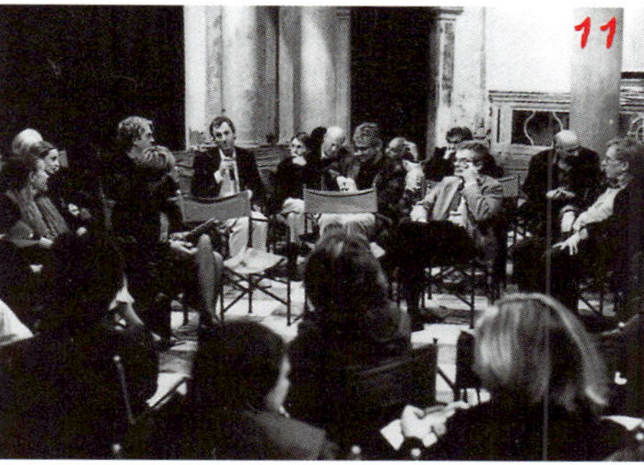

• Dallo studio di questi sistemi, che in modo molto approssimativo ho cercato di descrivere, emergono alcune idee molto forti. La prima è che il modo di concepire l'evoluzione è cambiato radicalmente. Fino alla metà degli anni ottanta tutti i processi di cambiamento erano concepiti come processi lenti e graduali. Quindi non era possibile una discontinuità nei processi evolutivi, che erano prodotti per selezione naturale. Oggi questi due dogmi sono stati messi profondamente in crisi e si devono trovare altre teorie per la comprensione dei sistemi viventi.

• Un'altra idea importantissima è che il modo in cui si studiano questi sistemi non può più essere il metodo con cui si sono studiati in passato. Cambia quindi la metodologia di indagine. Il metodo riduzionista analitico che spezzetta gli eventi non

funziona più. I sistemi complessi vanno affrontati in modo olistico … Il comportamento del sistema nel suo complesso non è più riducibile ad una singola parte. Si è dunque passati da uno studio scientifico per oggetti e per fondamenti ad uno studio per relazioni. Il criterio fondamentale per studiare i sistemi complessi è la diversità degli elementi del sistema. Quando la diversità supera una certa soglia questo sistema diventa straordinariamente capace di innovazioni e quindi adattativo. Quando la diversità è sotto una certa soglia il sistema è incapace di evolvere.

• Abbiamo scoperto che i sistemi capaci di creare qualche cosa di nuovo sono sistemi che continuamente trascendono sé stessi portandosi ad un livello di complessità superiore che è irriducibile al sistema precedente. Se da una parte la ricerca dell'ordine nei sistemi complessi continua e si ricercano ancora le "teorie del tutto", pensando che l'imprevedibilità dei sistemi complessi è solo una nostra mancanza di conoscenza…vi è chi sostiene che la ricerca delle leggi è una ricerca di per sé incompiuta e che non arriveremo mai alla legge ultima, ad una teoria unificata che spieghi tutti i fenomeni fisici. Ogni volta la frontiera della conoscenza si sposta un po' più in là e ogni volta troviamo un grado di complessità superiore…

elements of the system. When diversity goes beyond a certain threshold, the system becomes extraordinarily capable of innovations and thus adaptive. When diversity is below a certain threshold the system is incapable of evolving.

• We have discovered that the systems capable of creating something new are ones that constantly go beyond themselves, raising themselves to a higher level of complexity that cannot be explained by the previous system. If on the one hand the search for order in complex systems goes on and we keep on looking for the "theory of the whole", because we think the unpredictability of complex systems is just a lack of knowledge, … there are those who claim that the search for laws is an incomplete search in itself and that we shall never reach the final law, the unified theory explaining all physical phenomena. The frontier of knowledge always moves a bit further and every time we find ourselves in a greater degree of complexity…

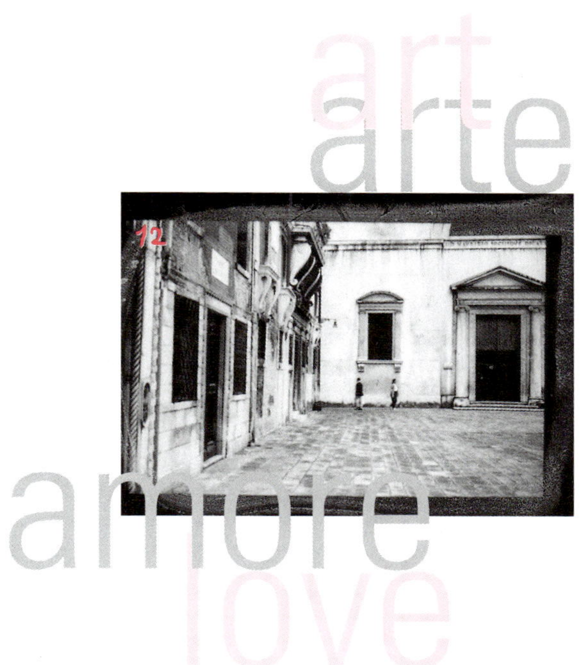

arte
art
amore
love

Un benvenuto al terzo anno di Guggenheim public. Sono convinta che il successo di questa iniziativa sia dovuta anche alla scoperta della metodologia del "processo", della magia cioè che si dispiega involontariamente attraverso il fare. Nel nostro caso il fare sono gli incontri settimanali che ci pongono ogni volta nella condizione di attori inconsapevoli, di testimoni di ciò che avviene attraverso noi per poi, retroattivamente, riconoscerlo a livello cosciente come continuità che si dipana nel tempo. È uno stato di coscienza che si aggiorna con ogni nuova esperienza e non si proietta mai come parametro ma si pone solo come condizione di ricettività del nuovo. Questa è comunicazione nel senso più vero del termine. Quando l'io è assente, perché non c'è proiezione da fare, allora rimangono solo i fatti: è solo comunicazione, c'è solo il fatto di parlare e il fatto di ascoltare. Quando l'intelletto, che è per eccellenza lo strumento della separazione, non è cosciente di sé e non valuta né giudica, rimane solo lo stato dell'attenzione totale, che è un movimento di intensità assoluta. Qualcosa avviene nella mente allora, di cui non possiamo essere consapevoli lì per lì, ma che consente di far penetrare profondamente nella psiche tutto ciò che vediamo o sentiamo. Al momento giusto quest'esperienza ritornerà e la sentiremo ancora vera. Quando si sperimenta qualcosa di vero, come un fatto, non c'è più possibilità di negarlo. È questa l'evidenza che diventa verità quando guardiamo a ritroso e scopriamo nel processo che abbiamo intrapreso la bontà del progetto. Un progetto che si pone sempre più nella prospettiva dell'integrazione per superare i separatismi e promuovere quello che la globalizzazione ci sfida ad affrontare: la responsabilità cioè dell'incompiutezza dei saperi e la necessità di integrarli. È in questa ottica che va visto e compreso il termine public come luogo cioè della condivisione dove viene vissuta l'invisibilità dei singoli ego a favore di una creazione comune. Abbiamo dedicato molto agli esperimenti di "ibridazione" tra saperi diversi per vedere come mantenere le diversità pur nella prospettiva di consegnarci al "terzo" come sintesi. Guggenheim public è la sfida di affrontare questo processo attraverso l'arte come crescita di coscienza public. Sono felice di constatare che sta già dando vita ad esperimenti analoghi nella città. Beuys ci ha insegnato che la comunicazione è una delle più grandi responsabilità dell'arte, la sua arte era il suo fare, e la comunità di intenti era il suo luogo dell'arte.

Il Simposio sull'amore rimane sempre il grande progetto al quale, mi sembra, ci stiamo lentamente avvicinando: sarebbe interessante riuscire ad organizzarlo per l'anno 2000.

Vi ringrazio tutti per essere parte di questo progetto.

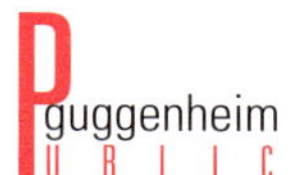

Welcome to our third year of Guggenheim public. I am sure we owe the success of this initiative to our discovery of the methodology of "process", that is, of the magic that spontaneously arises in doing. Our doing is our weekly encounters, that each time turn us into unaware actors, witnesses of what happens through us and for us, retroactively recognizing it on a conscious level as a continuity in time. A state of consciousness updated with each new experience, and that is never scheduled as a parameter but only as a state of receptivity to something new. Communication in the true sense of the word. When the Ego is not there, because there is no planning to do, then we are left with facts: only communication, only a state of total attention, a movement of absolute intensity. Then something happens in the mind, that we cannot be aware of right away, but that makes everything we see or feel penetrate deeply in the psyche. At the right time, that experience will come back to us and we will feel it to still be true. When you experience something true, like a fact, you can no longer deny it. It is that evidence that becomes truth when we look back and discover in the process we had undertaken the goodness of the project. A project that aims more and more at integration to overcome separatisms and encourage what globalization challenges us to face: being responsible before the incompleteness of the different fields of knowledge, and obliged to integrate them. That is how we should understand the word "public", as the place of sharing where Egos disappear to the benefit of a common creation. We spent a lot of time on experiments of "hybridization" between different fields of knowledge to see how diversity could be preserved even in yielding ourselves to a "third" in a synthesis. Guggenheim public is the challenge to face that process through art, as growth of public awareness. I am glad to see that it is already stimulating similar experiments in our city. Beuys taught us communication is one of the greatest responsibilities of art, his art was his doing, and community of intent was his place of art.

The Symposium on Love remains our great project which I believe we are approaching: it would be interesting to try to schedule it for the year 2000.

Thank you all for being a part of this project.

In una lettera all'amico compositore Peter Gast, parlando di Venezia, Nietzsche scriveva: "Cento solitudini profonde che si ritrovano formano Venezia. Da qui la sua magia. Un simbolo per gli uomini del futuro". Guggenheim public può essere considerato come la sperimentazione di quella percezione. Un luogo e un modo per apprendere ed eventualmente modificare il presente e il futuro, un "laboratorio di pensiero", che cerca di seguire la logica della scoperta piuttosto che quella della verifica.

L'atto del ritrovarsi tra persone che condividono formazione ed esperienze diverse, porta alla permeabilità tra campi spesso troppo distanti per arricchirsi vicendevolmente. Lo scambio di modalità di pensiero e di comunicazione attraverso il dialogo, l'ascolto e la presenza, crea mutamenti non preventivati di percezione e comportamento. Agendo su noi stessi e sugli altri come un artista agisce sulle proprie opere, aspiriamo ad una forma di creazione collettiva.

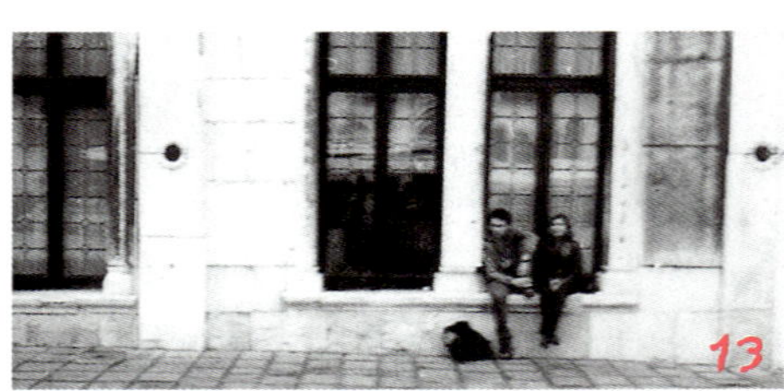

Writing about Venice to his composer friend Peter Gast, Nietzsche said: "A hundred deep solitudes brought together form Venice. Whence its magic. A symbol for the men of the future." Guggenheim public might be viewed as the experiment of that perception. A place and a way to apprehend and perhaps modify the present and the future, this "laboratory of thought" attempts to use the logic of discovery, rather than the logic of verification.

This bringing together of participants who share their varied formations and experiences leads to a porousness between fields often too far apart for mutual enrichment. The exchange of paths of thought, patterns of thought, ways of communication, through speech, listening and presence, brings about unscheduled modifications of behavior and perceptions. By acting upon themselves and others as artists act upon their works, we strive towards a form of collective creation.

Guggenheim public è un esperimento di aggregazione che si affida al momento inaspettato dello stare insieme e soprattutto dell'onestà e volontà dello stare insieme. Questo deve farci riflettere sulla natura della creatività in condizioni di aggregazione. Beuys, che per eccellenza è l'artista che ha creduto in questo processo come strumento per attivare la creatività, lo mette in relazione all'energia dell'amore. È interessante trovare il filo, la sua eredità…

• Qualsiasi momento di confronto determina delle condizioni che vanno al di là delle intenzioni iniziali dei partecipanti. Quello che si crea è un qualcosa di trascendente. Non è possibile prevedere la trascendenza nelle condizioni iniziali, perché avviene nel momento dell'interrelazione. Spesso ci vuole qualcuno che metta in luce la nuova condizione, un regista, che sappia tracciare questa nuova determinazione della casualità dovuta al confluire di diverse volontà. La storia è quel processo che si determina grazie al confluire, al

sovrapporsi di volontà diverse che, senza apparente comune obiettivo, creano l'effetto, la nuova configurazione, imprevedibile inizialmente, ma che di fatto esprime la necessità del tempo.

• Il soggetto entra in relazione con se stesso quando entra in relazione con la necessità e non con la libertà. La necessità è la condizione in cui il soggetto è subordinato a una legge superiore e quindi è obbligato a trascendersi, a spingersi fuori, non per sua scelta. Solo allora viene meno la condizione in cui noi viviamo il mondo dal nostro punto di vista. Il nostro punto di vista è determinato dalla percezione della libertà che abbiamo. La necessità trascende la singolarità perché non è in grado di identificarsi.

• Poi, come insegna la meccanica quantistica, quando soggetto e oggetto entrano in collisione c'è una modificazione sia dell'uno che dell'altro: non sappiamo più distinguerli.

• Penso ai surrealisti e al loro proposito di cambiare la vita e trasformare il mondo affidandolo al

Guggenheim public is an experiment in aggregation that relies on the unscheduled moment of being together, and especially on honesty and the will to be together. This should lead us to think about the nature of creativity in the context of aggregation. Beuys, *par excellence* the artist who believed in such a process in order to stimulate creativity, related it to the energy of love. So it would be interesting to search for this connection, a part of his legacy…

• Any moment of contact can create conditions going beyond the participants' intentions. The result transcends it all: it is impossible to foresee this transcendental outcome, since it is not a direct consequence of preliminary conditions, but is born out of mutual interrelation. It often requires someone who can shed new light on different situations, a conductor capable of defining a new configuration of chance caused by the confluence of different wills. History is a process determined by different intentions that come together, and overlap, with no obvious common goal, thus creating a new configuration. Although unpredictable at first, it expresses the necessity of the times.

• The subject relates to itself only when it relates to necessity and not to freedom. Necessity is the condition in which the subject is subordinated to a superior law and therefore is obliged to transcend itself, to go beyond itself, not of its own choice. Only then does the condition wherein we experience the world from our point of view abate. Our point of view is determined by the perception of the freedom we have. Necessity transcends singularity because it is unable to identify itself…

• And then, as quantum physics tells us, the collision of subject and object results in a mutual modification which cancels all differences.

• It reminds me of the Surrealists and their desire to change life and transform the world by relying on the creative artistic process.

• Processes always generate results, if that is what

processo creativo dell'arte.

• Il processo produce delle opere, se vuoi che si traduca in opere. L'arte è un processo ed è chiaro che nel momento in cui questo processo ha bisogno di misurarsi con l'esterno si produca l'opera, il testimone. Ma è altrettanto legittimo decretare che non sia necessario misurarci, quindi convenire di non lasciare testimonianza.

• È difficile pensare all'arte senza far riferimento all'opera.

• Per Beuys l'opera d'arte non è necessariamente riferita alla sua forma cristallizzata, e quando lo è sembra un insieme di tracce, dei frammenti...

• Quasi come l'archeologia che da frammenti ci consente di ricostruire pezzi di storia.

• Pollock è colui che ha trasferito l'attenzione dall'opera in sé all'artista che fa l'opera.

• Beuys va oltre e trasferisce l'attenzione dal rapporto a due di artista ed opera a quello a tre: artista, opera, contesto per individuarne le sottili implicazioni e decifrarne la forma.

• Non ci si può affrancare dall'oggetto.

• Gli oggetti ci sono. Durante la mia seconda esperienza con le opere di Beuys ricevemmo una delle opere con la pancetta che trasudava grasso e uno spago si era rotto. Stavano cercando di capire dalle fotografie quale fosse lo stato originario. L'opera di Beuys era trattata in modo filologico come ogni altro oggetto d'arte.

• Beuys non voleva privilegiare l'esperienza retinica e pensava che l'artista nel nostro contesto storico avesse una grande responsabilità: quella di riconciliare i saperi che si sono separati. Ne *La rivoluzione siamo noi* Beuys sostiene che non solo ogni uomo è un creatore (il vero capitale di ognuno è l'arte) ma ipotizza la nascita di una terza via: una consapevolezza d'essere, un'arte, che sia in grado di connettere, di interagire tra gli esseri umani.

• Nell'oggettiva condizione di uno spazio che non

you want. Art is process, and when such a process seeks to encounter outside reality, it generates a work of art, a testimony. But it is fully legitimate to decide that such an encounter is unnecessary, and decide not to leave anything behind.

• It is hard to think of art without referring to the work.

• Beuys believed that a work of art is not necessarily related to its crystallized form, and when it is, it is like a set of clues, of fragments.

• Just like archeology, where fragments allow us to reconstruct layers of history.

• Pollock is the one who switched the focus from the work of art to the artist making the work of art.

• Beuys goes even further. He switches the focus from the dual relation: artist-work of art, to the triple relation: artist-work of art-context, so as to understand its subtle implications and decipher its form.

• We cannot entirely free ourselves from the object.

• But there are objects. My second exposure to Beuys happened at a time when one of his works had just arrived: the fat was melting and one of the strings was broken. The people around me were trying to figure out its original state from photographs. The work of Beuys was treated from a philological point of view, just like any other work of art.

• Beuys did not favor retinal experience. He believed that today artists have a major responsibility: to reconcile areas of knowledge that have grown separate. In *La rivoluzione siamo noi* (We are the Revolution), not only does he maintain that each man is a creator (his true capital being art), but he also assumes the existence of a third possibility: a new awareness, a kind of art that can interact among human beings.

• Since we are immersed in the objective condition of space with no barriers, as a result of virtual uniformity, it is easier to understand Beuy's message. Contiguity among subjects also changes our awareness of art, which in turn has to take such contiguity into account. We are not isolated by the spatial boundaries, we live together, and we

ha più le barriere della separazione per effetto di una uniformità virtuale, è più facile cogliere il messaggio di Beuys. La contiguità tra soggetti modifica anche la coscienza dell'arte che deve a sua volta tener conto di questa contiguità: non siamo isolati dalle limitazioni dello spazio, siamo tutti insieme, ci influenziamo. Forse è anche più facile ritrovare il significato di "scultura sociale" nel contesto contemporaneo dell'emergenza e della crisi, perché abbiamo tutti uno stesso proposito.

• È cambiato il concetto di radicamento però. Oggi siamo più ancorati alla soggettività e soprattutto alla mobilità sia materiale che immateriale, e questo comporta una deresponsabilizzazione del proprio ambiente…

• Da una parte c'è l'idea della globalità, perché l'uomo inteso come *anthropos* ha gli stessi bisogni biologici in ogni parte del globo, e dall'altra parte c'è l'evoluzione della coscienza che deve tener conto delle diversità dei contesti e culture…

• L'artista deve comunicare la natura etica di un contesto in cui la pressione del presente impone la costante responsabilità delle scelte, che, a loro volta, ci condizionano a misurarci con quello che attiviamo.

• Il nesso va oltre. Si tratta di vedere se la scelta etica possa proiettarsi nella traducibilità politica, una dinamica che passa attraverso la comunicazione, la quale, quando è recepita e attivata, diventa atto politico (atto consapevole).

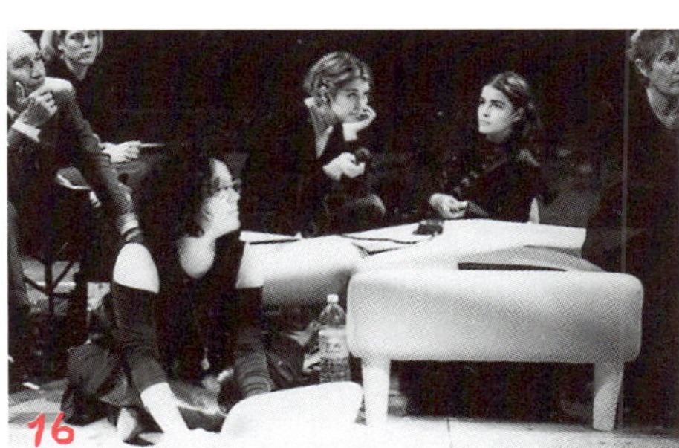

16

• Sembra un cortocircuito tra impegno sociale dell'artista e l'oggetto stesso di arte come artifizio, leggerezza, esperienza liberatoria. Se io suono un brano di Bach e l'ascoltatore lo percepisce solo come qualcosa che si inserisce in un periodo storico e culturale sento di fallire. Se invece Bach non è una definizione ma uno spazio nel quale io mi muovo (e posso muovermi ecologicamente o non ecologicamente anche all'interno di una esecuzione di Bach) allora probabilmente Bach lo ritrovo come fenomeno naturale, perché agisco con il linguaggio del corpo che mi permette di comunicare con

influence one other. In the contemporary world of emergency and crisis, it may even be easier to find the meaning of "social sculpture", since we all share the same goal.

• However, our understanding of being rooted somewhere has changed. Nowadays we are rooted in subjectivity and above all in mobility, be it material or not. This leads to a lack of responsibility towards our environment.

• On one hand, we have the idea of globality — after all, man as anthropos shares the same biological nature throughout the globe — whereas, on the other hand, we have the evolution of consciousness, which has to take into account the diversity of cultures and contexts.

• Artists should communicate the ethic of contexts, where the pressure of the present time requires on our part a consistent responsibility in taking decisions and making choices, which in turn makes us measure ourselves against what we cause.

• The matter lies in establishing whether the ethical decision can be translated into political facts. Such dynamics are the result of communication. Once communication is perceived and brought about, it becomes political action (conscious action).

• It is a kind of short-circuit between the social involvement of the artist and the artistic object as artifice, levity, liberating experience. If I play a piece by Bach, and the listener only perceives it as something within a historical or cultural context, I feel I have failed somewhere. Whereas, if Bach is not conceived as a definition but as space within which I move (I may indeed move ecologically or not, even in performing a piece by Bach), I may then see Bach as a natural phenomenon, because I act with my body language and I can thus communicate with everyone, granted that I want to give and the other wants to receive something. When intention meets attention, the work of art, the event, happens.

• By assuming that each and everyone of us is

chiunque, ammesso che io abbia la volontà di dare e l'altro di ricevere. Se c'è l'incontro tra intenzione e attenzione c'è l'opera. C'è l'evento.

• Con l'idea che ognuno di noi è creativo Beuys si avvicina più al pensiero postmoderno, se lo consideriamo come contrario al concetto di massificazione ed autoritarismo, a favore di una scoperta della soggettività. Beuys non accetta il concetto di provocazione delle avanguardie. La provocazione per lui ha a che fare con la distruzione, così quando inventa l'azione, che è sempre metaforica e simbolica e la conversazione-conferenza, Beuys investe nella comunicazione, nel rapporto.

• È interessante il dialogo a distanza avvenuto tra Beuys e Duchamp, di amore-odio, ed è di grande attualità. Beuys dice che Duchamp è un genio perché dimostra a tutti che ognuno può diventare un artista anche se avverte che questa rivoluzione è appena a metà perché

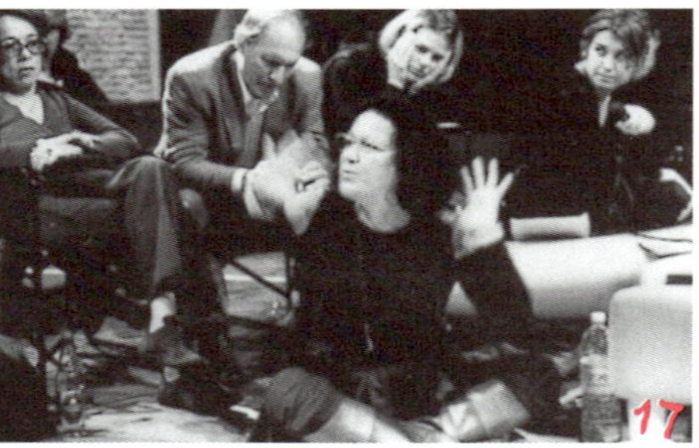

ancora "retinica, ed autoritaria" visto che chi formalizza l'opera è comunque il museo. È una provocazione interessante per misurare l'arte al di fuori dalle strutture omologanti e al di fuori dell'intenzione dell'artista…

• Stiamo tentando di dare una lettura dell'arte non necessariamente più legata solo all'oggetto o al singolo artista ma piuttosto destinata ad amplificarsi ed andare oltre anche alla categoria del fruitore. Una visione dell'arte come lavoro di cooperazione, che si riconosce piuttosto attraverso uno o più interpreti che si fan carico di far nascere l'evento (vedi direttore d'orchestra) per svincolarlo dalla singolarità dell'opera e dal soggetto unico che la produce. Penso che Beuys abbia fatto questo.

• Non c'è comunicazione se non vi è un trasferimento di simboli da una persona all'altra. L'arte è una relazione, non è un oggetto.

• C'è una teoria che sostiene che la fruizione della cultura dipende da due elementi: l'attitudine e la competenza. I due parametri, fondendosi in una persona, permettono poi di agire in un modo o in un

altro. L'attitudine è qualcosa che uno non può scegliere. Si consolida per interazione con il proprio contesto di formazione socio culturale (famiglia e contesto sociale). La competenza è apprendimento e si misura secondo la quantità di energie che si è spesa per conoscere, e determina la qualità della fruizione. Sono convinto che l'arte sia un rapporto perché ognuno mette in gioco se stesso, la propria storia ed esperienza, ognuno legge il proprio quadro, il proprio film, il proprio testo che risultano essere identità e relazione in rapporto alla

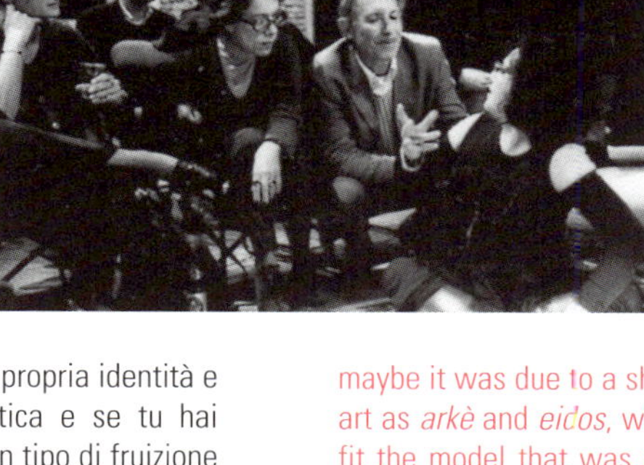

propria storia. Tutto dipende dalla propria identità e cultura. Fruire l'arte significa fatica e se tu hai investito bene le tue energie hai un tipo di fruizione più intensa. Meno hai investito più la cosa è opaca.
• Se in certi momenti della storia è nata una diatriba accesa su che tipo di valutazione dare all'arte forse è stato anche perché c'era un'idea comune, un *arké* un *eidos* per cui l'opera doveva corrispondere a quel modello socialmente condiviso. L'opera, allora, era quanto di più sociale potesse esistere mentre nel contemporaneo è l'opposto. È opera d'arte ciò che sa convincere di essere assolutamente unico e di non essere al di sotto o dentro alcun *eidos*. La preparazione

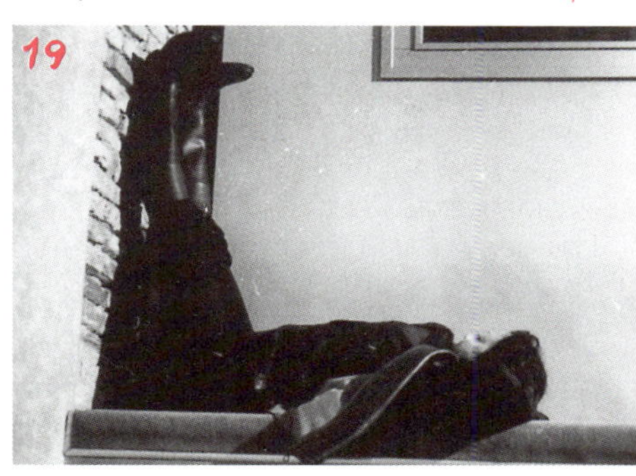

dell'artista sta nel suo convincere che la sua opera è un *unicum*: quella circostanza che permette di squarciare il velo dell'universalità in cui siamo e cogliere la cosa in sé.
• Chi decide dell'universalità?
• La liberazione dal rapporto universale tra le cose.

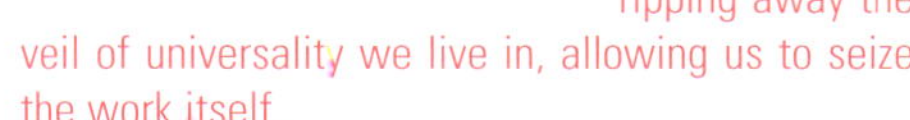

24.11.99

con with Félix Duque

Félix Duque, laureato in filosofia e pedagogia, è professore di storia della filosofia moderna alla Universidad Autónoma di Madrid.

L'amore in senso strettamente fisico è sempre una delusione poiché significa l'impossibilità di dileguarsi assolutamente in uno stato impersonale. Vi è necessità dell'altro che faccia da mediazione, da schermo. Non credo nella possibilità di un amore diretto. È sempre attraverso un oggetto che noi personifichiamo i nostri sogni. L'amore è un tentativo sempre sconfitto di essere l'altro. Quel che resta di questa sconfitta viene depositata nel dono.

• E se fossimo cresciuti al punto di non avere più paura, quindi di non aver nemmeno più bisogno di questa distanza? Se potessimo rischiare una vicinanza?

Se fossimo arrivati ad una presa di coscienza che ci permettesse di procedere?

Se l'amore fosse qualche cosa che ci parla?

• L'amore, quando si prende sul serio, è il lato nascosto della morte. L'amore è l'assoluta fiducia nell'altro. Lo svuotamento, l'abbandono assoluto!

Senza mediazione, l'amore è impossibile. Abbiamo bisogno di fissare questa eternità in un oggetto. L'immaginazione non basta. Amore e morte vanno insieme.

Integrarsi significa dileguare la propria differenza. Chi non ha paura dell'amore, non è innamorato.

• Un conto è il feticcio e un conto è il simbolo. Il linguaggio che fa parte della naturalità dell'uomo, si esprime attraverso simboli.

• Due soggetti insieme sono incompatibili per definizione. L'amore è questa contraddittorietà. La comunicazione diretta è impossibile. Tra due ego non c'è rapporto. La relazione si fa attraverso una mediazione. Lo slancio verso l'altro è necessariamente frustrato. Questo è il destino dell'uomo. Non possiamo costruire illusioni.

• Soltanto nella morte del soggetto possiamo

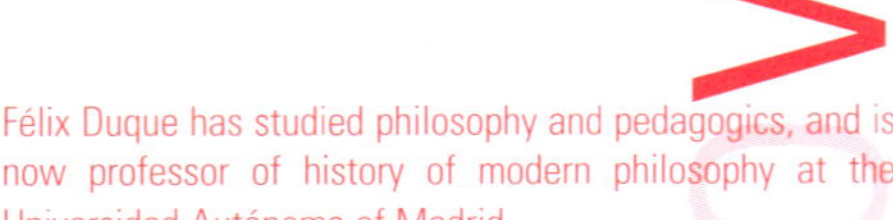

Félix Duque has studied philosophy and pedagogics, and is now professor of history of modern philosophy at the Universidad Autónoma of Madrid.

Love in a strictly physical sense is always a disappointment since it implies the impossibility of utterly dissolving into an impersonal state. We need the other person as mediator, as screen. I don't believe there can be a direct love. It is always through an object that we personify our dreams. Love is an ever-foiled attempt to become the Other. What is left after this defeat is turned to giving.

• And what if we had grown enough to no longer be afraid, to no longer even need that distance? If we could risk closeness? If we had reached an awareness allowing us to proceed? If Love were something that meant something to us?

• Love, when we take it seriously, is the hidden side of death. Love is absolute trust in the other person. Absolutely emptying, abandoning oneself! Without mediation, Love is impossible. We need to deposit that eternity in an object. Imagination is not enough. Love and death go together. Integrating means dissolving our own difference. If you're not afraid of love, you're not in love.

• A fetish is one thing and a symbol another. The language that belongs to man's naturalness expresses itself in symbols.

• Two subjects together are incompatible by definition. Love is that inconsistency. Direct communication is impossible. Between two Egos there can be no relationship. A relationship can come about through mediation. The impulse toward the other can only be frustrated. Such is man's fate. We cannot build illusions.

• Only in the death of the Subject can we find a common ground. The *tertium*. Love can be measured by the willingness of the subject to die as such, to deny itself. Relationship eludes any kind of project, it is utter risk. A work of art is either a game or death!

trovare un terreno comune. Il *tertium*. L'amore si misura nella disponibilità del soggetto a morire in quanto tale, a negarsi. La relazione sfugge a qualsiasi progettualità è rischio assoluto.

L'opera d'arte o è un gioco o è morte!

• L'amore muove le nostre azioni, unire amore e morte non è giusto.

Se l'amore è una forza superiore noi non possiamo sottrarci, veniamo trasfigurati e condotti là dove tutto si disintegra. Così si crea qualche cosa di nuovo.

• Credo che questa sia la prospettiva. Dobbiamo affidarci al processo.

• Il segreto dell'amore e anche dell'opera d'arte è la continua sorpresa.

• Per sorprenderci bisogna esserne capaci! Io credo che questa capacità sia in estinzione.

• Il segreto è la complicità come raddoppiamento dell'alterità. Complici di un segreto che non sarà mai nostro.

• La sorpresa è spogliarsi da corazze rassicuranti.

• Il rapporto non può mai essere diretto ma richiede il sacrificio della soggettività.

• La sorpresa allora che cos'è?

• È la dimostrazione che un rischio è avvenuto. Non ci sorprendiamo più, perché non rischiamo. Giochiamo partite truccate.

• Non possiamo sorprenderci, se non ci mettiamo a repentaglio. La sorpresa è di essere ancora vivi dopo aver pensato di essere morti! Arriviamo all'identificazione attraverso relazioni strutturanti. Il nostro psichismo è in relazione anzitutto con se stesso. Se io metto in dubbio la relazione, scompaio io stessa. L'integrazione con il mondo "esterno" è possibile solo se è già avvenuta al mio "interno".

• Non è vero che noi non rischiamo più! Noi stiamo rischiando tutto! Invece di vivere secondo natura abbiamo creato una seconda natura.

• Si può morire senza rischiare! Noi non partecipiamo con coscienza al rischio. Un conto è il rischio e un conto è il pericolo. Il rischio è consapevolezza. Oggi la debolezza è tale che la possibilità di rischiare non si presenta nemmeno.

• Questo consesso è nato con la convinzione di andare aldilà del rapporto a due. Il possesso fiorisce nel rapporto a due. Andare aldilà del rapporto a due è la sfida del contemporaneo.

• Love moves our actions, associating love and death is wrong. If love is a higher force we cannot withdraw from it, we are transfigured and led to where everything disintegrates. So something new is created.

• I think that is the prospect. We must trust in the process.

• The secret of love and also of a work of art is perpetual surprise.

• We have to be able to be surprised! I believe that capacity is dying out.

• The secret is complicity, as a multiplication of alterity. Complicity in a secret that will never be ours.

• Being surprised means shedding reassuring armors.

• The relationship can never be direct but requires the sacrifice of subjectivity.

• So what is surprise?

• It is the proof that there has been a risk. We are not surprised any more, because we don't risk anymore. Our games are trumped up.

• We cannot be surprised if we aren't willing to risk. Surprise is to be alive when we thought we were dead! We achieve identification through structuring relationships. Most of our psyche's relationships are with itself. If I doubt in the relationship, I myself disappear. Integration with the outer world can only come about if it has already happened "inside" me.

• It's not true we don't take risks anymore! We risk everything! Instead of living according to nature we created a second nature.

• You can even die without risking! We don't consciously participate in risk. Risk is one thing and danger another. Risk is awareness. Nowadays we are so weak we don't even have the opportunity to risk.

• This consensus arose with the conviction we could go beyond a relationship between just two persons. Possession thrives in the relationship between two. Going beyond is the challenge of today.

15.2.99

con with Adriano Sofri

Adriano Sofri, di formazione letteraria e filosofica, saggista, collabora come opinionista con il quotidiano *La Repubblica*.

Stiamo cercando di sperimentare un mondo caotico in senso positivo.
In un'epoca in cui stiamo viaggiando molto velocemente verso una lingua unica, il web, ciò che resta intorno non è che rumore di fondo. In questo paesaggio il discorso dell'arte oggi è centrale perché è comunicazione.
• L'unico programma di comune intento sembra essere: tutti confederati in una battaglia contro la natura, lo spirito dell'inimicizia, della lotta clandestina, perché questo? Ci sono ragioni storiche e politiche così formidabilmente pesanti, che l'appello affettuoso ad una confederazione universale rischia di essere non solo infruttuoso ma addirittura controproducente.
• Credo resti insoluto il problema dell'autorità a cui riferirci.
• Pensate che sia possibile avere un intento comune senza avere un'autorità?
• Se ognuno è pronto a prendersi la sua responsabilità…
• C'è anche una lingua biologica che ci lega, una lingua fisiologica e una lingua geografica, visto che siamo su questa terra … spesso dimentichiamo che noi comunichiamo attraverso tantissimi canali e non solo attraverso la parola. L'intento comune è possibile anche se non si parla la stessa lingua purché si instauri con l'estraneo un periodo di convivenza nel quale si possano intersecare i mondi diversi e si costituisca un'intersezione comune.
Solo all'interno si questa intersezione può nascere un intento comune.
• Mi pare difficile una discussione che sovrapponga per lo meno due dei significati possibili dell'amore. La scelta di uno per un'altro/a, per un cavallo … per qualsiasi cosa … I due oggetti che si scelgono e che scegliendosi, escludono tutto

Adriano Sofri has specializd in both humanities and philosophy, is author of numerous essays and collaborates as opinion-maker with the Italian daily *La Repubblica*.

We are trying to experience in a positive way a chaotic world: at a time when we are travelling very swiftly toward a single language, the web, all that is left around it is just background noise. In such a context talking about art is a central issue, since it is communication.
• The only program with a common intent seems to be: everyone united in a battle against nature, the spirit of antagonism and clandestine struggles, why is it so? There are historical and political reasons that are so terribly burdensome that the affectionate appeal to a universal confederation is in danger of not just failing, but of even being counterproductive.
• I believe the problem of an authority we can refer to is still not solved.
• Do you believe it's possible to have a common intent without an authority?
• If each person is willing to assume responsibility…
• There is also a biological language that binds us, a physiological language and a geographic language, since we live on this earth … we tend to forget that we communicate through a great number of channels and not just through speech. A common intent is possible even if we don't speak the same language, as long as we can set up with the extraneous person a period of sharing where the different worlds can intersect and a common intersection be established. A common intent can only arise at such an intersection.
• I have a hard time conceiving a discussion in which at least two of the possible meanings of Love are superimposed. One's choice for another, for a horse … for anything … The two objects that choose each other and that choosing each other exclude all the rest, in the most a-social passion the

il resto, nella passione più asociale che l'animale umano conosca … e questa specie di amore universale, che è tipico di alcune religioni o di alcune concezioni non confessionali e non religiose ma sostanzialmente convinte del carattere sacro della vita. Sacro è ciò che vale per sé e quindi anche l'ecologismo ha questo come sfondo. Queste due nozioni di amore messe insieme, a me sembrano non solo difficili da far convivere, ma anche contraddittorie. E a proposito dell'arte … un artista che si proponga esplicitamente di entrare in contatto con il mondo, statisticamente, è un guaio. Mentre un artista così appassionatamente capace di escludersi, di separarsi dal mondo, di ignorarlo, addirittura di disprezzarlo può lasciare una comunicazione che sia capace di suscitare la partecipazione altrui…

• Vorrei riallacciarmi al discorso dell'artista che per esprimersi deve porsi contro, che è costitutivamente contro, non omologabile, l'artista che esce. Perché non pensare invece all'artista come a colui che vuole ricomporre quello che è stato a lungo tenuto separato? Io non sento la contraddizione di cui ci parla Sofri. L'artista secondo me può lavorare nel prendersi cura di quegli aspetti che la contemporaneità trascura, tace, disattende … Io può fare senza porsi necessariamente contro. Esistono delle costellazioni psichiche che dominano certi universi culturali. Sono la costellazione dell'onnipotenza, che porta alla metafora della torre di Babele, in cui c'è questa spinta dell'uomo verso il divino, questo atto di orgoglio onnipotente e c'è la costellazione psichica dell'impotenza che è la dispersione delle lingue, il non capirsi, il vivere nel caos. Queste sono due costellazioni psichiche che nella contemporaneità sono spesso co-presenti. Non viviamo più in universi di senso totalizzanti, ma in universi di senso multipli. Io sento che tra queste due modalità che si determinano, esiste anche la possibilità della "potenza". Che non è l'onnipotenza di chi vuole andare verso il cielo, né l'impotenza di chi si lascia omologare dall'operatività corrente che la tecnica ci impone … ed è la modalità della potenza … che è la conoscenza dei propri limiti ma anche delle proprie potenzialità e che si traduce nel "prendersi cura" … Noi qui stiamo mettendo molte parole tra noi e questa esperienza di "prendersi cura

human animal can experience … and then, that kind of universal love, typical of some religions or of some non-confessional or non-religious conceptions that substantially believe in the sacred character of life. Sacred is what is worthwhile for oneself, so even ecology has it as its background. These two notions of love seem to me not just difficult to have co-exist but even in contradiction. And as for art … an artist whose purpose is to be in touch with the world, statistically, is in trouble. Whereas an artist passionately able to exclude himself, to be apart from the world, to ignore it, or even despise it, can leave a communication capable of arousing the participation of others…

• I would like to dwell on the discussion about the artist who, in order to express himself, has to be against, is constitutionally against, cannot be homologated: the artist who exits. Why not think of the artist as someone who wants to join what for ages was separated? I don't see the contradiction Sofri is talking about. I think the artist can work on taking care of the aspects our contemporary world neglects, stifles, does not heed … he can do so without necessarily being against. There are psychic constellations that prevail in certain cultures. They are the constellation of omnipotence, that leads to the metaphor of the tower of Babel … where we have man's aspiration to the divine, that act of omnipotent pride, and then the constellation of impotency that is the dispersion of languages, not understanding one another, living in chaos. In our contemporary world we often have those two constellations combined. We no longer live in a world of a single all-inclusive meaning, but in worlds of multiple meanings. I feel that between those two modalities that determine each other, there is also the possibility of "potency". That is not the omnipotence of someone who wants to rise up to heaven, nor the impotence of someone who lets himself be homologated by the current effectiveness technology forces upon us … and it is the modality of potency … which is the awareness of our own limitations and of our own potentials as well and that is expressed by "caring" … Here we are putting a lot of words between us and that experience of "taking care of communication" … it is an act of love. Taking care of communication —

amore

della comunicazione" è un atto d'amore. Prendersi cura in modo teorico e pratico della comunicazione è mettersi nella dimensione della potenza.

• La questione dell'autorità mi sembra una questione fondante di tutte le discussioni che si svolgono al giorno d'oggi, quando parliamo dell'amore … Quando parliamo dell'amore io vorrei che la specie umana contemporanea avesse un'intenzione comune che è quella della riparazione del mondo. Questo è l'unico orizzonte comune di cui si può parlare.

• Vorrei porre ad Adriano una domanda sul rapporto tra amore e giustizia. Io non ho un rapporto così conciliato con l'amore. L'amore mi è sempre parso una cosa bella ma ingiusta, feroce addirittura, guai se non fosse così, selvaggia.

• Non sono d'accordo.

• Per forza visto che chiami amore tutto…

• Vorrei arrivare ad una maggiore disinvoltura nei confronti del significato implicito di amore, che noi trattiamo ancora da religiosi quando gli diamo il senso di "contenuto", mentre l'amore è forma.

• Se noi riuscissimo a capire che l'amore è una strategia, forse … riusciremmo a vivere meglio … Strategia come *modus operandi*.

• L'amore non è un *modus operandi*. Se diventa tale, addio! Gli umani capiscono le cose solo quando vanno a finire in un vicolo cieco, questo forse è inevitabile nel nostro mondo finché non siamo nel vicolo cieco noi crediamo nel progresso…

• Ma questo vicolo chiuso, perché è un vicolo chiuso? È per un abuso di potere che c'è questo vicolo chiuso o perché tu veramente arrivi in un vicolo chiuso? Questo è il grande punto di domanda. Perché dobbiamo andare ad incappare nella evidenza dell'impotenza? Chi ha detto che questo è il destino del genere umano? Io non ci credo affatto!

• Abbiamo invertito il nostro rapporto con la natura e in questo c'è un'emulazione di dio impensabile al tempo della torre di Babele. Noi assegneremo alle macchine il compito della ricostruzione.

• A meno che non si insinui la possibilità di pensare, nonostante tutto, ad una specie di metodo da applicare che è quello dell'amore.

both theoretically and practically — means putting oneself in the dimension of potency.

• The question of authority seems to be an essential issue in all the discussions we have nowadays, when we talk about love … When we talk about love I wish the contemporary human species had a common intent that would be the mending of the world. That is the only common horizon we can talk about.

• I would like to ask Adriano a question about love and justice. I don't have such a serene relationship with love. Love has always seemed to me something beautiful but unjust.

• Even ferocious, beware if it were not so, wild…

• I disagree.

• Of course, since you call everything love…

• I wish I could be more relaxed about the implicit meaning of love, that we treat from a religious point of view when we give it the meaning of "content", whereas love is form.

• If we could understand that love is a strategy, we might … be able to improve our lives … Strategy as a *modus operandi*.

• Love is not a *modus operandi*. If it becomes that, farewell! Human beings only begin to understand things when they reach a dead end, that may be unavoidable in our world … as long as we are not in a dead end we believe in progress…

• But that dead end, why is a dead end? Is it because of an abuse of power that there is the dead end or because you really end up there? That is the great question. Why do we have to go and run into the evidence of impotency? Whoever said that was the human species' fate? I don't believe it at all!

• We inverted our relationship with nature and in that there is an emulation of god inconceivable at the time of the tower of Babel. We shall assign to machines the task of reconstruction.

• Unless we might intimate the possibility of conceiving, in spite of everything, a kind of method we could apply: the method of love.

Guggenheim public è stato pensato come libera arena in cui ognuno, nella condivisione reciproca, possa "performare". Se si vuole prendere in mano il filo conduttore di Beuys e portarlo oltre, quali nuovi spazi si aprono? Guggenheim public entra in una fase operativa e programmatica: quando ci incontriamo facciamo "scultura sociale". Siamo qui per costruire qualche cosa. Per approfondire il tema dell'amore è necessario "mettersi in relazione", superare la condizione osservatore-osservato.

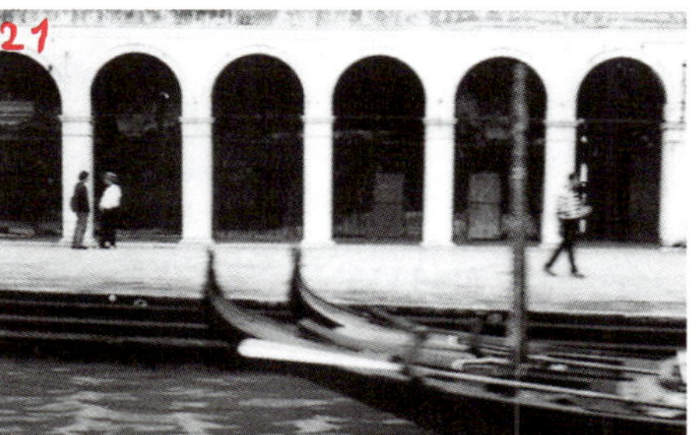

• È un'esperienza difficile da catturare, che ci riporta al tema dell'integrazione.
Come sfidare la globalizzazione mantenendo le specificità? Come mantenere le proprie poetiche pur condividendo lo stesso obbiettivo? "La scultura sociale si può fare solo con le persone che condividono lo stesso intento". L'intento è l'aspirazione ad andare in un luogo dove l'importanza personale non gioca nessun ruolo. Un luogo dove l'amore sia la categoria fondamentale. Da dove nascono gli ostacoli?
• Il doversi confrontare con molte persone è più impegnativo del rapporto a due e richiede maggiore responsabilità.
• La consuetudine: tutte le dinamiche che vengono attivate anche con i più grandi relatori sono costruite sulla relazione osservatore-osservato.
• Nella scultura sociale, con il contributo di ognuno, scolpiamo un'energia che non è materiale. Non

Guggenheim public was conceived as a free arena where everyone, in reciprocal sharing, can "perform". If we want to seize upon Beuys' guide line and carry it further, what are the new spaces that open up? Guggenheim public is beginning a working, programmatic phase: when we meet we make a "social sculpture". We are here to build something. To reflect in depth on the theme of love we have to "put ourselves in relationship," overcome the observer-observed condition.
• It is a difficult experience to grasp, that leads us back to the theme of integration. How can we challenge globalization and at the same time maintain specificities? How can we maintain our own poetics while sharing the same objectives? "Social sculpture can only be made with people who share the same intent." The intent is the aspiration to go to a place where one's personal importance does not play a role. A place where love is the fundamental category. What causes the obstacles?
• Being confronted with a number of people is a greater commitment than the relationship between two persons and implies greater responsibilities.
• Habit: all the dynamics that are activated even with the finest speakers are based on the observer-observed relationship.
• In social sculpture, with the contribution of each

sempre riesce. Ma quando riesce è opera comune.
• Come possiamo creare un discorso simbiotico ed essere anche aperti al nuovo, al diverso?
• Si deve diventare distaccati, flessibili, indifferenti ai giochi di potere, di difesa del territorio …. questo è il massimo che possiamo fare per garantire l'intento e procedere in un discorso costruttivo. Il Simposio sull'amore verte sul come fare cooperare le diversità. L'amore visto dal punto di vista alchemico, come quella forza o grado di integrazione che abbia un respiro che non sia quello religioso. Credo che l'arte possa assumere a pieno diritto la responsabilità di parlarne e di rappresentarlo. Guggenheim public può farlo.

person, we sculpt an energy that is not material. It does not always succeed. But when it does, it is a common work.
• How can we create a symbiotic speech and at the same time be open to what is new, to what is different?
• We have to become detached, flexible, indifferent to power plays, to territorial defense … that is the most we can do to guarantee the intent and proceed constructively. The Symposium on Love is about how we can make diversities cooperate. Love seen from an alchemical point of view, like the force or degree of integration whose spirit is not religious. I believe art can take the responsibility to talk about it and to represent it. Guggenheim public can do so.

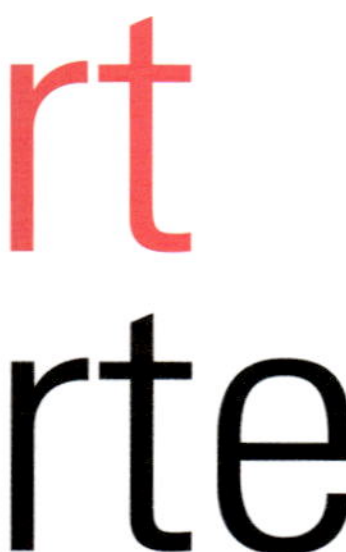

arte

19.4.00

con with Carlos Basualdo

Carlos Basualdo è curatore del Wexner Center for the Arts di Columbus (Ohio), critico d'arte e collaboratore di alcune riviste d'arte, tra le quali *Artforum International*.

Per capire la contemporaneità bisogna rifarsi a Platone. Lui aveva capito bene che se la filosofia punta sul *logos* non può altro che puntare sul linguaggio e sul cosmo; mentre invece la poesia punta sulla parola e sul caos. Se è vero che l'uomo per una sua naturalità è un animale linguistico allora il linguaggio lo puoi dire rispetto a dei significati condivisi oppure rispetto a dei significati che trascendono la condivisione e questo ci riporta alla contemporaneità. Per capire la contemporaneità in poesia bisogna capire cos'era stata la contemporaneità nelle arti figurative, dove trascendere la forma codificata è fondamentale.
• Nel mio modo curatoriale amo quegli artisti che riescono a tenersi in relazione con il sociale, che sono portatori di un fatto politico.
• Credo nella necessità come verità … la poesia è diversa dal "poetico".
Ad ognuno può essere riconosciuta una necessità poetica di esprimere una propria visione assolutamente privata e intimista. Solamente chi interpreta il linguaggio condiviso esprime poesia del contemporaneo.
• Penso il contrario: condividere le problematiche ma non il significato condiviso … l'artista opera una rottura dei codici e anticipa nuove sintesi … dopo diventa condivisibile.
• Quando parlo di condivisione parlo di un linguaggio non ancora esistente ma condiviso nelle sue potenzialità di essere, un linguaggio che è potenzialmente condivisibile…
• La novità di Beuys, oltre questo rapporto con il mondo che è duplice (antropologia del mondo ma anche natura), è nel rapporto tra artista e comunicazione. Beuys non è un surrealista perché non accetta le provocazioni delle avanguardie perché secondo lui la provocazione ha a che fare

Carlos Basualdo is presently curator at the Wexner Center for the Arts of Columbus (Ohio). As an art critic he writes for various magazines, namely *Artforum International*.

To comprehend what contemporaneity means we have to refer back to Plato. He had fully understood that if philosophy focuses on the *logos* it has to focus on language and the cosmos; whereas poetry focuses on speech and on chaos. If it is true that man by nature is a linguistic animal, then language is in reference to shared meanings or else to meanings that transcend sharing and that leads us back to the contemporary situation. To understand the contemporary situation in poetry you have to understand what contemporaneity had been in the figurative arts, where transcending the codified form was essential.
• As a curator I like artists who are able to relate to society, who are bearers of a political event.
• I believe in necessity as truth … poetry is not what is "poetic". We can recognize in everybody a poetic necessity to express their own absolutely private, intimist vision. Only if you interpret a shared language do you express the poetry of contemporaneity.
• I believe the opposite: sharing the issues but not a shared meaning … the artist breaks codes and anticipates new syntheses … it can only be shared later on.
• When I talk about sharing, I'm talking about a language that does not yet exist but is shared in its potential to be, a language that potentially can be shared.
• The novelty of Beuys, aside from the dual relationship with the world (anthropology of the world but nature, too), lies in the connection between the artist and communication. Beuys was not a surrealist since he did not accept the provocations of the avant-gardes, since according to him provocation had to do with destruction rather than construction. He focused on action. He didn't

con la distruzione e non con la costruzione. Lui punta sull'azione. Non amava i limiti dello sviluppo, il riferimento a "cambiare la vita" non era ancorato all'idea marxista, perché questa era autoritaria e la sua idea era invece che ognuno di noi è creativo.

Vi è un dialogo di amore e odio tra Beuys e Duchamp. Beuys dice che Duchamp è un genio perché dimostra a tutti che ognuno di noi può diventare un artista, Beuys dice che questa è una rivoluzione a metà perché è ancora retinica … è anch'essa autoritaria perché dà un valore straordinario al museo. Beuys dice che bisogna salvare il gesto di Duchamp però distruggendo il museo … quando lui va nel museo, non porta opere, porta dialogo. L'inaccessibilità di Beuys deriva dal fatto che è stato visto solo nella sua parte retinica. Più che capito è stato interpretato in maniera tradizionale. Il suo era un messaggio nuovo che non può essere omologato all'arte tradizionale. O accettiamo questa sfida o resta mutilato.

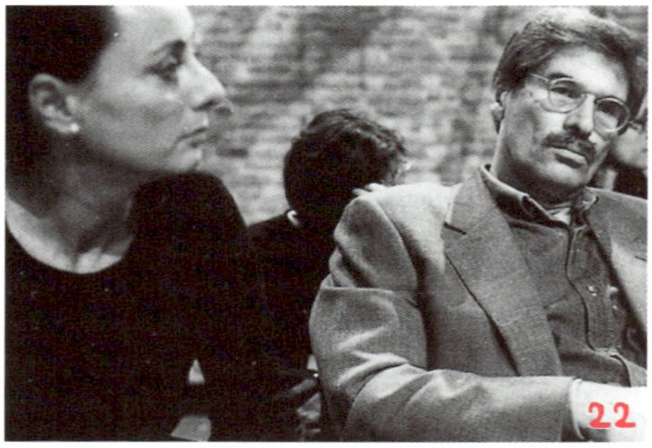

• La responsabilità, che nasce dalla pressione che viviamo rispetto ad un presente che ci assorbe e ci costringe ad una vigilanza per fare ad ogni momento la scelta giusta, è il contesto al quale l'artista non si può sottrarre. In questa nuova cornice in cui si è messi di fronte alla responsabilità della migliore scelta, consapevoli della centralità dell'etica, può la coscienza diventare talmente grande da esonerare l'artista dal suo fare artistico? Può questa coscienza sostituire la segregazione data dallo stato di essere separati come artisti e farci invece diventare soggetti che insieme ad altri portano avanti un discorso evolutivo di coscienza sociale?

• Mi sembra di vedere un cortocircuito tra l'artista che si occupa di ecologia e l'oggetto stesso di arte che ha una sua tremenda leggerezza dentro … l'arte come artificio, come qualche cosa che non c'è in natura, come esperienza liberatoria dal peso della vita. Beuys usa il linguaggio del corpo che è lo stesso che uso io come musicista e che mi permette di articolarmi al linguaggio di chiunque, se solo io

like the limits of development, the reference to "change life" was not anchored in the Marxist conception, which was authoritarian, while his idea was that each of us is creative. There is a love-hate relationship between Beuys and Duchamp. Beuys says that Duchamp is a genius because he shows everyone that each of us can become an artist, but that this is just half a revolution because it is still retinal, and it is authoritarian because it gives museums an extraordinary importance. Beuys says that we have to save Duchamp's gesture, yet destroy museums. When Beuys enters a museum he doesn't bring works, but dialogue. Beuys' inaccessibility derives from the fact that he was seen only from a retinal point of view. Rather than being understood he was interpreted in a traditional way. His was a new message that cannot be homologated in traditional art. Either we accept that challenge or he is mutilated.

• The responsibility that arises from the pressure we feel with respect to a present that absorbs us and constrains us to a vigilance, so as to make the right choice all the time, is the context the artist cannot elude. In this new context where we are faced with the responsibility of the best choice, aware of the centrality of ethics, can awareness become so great that it exonerates the artist from his artistic doing? Can that awareness replace the segregation produced by the condition of being isolated as artists and make us become subjects who, along with others, carry out an evolutive process of social awareness?

• I have the impression that there is a short circuit between the artist who deals with ecology and the very object of art that has its own tremendous lightness within itself … art as artifice, like something that doesn't exist in nature, like a liberating experience from the weight of life. Beuys uses the same body language I use as a musician, that enables me to relate to anyone's language, if only I have the determination to communicate and

ho la volontà di comunicare e l'altro di ascoltarmi. Se c'è un incontro di intenzione ed attenzione l'opera d'arte avviene. L'attenzione presuppone una capacità di concentrazione … vi sono problemi relativi all'uso del tempo e non solo dello spazio.

• Nel contemporaneo o c'è l'emergenza o c'è lo spettacolo. La responsabilità etica è lo stato in cui ognuno può diventare propugnatore di valori dove questi valori etici diventino arte. Siamo in una fase di specializzazione fortissima, accettata come tale, siamo in una fase di grande corporativismo e di difficoltà di comunicazione molto forte tra corporazioni … perché forse mancano i grandi racconti, la post-modernità è fatta di frammentazione che porta a quanto veniva detto…

• Sono contenta che si parli di Beuys … perché per me è sempre stato un grande mistero. Ora riesco a chiarire cose che non avevo mai valutato …

… è stato detto: "ma non è un artista o forse è l'artista del futuro".
Forse, se prima l'ho sempre sentito distante, la ragione è che non ero pronta ad accettarlo e a capirlo. Quando parliamo d'arte, il concetto che abbiamo dell'artista … siamo pieni di sovrastrutture che appartengono al passato, crediamo vere, giuste … mi interessa molto la discussione di questa sera perché stiamo parlando di quello che è l'argomento che io ritengo più importante. Stiamo parlando di ecologia, che dovrebbe essere l'argomento del giorno. Noi dovremmo parlare solo di questo.
Anche perché senza un'ecologia di pensiero non possiamo parlare d'amore…

• Credo che il contributo fondamentale di Beuys sia quello di dire qual'è il rapporto tra arte e politica e andando aldilà dire cos'è la politica oggi. La politica, tornando al concetto originale di *polis*. "In una comunità umana quali sono i rapporti tra il potere e il sapere"? Lui si riaggancia a tutta una serie di figure che sono andate distrutte nel grande scontro di classe che ha caratterizzato l'Occidente del '900 … le tendenze di tipo utopistico e di tipo anarchico che forse adesso potrebbero trovare una ri-attualizzazione, perché oggettivamente di fatto la

the other to listen to me. If intention and attention meet, the work of art comes about. Attention assumes a capacity to concentrate … there are problems relative to the use of time and not just of space.

• In contemporaneity there is either emergency or performance. Ethical responsibility is the state in which everybody can become the advocate of values where these ethical values become art. We are in an intense phase of specialization, accepted as such, we are in a phase of corporativism and of an intense difficulty of communication between corporations … maybe it's because big narratives are missing, post-modernism consists of fragmentation that leads to what was just said…

• I'm glad we're talking about Beuys … because to me he's always been a great mystery. Now I can see things I had never evaluated … someone said: "but he is not an artist, or perhaps he is the artist of the future." Maybe if I've always felt him to be remote, it was because I was not ready to accept him and understand him. When we talk about art, the concept we have of the artist … we are full of implications that we think they're true because they belong to the past, right … The discussion tonight is very interesting because we are talking about what I think is the most important issue. We are talking about ecology, that ought to be the topic of the day. We ought to talk only about that. Also because without an ecology of thought we cannot talk about love…

• I believe Beuys' major contribution is his saying what the connection is between art and politics, and what politics are today, related to the original concept of *polis*. "In a human community, what is the relationship between power and knowledge?" He links up with a series of figures that were destroyed in the great class conflict that characterized the West in the

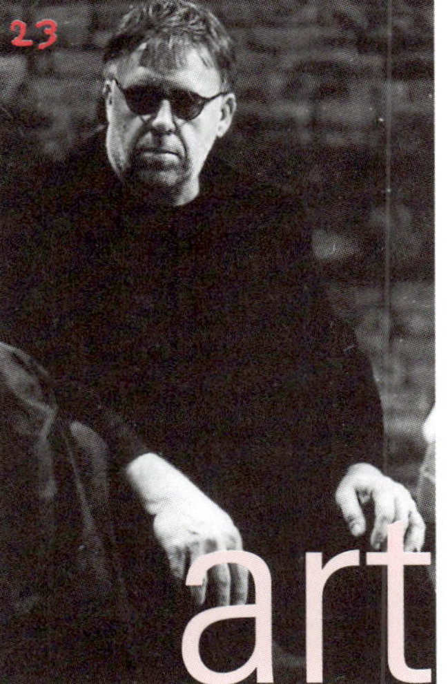

politica oggi è ridotta e si è trasformata in una amministrazione, quindi è il *pendant* dello sviluppo enorme che ha avuto la tecnica: l'amministrazione politica e lo sviluppo della tecnica sono i due grandi binari in cui si muove l'Occidente e quindi la cultura dominante. L'interrogativo che pone Beuys aldilà del suo essere artista è: "qual'è oggi la possibilità di fare della politica cioé di riconoscersi in una comunità umana?" Il problema è molto complicato, l'assenza di senso è data da quella che è forse un'aporia: "conviene ancora cercare un nuovo modo di fare politica, quindi agire nella *polis* come comunità o è più opportuno per l'umanità, abbandonarsi, darsi alla tecnica, all'amministrazione?" La tecnica alla fine guarirà i suoi stessi mali. Io non sono d'accordo sul fatto che l'ecologia non ha avuto l'attenzione che meritava. C'è la possibilità di scoprire un nuovo modo di stare fra gli uomini o forse è meglio abbandonarsi alla tecnica?

• Oppure una terza via darsi a se stessi!!! Lui ha portato avanti l'ottimismo e la perseveranza nel credere alla possibilità del cambiamento e quello del progetto sociale. Ha decretato la scultura sociale: la torre di Babele si può fare!

20th century ... the utopist and anarchist trends that might be updated today, because objectively, in fact, politics are reduced and have become an administration, matching the huge development of technology. Political administration and the development of technology are the two great rails the West and the dominant culture travel on. The question Beuys asks, beyond his being an artist, is: "what is the possibility of being in politics, that is, of recognizing oneself in a human community, today?" The problem is highly complex, the lack of meaning is perhaps due to an *aporia*: "should we still seek a new way to be in politics, that is, act in the *polis* as a community, or is it better for mankind to abandon itself, yield to technology, to the administration?" In the end technology will cure its own evils. I don't agree that ecology has not received the attention it deserves. Is it possible to find a new way to live among men or is it perhaps better to give ourselves up to technology?

• Or else give ourselves a third way!!! Beuys promoted optimism and perseverance in the belief in the possibility of change and of the social project. He decreed social sculpture: the tower of Babel can be built!

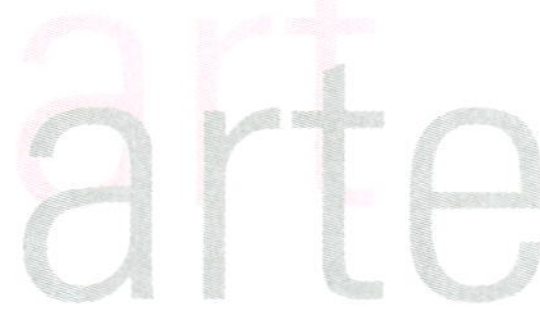

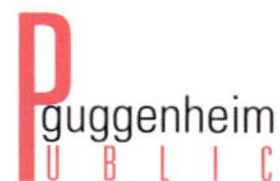

22.3.00

con with Sergio Givone, Franco Rella

Sergio Givone è ordinario di estetica presso l'Università di Firenze, e autore di numerosi volumi e studi sulla filosofia, l'estetica e la loro relazione con le arti.

Franco Rella è professore di estetica all'Istituto Universitario di Architettura di Venezia, e autore di numerosi saggi su questo tema.

Guggenheim public è un progetto artistico che ha alla sua origine una domanda, che ne è pre-condizione e tema che lo percorre nel suo divenire: "è possibile l'amore nel 'public'?" La sfida che lo anima è quella di andare aldilà del rapporto a due e di vedere se sia possibile costruire in una struttura partecipativa allargata semiaperta, una condizione di condivisione e di intento comune.
L'importante è superare la separazione osservatore-osservato ed instaurare la comunicazione come reciprocità. Guggenheim public si ispira al pensiero di Beuys che ha sempre visto nella comunicazione una forma d'arte in quanto assegnava al rapporto con gli altri la condizione per la creazione della "scultura sociale". Nel contemporaneo in cui le dinamiche sociali sono dominate dalla differenziazione, dalla separatezza, dall'atomiz-zazione … qual'è il connettore, dov'è il connettore?
• Questo interrogativo è tutt'altro che ingenuo. Io sono d'accordo con quanto diceva Givone quando parla del peccato originale, del deragliamento originario che noi subiamo nel momento in cui esistiamo, il paradosso per cui quando cominciamo ad esistere lo facciamo in modo già sbagliato. In che modo si può inquadrare in un contesto in cui in qualche maniera dobbiamo trovare un connettivo … quando c'era la trascendenza non c'era problema.
Era il sommo bene, Dio, che assicurava … noi eravamo tutti in guerra gli uni contro gli altri e l'elemento unificatore era lui. In questo elemento di mediazione superiore trovavamo il punto di congiunzione. Ora non più, e porsi il problema in questi termini è porsi il problema che il pensiero

Sergio Givone teaches aesthetics at the University of Florence and is the author of various studies dedicated to philosophy, aesthetics, and their relation to the arts.

Franco Rella teaches aesthetics at the Architecture University of Venice, and is the author of numerous essays on the subject.

Guggenheim public is an artistic project that arises from a question, which is its precondition and leit-motiv in its becoming: "in 'public', is love possible?" The challenge behind it is that of going beyond the relationship between two persons and see if we can build, within an enlarged, part-open structure of participation, a condition of sharing and a common intent. What counts is to overcome the observer-observed dichotomy and set up communication as reciprocity. Guggenheim public is inspired by the reflection on Beuys — who always considered communication as a form of art — insofar as for him the relationship with others was the condition for the creation of "social sculpture". In the contemporary context, where social dynamics are ruled by differentiation, separateness, atomization … what is the connector, where is the connector?
• That question is far from ingenuous. I agree with what Givone said when he talked about original sin, the original derailment we are subjected to as soon as we exist, the paradox whereby as soon as we exist we have already started off the wrong way. How can we figure it out in a context where we somehow have to find a connector … when there was transcendence there was no such problem. The sovereign good, God, was our insurance … we were all at war against one another and he was the unifying factor. We found our meeting point in that element of higher mediation. Now we can no longer do so, and posing the problem in those terms is posing the problem reflection has to face: the real problem.

deve affrontare: il vero problema.

• Voglio ricordare una osservazione di Carmelo Bene, che io amo profondamente. Ci fece notare che il significato è un sasso in bocca del significante. La comunicazione, l'amore o ciò che fa muovere l'amore tra diversi esseri non può appoggiarsi al significato delle cose, deve potersi muovere in un fluttuante inarrestabile agire del significato … sul quale noi riusciamo ad afferrare ad ogni istante un'energia, un qualche cosa che convertiamo in qualche cosa che ci porta verso l'altro, che trascina l'altro verso di noi, che comunque ci unisce.

Il significato ci è sempre d'impiccio.

• Tu hai menzionato "l'altro" per me è problematico questo concetto dell'altro. Io vedrei piuttosto gli altri. L'altro definisce già una relazione nella quale il soggetto che si mette in relazione con l'altro è già determinato nel suo essere soggetto, non può uscire. Anche nel momento in cui si apre, il suo aprirsi è sempre interpretabile come una mossa raffinata di difesa. Non ne esci mai, anche il sacrificio supremo, quello della rinuncia della vita anche quello è interpretabile come una forma estrema di difesa. Diverso è se noi parliamo di altri. Il rapporto con gli altri non è più caratterizzato dalla identificazione dell'altro come un altro me che minaccia il mio "me", uno che può scalzarmi in quanto è sullo stesso piano mio e quindi è la minaccia … gli altri invece non stanno sullo stesso piano.

Noi cerchiamo un'ingenuità assoluta. Noi cerchiamo una comunicazione in cui non si tratti di esprimere la razionalità dei significati ma un qualche cosa di più. Se tu ti poni in gioco in qualche modo, in un gioco di autenticità, di riflessione nel gruppo come ci invita a fare Anita, è un livello di reciprocità che ti svela, ti mette in discussione … Ovviamente non sempre questo è possibile, ci sono delle condizioni. Quali sono le condizioni?

• Non è vero che noi non sappiamo cos'è l'amore … perché chiamiamolo con un altro modo … sappiamo benissimo che cos'è l'amore nel suo

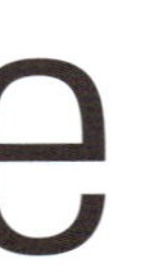

• I want to recall one of Carmelo Bene's remarks I'm very fond of. He pointed out that the signified is a stone in the mouth of the significant. Communication, love or what arouses love between several beings cannot rest upon the meaning of things, but has to be able to move in a fluctuating, unstoppable action of meaning … where we succeed in seizing something that drives us toward the other, that draws the other toward us, that anyway unites us. Meaning is always a nuisance to us.

• You mentioned "the Other", for me that concept of the Other is problematic. Instead I see others. Other already defines a relationship where the subject who enters in a relationship with the Other is already determined in being subject, and cannot get out of it. Even when he opens up, his opening can always be interpreted as an extreme form of defense. It's another thing if we talk about others. The relationship with others is no longer characterized by the identification of the other as an other me who threatens my me, someone who can undermine me since he is on the same level as I am and therefore is a threat … instead others are not on the same level.

We are seeking an absolute ingenuousness. We are seeking a communication where the point is not to express the rationality of meanings but something more. If you somehow put yourself at stake, in a game of authenticity, of reflection in the group as Anita invites us to do, it is a level of reciprocity that reveals you, challenges you … Obviously this cannot always be possible, there are conditions. What are those conditions?

• It's not true we don't know what love is … why give it another name … we know perfectly what love means in the broadest sense, not as Eros, not as benevolence, but as something that always goes beyond. That's why I spoke of an infinite form, because it is not something … but a form of

senso generalissimo non come eros, non come benevolenza ma come qualche cosa che va sempre aldilà. Per questo parlavo di forma infinita, perché non è qualche cosa … ma una forma di comunicazione che non è semplicemente un comunicare significante ma è anche un agire, un sentire più profondo che in qualche modo mette in comunicazione due soggetti. Questo tipo di comunicazione avviene tutte le volte che tu fai intervenire nel rapporto quel surplus di comunicazione che ti apre all'altro in un modo che toglie la sua finitudine … se io entro in un rapporto d'"amore"con l'altro quello che colgo non è più la persona ma quello che è oltre la persona e che sensibilmente la persona mi fa rivivere. Mi si fa presente attraverso un'assenza, un aldilà. L'opacità della persona ci permette di andare oltre la fisicità opaca. Che cos'è il "resto" che c'è nella persona che ci sta di fronte per cui sentiamo … la persona non è più quella persona lì … o c'è l'uomo trattato come cosa e allora non c'è amore o c'è l'uomo trattato come uomo andando aldilà della sua fisicità e allora c'è questo qualche cosa … questa X che sappiamo tutti che cos'è senza riuscire a darne una definizione esaustiva che possa essere totalmente significante.

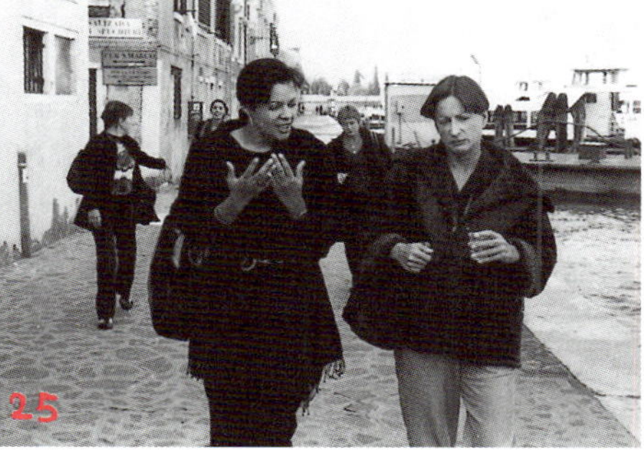

• Se torniamo all'opera d'arte, la scultura sociale … L'arte deve levarsi di dosso queste definizioni, anche se sopravvive nella nostra società, fondamentalmente solo perché si appoggia alle parole. Le parole dei critici che permettono al fruitore dell'arte di possederla. Noi abbiamo una società che si ritrova costantemente ad agire secondo questa brutta abitudine: quella di possedere le cose, così l'arte finisce per essere una sequela di oggetti.

È una cosa che non ci libera da nulla, che non permette di scardinarci dal tempo di cui siamo schiavi. La problematica che a me sta a cuore è quella della mancanza di tempo per poter trovare un linguaggio comune, per poter elaborare, mettere insieme i mattoni di una stanza comune nella quale vivere. Quindi come alternativa c'è soltanto

communication that is not merely a significant communicating but is also a doing, a deeper feeling that somehow puts two subjects in communication. This type of communication happens every time you introduce in the relationship that surplus of communication that makes you receptive to the other in a way that removes his finitude … If I enter in a relationship of "love" with the other, what I grasp is no longer the person but what is beyond the person and what the person makes me sensitively experience anew. It is present to me through an absence, a beyond. The person's opacity enables me to go beyond opaque physicality. What is the "rest" in the person that is in front of us for whom we feel … the person is not that same person any more … either we have man treated as a thing and then there is no love, or we have man treated as man going beyond his physicality and then there is that something … that X we all know what it is without being able to give an exhaustive definition of it that could be entirely significant.

• If we go back to the work of art, social sculpture … Art has to get rid of all these definitions, even if it survives in our society essentially because it is underpinned by words. The critics' words that allow the consumer of art to own it. Our society is constantly acting according to this ugly habit: owning things. Thus art becomes a series of objects. It is a thing that does not free us from anything, that does not help us break away from the lack of time that enslaves us. The issue that most concerns me is the lack of time to be able to find a common language, to develop, put together the bricks for a common room where we could live. So the only alternative we have is improvisation, developing an instinctive capacity to communicate that has to arise from the desire to live with others, rather than despise them. Art must go back to having, to gaining every time anew that freedom from

l'improvvisazione, lo sviluppo di una capacità istintiva di comunicare che deve derivare dal desiderio di convivere con l'altro, non di odiarlo. L'arte deve tornare ad avere, a conquistarsi ogni volta questa libertà dalla definizione, questa libertà dal significare appiccicato allo scopo di poterla possedere.

• L'arte si verifica quando c'è un surplus di significazione e solo in quel caso lì, quando uno si impossessa della cosa … quello è l'amore concupiscente, l'arte non può essere posseduta perché possiede sempre un surplus di comunicazione esattamente come la comunicazione che non è comunicazione di significati, così l'arte non ha un significato che possa essere posseduto perché vi è sempre un qualche cosa che va oltre al significato contingente esprimibile. È un'eccedenza, esattamente come l'amore. Per questo quando parliamo d'amore parliamo anche di arte. C'è un'affinità tra la situazione artistica e la situazione d'amore.

• È un'esigenza che raccoglie tutto il bisogno che questo tempo ha di trovare un connettivo. A questo punto bisogna dire che noi siamo come l'onda che batte sempre sullo stesso punto e va anche bene perché credo che la ripetizione abbia anche un senso, una pregnanza profonda. Anzi credo che la ripetizione a questo punto sia inevitabile … però la ripetizione deve essere consapevole di se stessa altrimenti è solamente una perdita. Deve essere anche consapevole del fatto che bisogna adottare delle strategie che sono paradossali. Bisogna riuscire, di fronte a questa soglia, a questa impossibilità a comprendere che proprio la constatazione dell'impossibilità è la risposta. Bisogna rovesciare questa constatazione nel suo opposto. Questa si chiama metamorfosi. Ma la metamorfosi richiede dei passaggi molto delicati, difficili che insieme, collettivamente non si possono fare. Non c'è possibilità di un'*agape* se non c'è la mediazione di un terzo trascendente. L'alternativa al tragico è solo la trascendenza.

definition, that freedom from signifying that has to do with the aim of owning it.

• Art happens when there is a surplus of signification and only in that particular instance. When you take possession of something … that is concupiscent love, art cannot be possessed because it always possesses a surplus of communication that is not communication of meanings, so art does not have a meaning that can be possessed because there is always something in it that goes beyond the expressible contingent meaning. It is an excess, exactly like love. That's why when we are talking about love we are talking about art. There is an affinity between the artistic situation and the love situation.

• It is a necessity that gathers all the need our time has to find a connector. At this point we should say that we are like the wave that always breaks at the same place and that is alright because I believe repetition also has a meaning, a profound pregnancy. I believe at this point that we cannot avoid repetition … yet repetition should be aware of itself, or else it is just a loss. We have to be aware that we must adopt strategies that are paradoxical. We must reach, on this threshold, the impossibility to understand that awareness of the impossibility is actually the answer. We have to turn that awareness into its opposite, we call that metamorphosis. But metamorphosis implies very delicate transitions, difficult ones that together, collectively, we cannot perform. There cannot be *agape* without the mediation of a transcendent third. The only alternative to tragedy is transcendence.

Ricucire la separazione osservatore-osservato per instaurare la comunicazione come reciprocità ed entrare nella prospettiva dell'amore come principio di integrazione, come luogo "pubblico" dove si va oltre le proprie difese per incontrare le diversità. "Pubblico" non corrisponde ad un modello sociale, non si identifica con massa, con opinione pubblica, ma è piuttosto la cura del rapporto. Pur conservando la dimensione dell'intimità del singolo riguarda l'esperienza della condivisione, quella condizione speciale che fa nascere affidabilità ed intimità ad un nuovo livello. Non a caso questa iniziativa si chiama Guggenheim public.

Come attivare questi processi? Se l'amore diventasse una metodologia forse riusciremmo a non vederlo come un contenuto ma come forma.

• "Amore" allora potrebbe essere tensione continua, tendenza ad una integrazione armonica mai definitivamente raggiunta, non prevedibile, né dominabile da un progetto predeterminato e immodificabile. Una sorta di danza ove instabilità, fluttuazioni, dissipazione, sensibilità a piccole variazioni, rumori di fondo, si compongono e ricompongono in configurazioni instabilmente armoniche … in evoluzione permanente … è l'esser (in ogni momento) preda della possibilità che qualche evento incontrollabile ci sorprenda, ma chi è impreparato alla possibilità di un "agguato dell'imprevedibile" può solo subirlo.

• Amore allora diventerebbe forma infinita dell'ethos. È molto difficile confrontarsi con la diversità. Noi stiamo parlando di comunicazione come condizione per eccellenza di accettazione del diverso, di creazione di un metodo comune.

Ogni uomo è inserito in un tessuto umano di cui è cellula in cui circola eros da sempre, in un fluire di cui abbiamo perduto memoria. Perciò andiamo alla ricerca di una ricomposizione. Il terzo di una relazione binaria, non è un terzo soggetto di un insieme discreto (c'è l'uno c'è il due c'è il tre) il terzo

Breaching the observer-observed dichotomy to establish communication as reciprocity and entering in the perspective of love as a principle of integration, as "public" place where you overcome your own defenses to encounter diversity. "Public" has nothing to do with a social model, nor is it identified with a mass or public opinion. It is instead the taking care of the relationship. While preserving the dimension of intimacy of the singular, it has to do with the experience of sharing, that special condition that gives rises to trust and intimacy on a new level. It is not a coincidence if this initiative is called Guggenheim public.

How can we bring about these processes? If love were to become a methodology we might be able to stop seeing it as a content but as a form.

• So then "love" could be constant tension, tendency toward a harmonic integration, never permanently achieved, unforeseeable, nor ruled by a predetermined, unchangeable project. A sort of dance, where instability, fluctuations, dissipation, sensitivity to tiny variations, background sounds, are composed and recomposed in harmonically unstable configurations … in permanent evolution … and falling (at every moment) prey to the possibility that some unforeseen event take us by surprise, but someone who is not prepared for the possibility of an "ambush of the unforeseeable" can but endure it…

• Then love would become a infinite form of *ethos*. It is very difficult to face diversity. We are talking about communication as the condition for the highest level of acceptation of what is different, creation of a common method. Each person is part of a human fabric, a cell in which Eros has always flowed, in a flux we have lost memory of. That's why we seek a recomposition. The third in a binary relationship is not a third subject of a discreet series (we have one, we have two, we have three), the third is the flow itself, the exchange of

amore

è il fluire stesso, lo scambio di esperienze, la comunicazione.

• La cultura è organismo, sistema complesso, costantemente aperto.
Noi non tolleriamo il diverso ma siamo da sempre in comunicazione con l'altro: l'integrazione è l'originario. L'apertura all'altro ci è inerente.

• Il timore dell'individuo, così come quello di qualsiasi struttura, è quello di perdere la propria struttura. Abbiamo anche paura di perdere l'altro (altro è tutto ciò a cui ci relazioniamo) ed a questo proposito entra il tempo come dimensione e l'amore come spazio. La battaglia dell'amore è proprio una battaglia contro il tempo per creare lo spazio dell'appartenenza. Il nemico è il tempo. L'amore è una delle poche energie che è in grado di sconfiggere il tempo, perché fa superare le barriere ed uscire da noi nell'istante nella spontaneità, nell'immediato. È l'azione che crea lo spazio. Il tempo è l'elemento paradossale che in un sistema, non entra mai eppure è già entrato. Ciò che è il più lontano ma anche il più interno. Non viene mai colto nel momento in cui entra. Il tempo è ciò che non è mai straordinario. Ciò che è straordinario, ciò che stimola è sul limite, è il momento del passaggio. È l'azione. L'originario è sulla soglia. I sistemi più interessanti sono quei sistemi che traggono dall'interno e portano sul bordo ciò che era già interno e lo rendono straordinario.

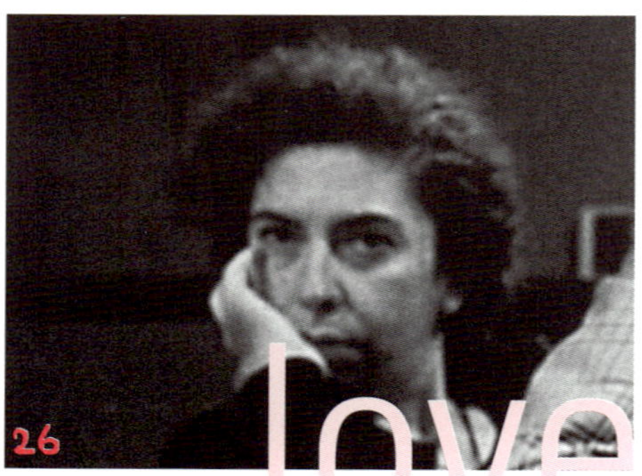

arte

Ho la sensazione che il dramma per noi, soggetti occidentali che ci sentiamo individualità, è la continuità. Cerchiamo una ricomposizione che in realtà è l'originario. Nessuno di noi è venuto dal nulla. Abbiamo avuto tutti due genitori, che a loro volta avevano due genitori … io vedo che l'uomo è un tessuto umano, ciascuno di noi è una cellula di un tessuto umano attraverso cui circola l'amore: quel flusso umano che poi noi abbiamo perduto. Così che andiamo alla ricerca di questa ricomposizione. Questo lo si vede meglio nelle culture orientali dove si sentono ancora organismo. Il terzo non è un terzo di un discreto: uno, due, tre, ma è il fluire, lo scambio di esperienze e il ritrovare quella cosa di fondo. Non è vero che ognuno di noi è un artista, se artista significa essere isolati, nessuno di noi è autistico e solo. Tu sei un artista perché vivi in un contesto, in un tessuto di cui tu sei una parte. Ci hanno educato ad essere degli isolati e siamo disperati e andiamo alla ricerca di. In realtà siamo tutti lì che ci teniamo per mano anche se non ce ne accorgiamo. La cultura è un organico, un'algebra armonica che funziona in maniera dinamica, che si alimenta di caos e che lo fa proprio. È un sistema aperto che si ristruttura continuamente per mantenersi in vita, altrimenti si distruggerebbe.

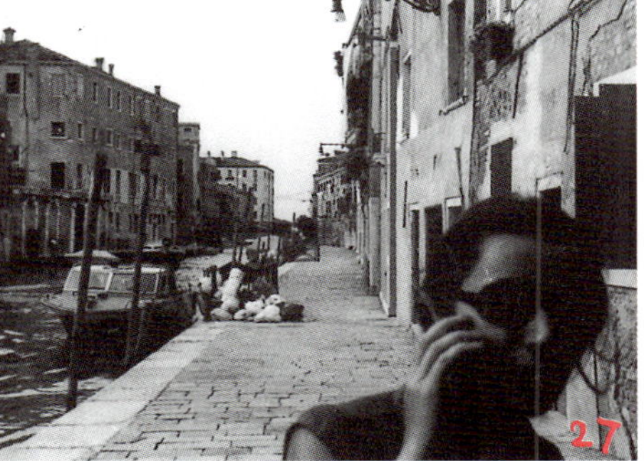
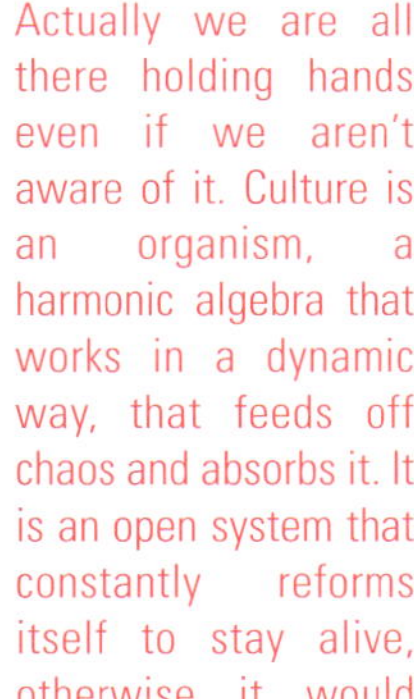

- Il concetto di "pubblico" è quello che ci proponiamo di investigare e a sfidare con questo Simposio sull'Amore.
- Io credo che l'arte sia quella manifestazione del singolo o del collettivo che è in grado di "fare mondo" … è quel qualche cosa che "porta ad espressione" e nel far questo apre un mondo … Nel contemporaneo, chi "fa mondo" è la cultura omologante, per cui inizia a configurarsi non solo la

I have the feeling that the dramatic issue for us Western subjects, who view ourselves as individuals, is continuity. We are looking for a recomposition that in fact is the origin. None of us comes from nothingness. We all had two parents, who in turn had two parents … I see the human being as a human tissue, each of us a cell of a human tissue through which flows love: that human flow that later we lose. So we are seeking that recomposition. It is easier to see this in Eastern cultures where they still feel they are an organism. The third is not a third of a discreet one, two, three, but is flowing, the exchange of experiences and rediscovering fundamentals. It is not true that each of us is an artist, if artist means being separate, none of us are autistic and alone. You are an artist because you live in a context, in a tissue of which you are a part. We were taught to be separate and we are desperate so we go out seeking something. Actually we are all there holding hands even if we aren't aware of it. Culture is an organism, a harmonic algebra that works in a dynamic way, that feeds off chaos and absorbs it. It is an open system that constantly reforms itself to stay alive, otherwise it would destroy itself.

- It is the concept of "public" that we propose to investigate and challenge in this Symposium on Love.
- I believe art lies in the manifestation of the individual or the group that is capable of "creating a world" … it is something that "leads to expression" and in doing so opens up a world. In our time, what

necessità di resistere, ma anche quella di lottare. Il politico diventa momento artistico. L'arte non può più "fare mondo" se non entra in uno stato di collisione con un mondo ridotto a mercato. Il contributo dell'arte, se vuole avere la forza necessaria, non può che essere a più voci.

• Un passo di apertura al politico si può fare quando una piccola comunità aperta, ha trovato una sua organicità. In questo modo può presentarsi con forza per incontrare la vastità di tutto il resto. Se lo fa da subito, quando ancora è una complessità non relazionata, rischia di farsi risucchiare, assorbire ed entrare in confusione. Facciamo in modo che questa composizione avvenga e quando saremo un coro, quando ci sarà qualche cosa che circola, allora potremo fare dei progetti. Imparando dall'oriente cercare dei piccolissimi assestamenti, che richiedono umiltà pazienza, ascolto dell'altro …
Una scultura plastica ma viva, in continuo movimento, un organismo, nel senso di sistema aperto, che si assesta continuamente e si modifica cercando di conservare un equilibrio sottilissimo tra le sue parti … altrimenti è una Babele nel senso peggiore del termine. La Babele ci deve essere, la diversità dei contenuti va conservata, però sempre in questo legame algebrico, in un'organicità che non è rigida…

• L'esperienza di Guggenheim public dipende dallo sguardo con cui è vista. Uno sguardo può vederla come una scultura sociale, uno sguardo come una Babele, uno sguardo come il nulla, anzi come il teatro del proprio narcisismo … quindi alla fine si tratta di adottare uno sguardo coalizzante, come intento reale di partecipazione.

"creates a world" is homologated culture, therefore we're beginning to see not only the need to resist but even that of fighting. Politics becomes an artistic moment. Art can no longer "create a world" if it does not clash with a world reduced to the market. The contribution of art, if it wants to have the necessary strength, has to involve more than one.

• A step in the direction of politics can be made when a small open community finds its organicism. Thus it can present itself forcefully to encounter the hugeness of all the rest. If it does so right away, when it is still an unrelated complexity, it´risks being sucked up, absorbed and growing confused.
Let's make this composition happen, and when we become a choir, when there is something that flows, then we will be able to make plans. Learning from the East to seek very tiny arrangements that require humility, patience, receptivity…
A plastic but live sculpture, in constant motion, an organism, in the sense of an open system, that constantly rearranges itself and alters itself seeking to preserve a very subtle balance between its parts … otherwise it is a Babel in the worst sense of the word..
There has to be a Babel, the diversity of contents has to be preserved, yet always in this algebric relationship, in a organicism that is not rigid…

• The Guggenheim public experiment depends on the way we look at it. It can be seen as a social sculpture, or as a Babel, or as nothing, or even the theater of one's own narcissism … so in the end the point is to adopt a unifying view, as a real intent to participate.

27.9.00

Guggenheim public come spazio dell'arte è un'investigazione sulla natura di "pubblico" come prospettiva dell'arte. Pubblico come luogo della trasparenza, della cooperazione, della condivisione. Credo importante riaggiornare il significato di quello che è privato e quello che è pubblico nella dimensione dell'arte. Ora noi sappiamo che l'artista è sempre stato considerato colui che riusciva ad attivare la sua "privatezza", nel suo studio, nel suo rapporto a due con l'opera, che poi diventava il luogo in cui la collettività poteva trasferire i propri desideri facendo spesso diventare l'artista capro espiatorio. L'artista comunque era colui che portava il significato di privato, di intimo.

Credo che la natura di "pubblico" debba essere riconsiderata per far emergere il nuovo significato, non più solo di consenso o dissenso, ma di spazio della condivisione, di libertà, dove poter costruire l'evento della creazione comune. Al Guggenheim public ci siamo incontrati sperimentando la natura della diversità, pur esprimendo

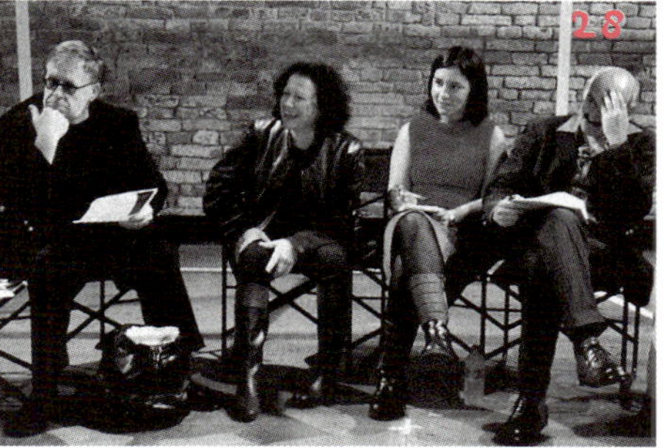

l'autorevolezza dell'Uno e questo processo ci ha condotti al Simposio sull'Amore. L'amore come principio di integrazione può essere un metodo nel "pubblico". Il pubblico che nasce in un contesto del genere è un pubblico che crea intimità.

• L'opera d'arte quando nasce è " privata o pubblica"? Il rapporto dell'artista con l'opera d'arte è un rapporto esclusivo o inclusivo? L'opera vive di per sé o in quanto è pubblica? Come si considera l'artista? Angela tu senti di avere un peso pubblico o privato, nel fare la tua opera?

• Non è consapevole, non ci penso quando creo …

Guggenheim public as a space for art is an investigation on the nature of "public" as the perspective of art. Public as the space of transparency, of cooperation, of sharing. I feel it is important to update the meaning of what is private and what is public in the dimension of art. Now we are well aware that the artist has always been considered someone who was able to have his "privacy", in his studio, in his one-to-one relationship with the work, that then became the space in which the collectivity could transfer its own desires, often making the artist its scapegoat. However, the artist was someone who expressed a sense of privacy, of intimacy. I believe the nature of "public" ought to be re-examined to reveal a new meaning, not merely of agreement or disagreement, but as space of sharing, of freedom, where the event of common creation could appear.

In Guggenheim public we met, testing the nature of diversity while expressing the authority of the Single, and this process led us to the Symposium on Love. Love as principle of integration can be a method in "public". The public that is born in such a context is a public that can create intimacy.

• When the work of art is born, is it "private" or "public"? Is the relationship between the artist and the work of art an exclusive or an inclusive relationship? Does the work live on its own or insofar as it is public? How doe the artist see himself? Angela, in your work, do you feel you have a public or a private relevance?

• I'm not aware of it, I don't think about it when I'm creating … then afterward it's different, the work belongs to everyone. The public meant as "social",

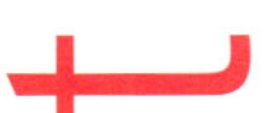

poi dopo è diverso, l'opera è di tutti. Il pubblico inteso come "sociale", come luogo in cui riconoscersi … si sta confondendo con l'aspetto commerciale. È assorbito non esiste più.

• Pubblico, come condivisione è il riconoscimento di qualche cosa … un lavoro che nasce dall'artista che lo crea, parte da una sua intimità, che è quello che è. Nel momento in cui questa intimità, attraverso una forma che è data dal processo creativo, diventa condivisibile. La comunicazione avviene nel riconoscimento tra due intimità che si incontrano, dal riconoscimento di un qualche cosa che ti parla da intimità ad intimità.

• Pubblico può diventare quel modo di attivare intimità nel senso vero di sensibilità.

• È il gruppo che crea qualche cosa.

• L'artista segue un percorso e nel momento in cui nasce l'idea e la necessità di comunicare viene introiettato un ché di pubblico che poi lui rielabora più o meno consciamente.

• Non sono sicura che l'artista voglia esibire la sua intimità. Io credo che cerchi qualche cosa che è fuori. Vuole trovare qualche cosa fuori di sé che entra in comunicazione con lui e che lui dopo traduce … rivela.

• Io credo che l'artista senta la necessità di esprimere qualche cosa, a volte può essere come un dono, ma non è sempre necessariamente così. Penso che sia una specie di pulsione, di un qualche cosa che deve uscire da te. Questo varia da artista ad artista.

• Ci sono artisti che fanno della propria assenza un'arte. In una ricerca di essenzialità, l'artista si pone come colui che rifiuta di relazionarsi.

• L'assenza potrebbe essere da parte dell'artista un rifiuto di una certa parte del proprio io … la ricerca di porsi in una maniera più vera nel momento della creazione. Questa, tra di noi per esempio, è una forma di grande partecipazione. Sembra un'assenza ma non lo è!

• L'intimità rinvia all'io. Ma l'io non c'è, per quanto lo si cerchi, non lo si trova.

• Che cos'è l'io?

• Questa è l'assenza di cui si sta parlando: l'assenza dell'io. Quando l'artista è veramente artista, si sente un mezzo, uno strumento a volte inutile. Quello che deve dire non è quello che lui

as a space with which you can identify … is getting confused with the commercial aspect. It has been absorbed, it no longer exists.

• Public as sharing, is recognition of something … a work born of the artist who creates it, starts from his or her intimacy, that is what is. When this intimacy, through a form given to it by the creative process, becomes something that can be shared. Communication comes about in the recognition between two intimacies that converge, from the recognition of something that speaks to you from one intimacy to another.

• Public can become the way of bringing about intimacy in the true sense of sensibility.

• It's the group creating something.

• The artist follows a course, and when the idea and the need to communicate arise, something public intervenes which the artist then re-elaborates more or less consciously.

• I'm not so sure the artist wants to exhibit his/her intimacy. I believe he/she is seeking something that is outside. I think it is a sort of pulsion, of something that has to come out of you. This varies from one artist to another.

• There are artists who make an art out of their absence. In seeking the essential, the artist is someone who refuses relationships.

• Absence might be on behalf of the artist a refusal of a certain part of his/her own Ego … seeking to be truer in the moment of creation. This, among us for instance, is a form of great participation. It looks like an absence, but it isn't!

• Intimacy has to do with the Ego. But there is no Ego, no matter how much you look for it, you can't find it.

• What is the Ego?

• This is the absence we're talking about: the absence of the Ego. When the artist is a true artist, he feels he is a means, an instrument, sometimes useless. What he must say is not what he thinks, but what lies in his depths. In the *es* more than in the Ego. The *es* is intimacy.

• In what sense is the *es*, that is an essential part of the artistic product, intimate? Instead isn't it something universal, non-individual?

• It is intimacy in the very moment it asserts itself as intimacy, denies itself as intimacy, because it is

pensa, ma quello che ha nel profondo. Nell'*es* più che nell'io. L'*es* è l'intimità.

• In che senso l'*es* che è la parte fondamentale del prodotto artistico è intimo? Non è piuttosto qualche cosa di universale, di non individuale?

• È un'intimità che nel momento stesso in cui si afferma come intimità, si nega come intimità, perché non è l'io che parla.

• Quando l'arte diventa pubblica?

• Proprio quando non l'intimità intesa come io narcisistico, ma intesa come *es*, che dovrebbe però svincolarsi da un'appartenenza troppo diretta e troppo immediata, arriva così diversa dalla persona che lo fa, tanto che la persona lo considera qualche cosa di inutile o di troppo diverso da sé. In quel momento forse l'artista diventa autenticamente pubblico, perché toglie l'intimità o quello pseudo io narcisistico e assurdo che in realtà non esiste.

• Quando si raggiunge l'universalità dell'*es*? Credo che sia una questione di tecnica oltre che di sentire. La forma, lo stile aiutano a passare dall'intimo al pubblico. Il momento pubblico si realizza quando quello che si dice non ci appartiene più.

• Nel contemporaneo il trasferimento non avviene più in termini di mercato ma in termini di esperienza. Io penso che avvenga quando non vi è più distinzione tra osservatore e osservato. L'esperienza diventa condivisione solo se è comunicazione. La performance ad esempio, in sé ha l'obbiettivo di condividere un'esperienza ed io sono convinta che avvenga questo, tuttavia nella performance è ancora attivo il paradigma osservatore-osservato … per cui è ancora nella prospettiva di chi fa una cosa e chi la osserva. Diventa pubblico nella forma e non in realtà nella condivisione di un'esperienza.

• Il pubblico è venuto meno, nella società attuale, nel momento in cui ogni individuo ha avuto paura di esporsi. Pubblico è manifestare le proprie opinioni. Se io le tengo per me sono nel privato … se io le esprimo, possono esser giuste o sbagliate, pongo in pubblico la mia opinione quindi me stessa.

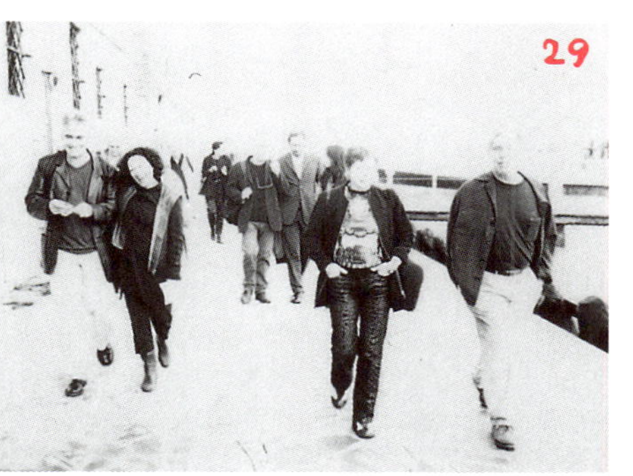

• Il pubblico esprime la coscienza collettiva. Ciò prescinde dal fatto che ci sia un auditorio più o meno vasto. Qualcuno riesce ad essere interprete di una coscienza collettiva.

• Quello che avviene nell'arte a livello di espressione è ciò che non ha necessità di essere riconosciuto. Ma anche nell'essere non riconosciuto può esprimere il suo portato. Io mi auguro che nel contemporaneo il fatto di poter essere interpreti di una coscienza pubblica possa essere quella condizione da condividere tra chi ha questa coscienza. Creare così una potenza di espressione collettiva.

• In generale l'arte non ha per forza avuto una connotazione di aggregazione sociale. Ha avuto aspetti opposti. L'arte può stimolare cose che sono antisociali per eccellenza!

• Io penso all'unità nella diversità. La condivisione per me non è una condivisione per contenuto ma per forma. Se io condivido il tuo pensiero è perché abbiamo lo stesso intento. Dopo di ché io lo esprimo in bianco e tu in nero…

• L'arte non è la matematica, non è la logica, non è un'imprenditoria. È un'altra cosa! È insensata, inutile, sul piano di realtà. Il gesto dell'artista è insensato!

• L'arte è la vita! Se io mi perdo nel pubblico per accettare te, ti rendi conto di come divento vulnerabile? Devo perdere l'autorità del significato per accettare di essere pervaso da qualcun altro. È un'intimità che faccio nascere!

• È un arricchimento nel confronto.

• Perdere l'autorità, il dominio per fare entrare qualcun altro … cosa significa? È una debolezza? Una fragilità?

• Per me è una fragilità che ho elaborato.

• È una dimostrazione di forza.

• Come possiamo diventare intimi nel pubblico?

• Essendo veri! Arte è la verità che emerge.

• A me piace il discorso della perdita: quando si riesce a capire qualche cosa e a farla entrare nel proprio guscio. Se non ci fosse l'arte io non avrei un linguaggio … non avrei nulla su cui lavorare.

• L'artista non deve fare nulla per il pubblico. Quando fai qualche cosa a cui non dai uno scopo … questa è una cosa a cui dai vita! È lei che poi va avanti e ha una relazione con il pubblico.

aggregation connotation. It had opposite sides. Art can stimulate things that are anti-social *par excellence*!

• I'm thinking about unity in diversity. Sharing for me is not sharing in content but in form. If I share your thought it is because we have the same intent. After that, I express it in white and you in black…

• Art is not mathematics, it is not logic, not a business. It's something else! It is senseless, useless, on the level of reality. The artist's gesture is senseless!

• Art is life! If I loose myself in "public" to accept you, do you realize how vulnerable I become? I have to loose the authority of meaning to be willing to be permeated by someone else. It is an intimacy I create!

• It means being enriched by confrontation.

• Losing authority, mastery to let someone else in … what does that mean? Is it a weakness? A fragility?

• For me it is a fragility I have developed.

• It's a proof of strength.

• How can we become intimate in public?

• By being true! Art is the truth that surfaces.

• I like the notion of loss: when you succeed in understanding something and letting it into your own shell. If art didn't exist I wouldn't have a language … I wouldn't have anything to work on.

• The artist must not do anything for the public. When you do something without a purpose … it is something to which you give life! And then it goes out and has a relationship with the public.

• You see public as something separate from yourself.

• I have two situations. I either cannot think about the public or I can. In the second case it is a commercial operation.

• For me the public is not separate from me. We are all public, I can't imagine what public is.

• The most interesting is the concept of loss, since I practice it all the time. I don't talk a lot because I have a deep-rooted, maybe exaggerated, sense of accepting others.

• I'm thinking about many of the evenings when I talked and of my silence. When I listened to others I often agreed with everybody. I realize that I learned a lot that way: listening and trying to agree,

• Tu vedi il pubblico come separato da te.

• Ho due situazioni. Posso non pormi il problema del pubblico oppure pormelo. In quest'ultimo caso si tratta di una operazione commerciale.

• Per me il pubblico non esiste separato da me. Noi tutti siamo il pubblico, non so cosa sia il pubblico.

• Quello più interessante è il concetto di perdita perché è quella che io pratico costantemente. Parlo poco perché ho molto radicato, forse eccessivamente il senso dell'accettazione degli altri.

• Pensavo a molte serate a cui sono intervenuta ed ai miei silenzi. Quando ascoltando gli altri spesso mi trovavo d'accordo con tutti. Mi accorgo che così ho imparato moltissimo: ascoltando e cercando di essere d'accordo perché ognuno rappresentava una piccola verità.

• La parola condivisione è interessante perché contiene un forte senso di temporalità. Questo non accade all'arte. L'arte ha un tempo interno che è un tempo diverso. L'arte viene fatta e poi esce fuori. Il problema del tempo mi sembra rilevante nella definizione di pubblico.

• Rispetto al concetto di tempo, io credo che l'artista sia colui che è in grado di andare nel futuro e di portarlo nel presente. Questo lo mette fuori dal tempo lineare.

• Questo mi fa pensare che l'arte non è "pubblico".

• Pubblico è quel delirio di condivisione dell'auto-rappresentazione dei molti. Non è qualche cosa di separato da te ma è condividere la stessa forma della auto-espressione. C'è condivisione anche se la diversità è comunque garantita.

• Come fai ad arrivare a questo punto?

• Con l'umiltà di dovermi misurare con la perdita della forma, perché l'esplosione della tua potenzialità attraverso l'espressione passa anche attraverso la trasformazione. Vuol dire essere nell'ignoto! La vera natura dell'essere artista è accettare la perdita, avere quell'innocenza che è assenza di programmazione. Essere nella perdita è non sapere dove vai.

since each person represented a small truth.

• The word sharing is interesting because it has a strong sense of temporality. And this is not the case with art. Art has an inner time that is a different time. Art is done and then goes out. The problem of time seems to be relevant for the definition of public.

• With regard to the concept of time, I believe the artist is someone who is able to go into the future and bring it into the present. This puts him beyond linear time.

• This makes me think art is not "public".

• Public is that delirium of sharing of the self-representation of the many. It is not something separate from you but is sharing the same form of self-expression. There is sharing even if diversity is guaranteed.

• What do you do to achieve that?

• With the humility of having to measure myself with the loss of form, because the explosion of your potential through expression also passes through change. That means being in the unknown! The true nature of being an artist is accepting loss, having that innocence that is the lack of a program. Being in loss means not knowing where you are going.

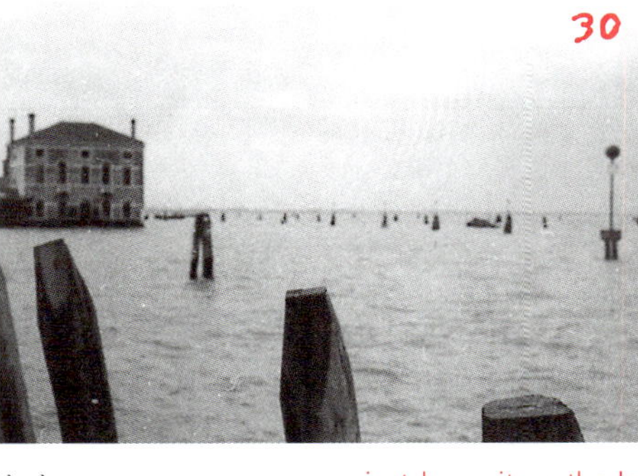

• Such a condition already existed in the past. At the beginning of Christianity. We have that harmony in religions. On the secular level this is our problem today. If you just leave it on the level of what happens … will it happen or not? It's true that there were moments of sharing … but this sharing you're talking about is a boost, a motion. Just where do you get it?

• I believe that this situation can come about if we get rid of authority. There is no leader, the system … is something you create … you start by living as a person…

• I'm very interested in the moment when what was done is passed on to others. From a certain

• Questa condizione c'è stata nel passato. All'inizio del Cristianesimo. Nelle religioni c'è questa sintonia. A livello laico questo è il problema del nostro tempo. Se tu lo lasci a livello di puro accadimento … succederà o no? È vero che si sono creati dei momenti di condivisione … ma questa condivisione che dici tu è una spinta, un movimento. Come si fa a trovare?

• Credo che quando si elimina l'autorità si rende possibile questa situazione. Non c'è il capo, il sistema … è una cosa che si crea … si comincia a vivere come una persona…

• Sono molto interessato al momento in cui quello che è stato fatto passa agli altri. In una certa prospettiva penso che gli altri non esistano e non esistano mai! Cominciano ad esistere solo in quel momento ed è per questo che lo trovo interessante.

• Quando si compie un gesto di quel tipo ci si spinge oltre sé stessi. In una cancellazione dell'universo si getta lo sguardo su di un abisso che è proprio ma anche altrui, un abisso da cui sorgono gli altri. Forse in quel momento che sta dall'altra parte, uno ha la strana sensazione di essere parte di questa sparizione che è quella di chi fa e di chi sta altrove. Io credo che in questo senso l'arte contemporanea sia più vicina a questo momento drammatico e denso. Perché è più vicina al nulla, al niente. Ad una assenza propria che è di tutti. Diventa pubblico quando tutti ci riconosciamo in questa sparizione assoluta.

• Sparizione di che cosa?

• Della lingua, del codice. Ci si spinge sempre un po' più in là di ciò che ci è noto. Ci si affaccia sull'ignoto per noi e per gli altri.

• Io credo molto nel concetto della perdita. Penso che la perdita sia la condizione della creazione.

• Forse l'amore e l'arte hanno questa possibilità di scomparsa e di rigenerazione, di rinascita … continua.

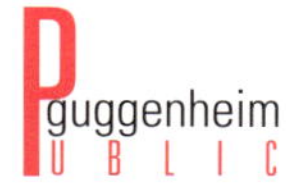

relationship
relazione

hybridization
ibridazione

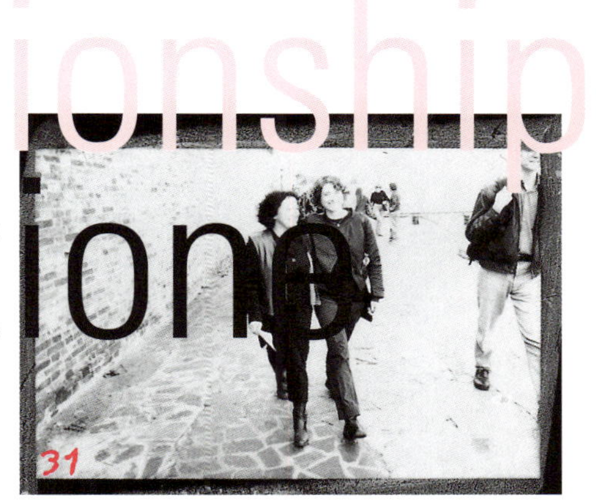

1999/2000

Ho pensato di diradare da quattro a due al mese i nostri incontri settimanali in questo quarto anno di Guggenheim public, ascoltando un po' i suggerimenti di molti ma fidandomi soprattutto della maturità che il nostro progetto ha raggiunto. Ogni inizio ha bisogno della frequenza ravvicinata per essere curato e sostenuto, ma raggiunta l'età dell'autonomia può e deve avere il tempo della riflessione e lo spazio della sedimentazione. In questa ottica vorrei impostare un ritmo di incontri tale da prospettare il primo del mese all'insegna dell'analisi, di contributi interni o esterni, dell'apertura insomma, il secondo invece alla elaborazione attraverso l'introspezione. Un'espirazione ed un'inspirazione nella prospettiva di costruire il progetto del *Simposio sull'Amore*. Amore inteso come apertura verso l'altro, il diverso da sé, e di conseguenza "indicatore di metodo" per la comprensione di *public*. Amore come luogo di perdita dell'ego, per rintracciare nell'ignoto dello spazio oltre i nostri confini, la possibilità della condivisione. Amore come principio di integrazione, come chiave per far succedere piuttosto che ostacolare. Amore come dinamica intrinseca che consente di vedere la vita come un campo di relazioni dove *com*-prenderci e *ri*-conoscerci nel cammino verso un comune intento che, grazie alle rispettive diversità, possa esplicitarsi nella sua inclusività. Le monadi sono intoccabili, non si contaminano, sono i contributi, cioè "questo uscire da sé per raggiungere l'altro", il seme della relazione. La relazione dunque è fuori di noi, attivata dall'impulso integrativo dell'amore e in questo essere spazio comune, *public*, ci garantisce l'autonomia pur facendoci sentire "insiemi". Questa condizione apre le porte alla creazione e al dispiegarsi involontario di una energia che ci trasforma in testimoni di ciò che avviene attraverso noi. La condizione dell'arte. Un'arte che non è più di osservazione e decostruzione della realtà ma piuttosto di coinvolgimento e responsabilità per la ricostruzione. L'imperativo è la partecipazione attiva, la responsabilità di quanto performiamo, nel riconoscimento della natura *public* dell'artista. Lontani dal paradigma osservatore-osservato ristabiliamo così la tensione della reciprocità, condizione prima della comunicazione e, nella consegna al processo, trattenuti dall'intento, andiamo verso la ricomposizione della vita.

Guggenheim public si è dimostrato in questi tre anni un grande laboratorio del pensiero ed una interessante piattaforma di sperimentazioni: è stato, ed è, quello che Beuys chiamava la "scultura sociale" ed è ciò di cui ora dobbiamo pienamente diventare consapevoli.

Un grazie a tutti per contribuire alla vitalità e verità di questo progetto.

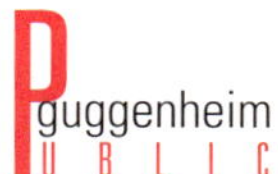

1999/2000

In this fourth year of Guggenheim public, I thought we might scale down our weekly encounters from four to two a month, lending an ear to the suggestions of some, but above all trusting in the maturity our project has achieved. Every beginning needs frequency to be cared for and sustained, but once the age of autonomy is reached it can and must have time for reflection and space for sedimentation. So I would like to plan a rhythm of encounters in which the first in the month would be devoted to the analysis of inside or outside contributions, that is, openness, and the second to elaboration through introspection. An expiration and an inspiration in view of building the *Symposium on Love* project. Love meant as openness towards what is other, and different from oneself, and consequently as a "method pointer" for understanding what public means. Love as loss of self to seek the possibility of sharing in that unknown space that lies beyond our limits. Love as a principle of integration, as a key to make things come about rather than obstructing them. Love as a methodology to activate unity in diversity. Love, as an intrinsic dynamic, allows to envision life as a field of relationships. In that field we com-prehend and re-cognize one another within a common intent which, owing to our respective differences, can be experienced in its inclusiveness. The monads are inviolable, do not contaminate one another; contributions (that "going beyond oneself to reach the other") form the seed of the relationship. Thus the relationship is outside of us, stirred by the integrating impulse of love, and in this shared, public space, it guarantees our autonomy even while making us feel "together". That condition is an incentive to creation and the spontaneous unfolding of an energy that makes us witnesses to what happens through us. The condition of Art. An art that no longer implies the observation and deconstruction of reality but involvement and responsibility towards reconstruction. The imperative is active participation, responsibility for what we per-form, in the acknowledgment of the artist's public nature. So, removed from the observer-observed paradigm, we re-establish the tension of reciprocity, the first condition of communication, and in entrusting ourselves to the process, guided by the intent, we progress towards the recomposition of life.

In these past three years, Guggenheim public has proven to be a great laboratory of thought and an interesting platform for experiments: it has been, and is, what Beuys called "social sculpture", and is what we must now fully realize.

Thank you all for contributing to the vitality and the truth of this project.

Guggenheim public è l'espressione di un processo verso la comprensione della relazione come chiave di lettura dei sistemi complessi. È il laboratorio dove procedere alla scoperta della scultura sociale, come dinamica di costruzione comune, per quello che Beuys ha anticipato essere la forma d'arte del contemporaneo.

Quando domina il pregiudizio, l'azione seduttiva delle idee dell'altro è inesistente, la forza dell'autorità diventa unidirezionale, il gioco mirabile del rimando si traduce in difesa, anche estrema, di un pensiero che non si lascia modificare. Non si dà comunicazione autentica senza movimento, senza trasformazione. L'intento di Guggenheim public è di attivare una dinamica dove l'importanza personale non giochi alcun ruolo. Essere responsabile dell'ascolto dell'altro, significa attribuire importanza al colloquio, al confronto e attivare la comunicazione come ponte tra mondi di significazione diversi, che usano un sistema di codici condivisi solo fino ad un certo punto. A noi spetta il potere di spostare il punto di condivisione fino a fare rientrare i nostri desideri nella relazione.

Guggenheim public is the expression of a process towards the understanding of relationships as the interpretative key of complex systems. It is the laboratory where we can proceed towards the discovery of social sculpture, as the dynamics of a shared construction, for what Beuys had foreseen as being the art form of our time.

When prejudice rules, the seductive action of another person's ideas doesn't exist, the power of authority becomes unidirectional, the wonderful play of response turns into the defense, even extreme, of a way of thinking that refuses to be altered. There is no authentic communication without motion, without transformation. The intent of Guggenheim public is to stimulate a momentum where personal importance has no role to play. Being responsible to listen to the other person means acknowledging the importance of dialogue, of confrontation, and activating communication as a bridge between worlds of different significations, that use a system of codes that are shared only up to a certain point. It is up to us to extend the point of sharing until we can put our desires into the relationship.

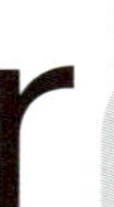
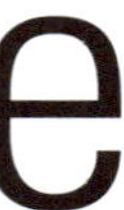

Il progetto Guggenheim public tiene conto dell'incompiutezza dei saperi, e crede nella cooperazione come condizione per attivare quel processo di globalizzazione che non vuole rischiare di essere mero appiattimento. La sfida di Guggenheim public è di vedere quindi quali siano le difficoltà poste dall'integrazione, come ad esempio l'attaccamento all'autorità individuale del ruolo sociale e alla auto-referenzialità della propria professionalità. Ancora un anno fa abbiamo deciso di vedere fino a che punto, in un'etica della responsabilità, possono essere mantenute e rispettate le diversità pur andando verso un progetto di contaminazione, di ibridazione. Non è facile. Di solito questo compito lo affrontiamo nella disponibilità della coppia, o tra amici. Qui invece, nel public, attraverso l'esperimento del dialogo lo stiamo affrontando come progetto tra i molti e abbiamo capito che il farlo pone come presupposto la condizione della disponibilità, tolleranza e rispetto reciproco.

• La vera alternativa al globalismo è il fondamentalismo, cioè il ritorno a uno stadio teocratico. Questa problematica è sempre esistita nei confronti delle minoranze. C'è l'ipotesi della segregazione e quella dell'integrazione. Oppure c'è l'idea molto interessante del confronto, quindi questa idea del terzo che diventa un progetto. Secondo me l'ibridazione tra globale e locale è *glocal*, che non è né globale né locale. Se voi guardate la pubblicità che stanno facendo i barbieri del Ghana… Il Ghana è un paese strano dell'Africa Equatoriale, non è francese ma inglese. Il livello ricorda quello dell'Italia degli anni quaranta, ma con la TV. Si sono comperati una padella satellitare, un televisore e un generatore e così è arrivato questa specie di dio che viene dall'etere, un nuovo idolo. Hanno sostituito i feticci e mantenuto il rituale. Questi signori un po' negri — per me il concetto di negro è un valore, ho sempre tenuto alla negritudine — hanno adottato queste forme *glocal*.

The Guggenheim public project takes into consideration the incompleteness of the various kinds of knowledge, the need to cooperate, and what the globalization process must take into account to not become a leveling. So Guggenheim public's challenge is to discern the problems created by integration, like for instance that of relinquishing the individual authority of our own role in society and the self-referential nature of our own professionalism. A year ago we decided to try to see to what degree, in an ethics based on responsibility, we can preserve and respect our differences while at the same time tending toward a project of contamination, of hybridization. It is not a simple matter. Usually we have to face that task within the openness of the couple or among friends. Here instead, in public, with this experiment in dialogue, we are facing it as a project among many, and we have seen that the creation of a context offering availability, tolerance and reciprocal respect is a pre-requisite.

• The real alternative to globalization is fundamentalism, that is, going back to a theocratic state. That issue has always existed in minorities. There is the premise of segregation and that of integration. Or else we have the interesting notion of confrontation, hence the idea of a third that becomes a project. According to me, the hybridization of global and local is *glocal*, that is neither global nor local. Just take a look at the advertisements of hairdressers in Ghana — Ghana is an odd country, it belongs to Equatorial Africa yet is not French, but English. The standard of living recalls Italy's in the forties, but with TV. They bought themselves a satellite dish, a TV set, a generator, and out came that sort of god from outer space, a new idol. They changed the fetishes and kept the ritual. These "Negro" people — for me the concept of "Negro" is a plus, I've always looked up to negritude — have adopted *glocal* forms. They take

Prendono qualche cosa che viene dall'etere, che non appartiene alla loro cultura, che non capiscono nemmeno bene cosa sia ma che sentono simile, perché sentono che nella globalizzazione c'è il riflesso anche della loro cultura primordiale. La cosa interessante è che ad un certo punto la fanno diventare il paradigma del nuovo. Incredibili sono quelle acconciature che si chiamano *Italian steps*. Si chiamano così perché vedono in televisione le sfilate di moda a Trinità dei Monti e pensano che chi è elegante fa i gradini.

• Mi piace anche pensare ad una pluri-ibridazione ricorsiva. Ci ricicleremo continuamente e dove arriveremo nessuno lo sa.

• Non ho capito se questa idea della ibridazione è una sfida o una necessità. La mia aspirazione è quella di vedere in realtà se riusciamo a produrre un terzo. Da posizioni diverse, non rispetto ad un comune obbiettivo, ma per vocazione al movimento evolutivo. Se noi riusciamo attraverso la disponibilità all'integrazione, che vuol dire disponibilità all'altro da te, a percorrere questa strada per produrre un terzo…

• Faccio un intervento sulle nostre esperienze di ibridazione. Io ho scelto i miei compagni di ibridazione con un gesto violento…

• Eravate un gruppo?

• Eravamo in tre. Ci siamo incontrati quattro o cinque volte. La cosa assurda è stata questa: per me ci siamo ibridati, per me è stato positivo, veramente positivo, per loro due no! È incredibile questa cosa. Mi spiace che ora non ci siano.

• Chi decide se l'ibridazione è riuscita o meno?

• Avevo scelto apposta delle persone assolutamente diverse da me o che credevo diverse, per cercare di mettermi in gioco. Mi interessava l'esperimento, il risultato sarebbe stato comunque positivo se produceva delle cose. E per me lo è stato. Io ho trovato delle cose, sono cresciuta. Non abbiamo prodotto materiale, abbiamo fatto un percorso, abbiamo affrontato argomenti … Io ho messo in gioco la mia vita personale perché

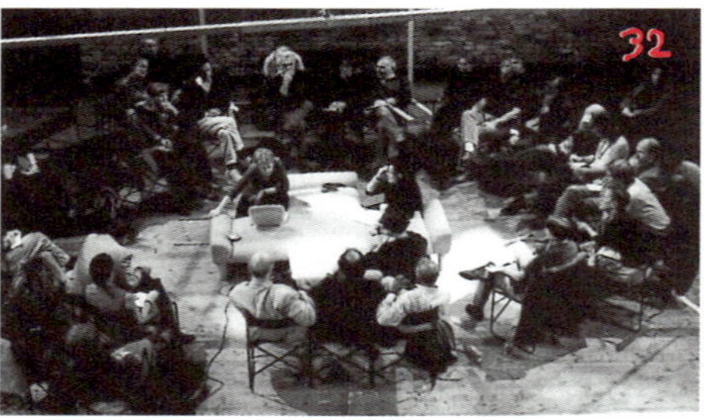

something arrived from outer space, that does not belong to their culture, that they don't even really understand what it is but that they feel akin to, because they feel that globalization reflects their primordial culture as well. What is interesting is that at one point they turn in into the paradigm of novelty. Those hairdos they call *Italian steps* are unbelievable. They call them that because on TV they see the fashion shows at Trinità dei Monti and believe that elegance rhymes with steps.

• I like to think of a recurrent pluri-hybridization, too. We are constantly recycling ourselves and nobody knows where we are going.

• I haven't figured out whether this notion of hybridization is a challenge or a necessity. I long to see whether we can actually produce a third. From different positions, not in view of a common aim, but out of a vocation for evolutive movement. Whether by being available to integration, which means being available to Other-than-Self, we are able to follow that course to produce a third…

• I'd like to speak about our hybridization experiments. I chose my hybridization companions with an extreme gesture…

• You were a group?

• There were three of us. We met four or five times. This is what is absurd: for me we had achieved hybridization, for me it was positive, truly positive, for the two others, not at all! That is incredible. I'm sorry they're not here.

• Who decides whether the hybridization was a success or not?

• I had chosen on purpose people who were utterly different from me or that I thought so, to try to put myself at stake. I was interested in the experiment, the result would have been positive anyway had it produced something. We did not produce something material, we performed a trajectory, we faced topics … I put my private life at stake because I believe that in certain cases putting oneself at stake makes others become more receptive.

secondo me in certi casi il mettere in gioco se stessi fa sì che gli altri si aprano.

• Io l'ibridazione la vedo non tanto come la produzione di qualche cosa ma come un processo. Non può che essere un processo, una cosa che si sta facendo. Non è una cosa conclusa, è un incontro. Il risultato è un qualche cosa che si può chiamare meticcio, opera d'arte, in molti altri modi. Ho sentito dire prima che la storia dell'umanità è una storia di ibridazioni … non è così! La storia dell'umanità è una storia di ibridazioni negate. Le crociate! Ci sono gli intellettuali che fanno sempre il contro canto alla società, il gioco è questo. Noi ci stiamo dicendo che l'umanità è una storia di ibridazioni quando tutto il mondo sta andando nella direzione di negare ogni forma di ibridazione. La globalizzazione è la negazione dell'ibridazione. Avere tutti Windows 95.

• Nell'ibridazione non è detto che si debba diventare un'altra cosa e rinnegare la propria essenza. I barbieri del Ghana non è che sono diventati dei cantanti Rap, continuano a fare i barbieri.

• Ci sono trasferimenti di linguaggio e di interpretazione. C'è ibridazione tra sociologia, biologia e scienze cognitive. Si stanno perdendo i confini che separano una disciplina da un'altra.

• Assistiamo sempre a spinte contraddittorie. Ci sono fasi nelle quali la necessità di ibridare diventa quasi fisiologica della società per arricchirsi, altri momenti nei quali la necessità della norma, della codificazione diventa prevalente e tende a schiacciare la ricerca dell'altro.

• È una vera ibridazione quando l'altro ti dà da pensare, mette in discussione una struttura di pensiero che in quel momento hai relativamente consolidata.

• I don't see hybridization so much as the production of something but as a process. It can only be a process, something becoming. It is not something completed, it is an encounter. The result is something we might call cross-breeding, a work of art, or lots of other things. I heard someone say earlier that the history of humanity is a history of hybridizations … it's not so! The history of humanity is the history of denied hybridizations. The Crusades! Intellectuals are the ones who always perform the countermelody to society, that's the game. We're saying humanity is a history of hybridization at a time when everybody is going in the opposite direction, denying any form of hybridization. Globalization is the negation of hybridization. Everybody with Windows 95.

• Hybridization doesn't mean we have to become something else and deny our own essence. Those hairdressers in Ghana didn't become Rap singers, they're still hairdressers.

• There are transfers of language and of interpretation. There is hybridization between sociology, biology and the cognitive sciences. The boundaries between the various disciplines are vanishing.

• We can always observe opposite trends. There are phases when the need for hybridization is nearly physiological for society to become richer, other times when the need for a norm, for codification prevails and tends to crush the seeking of what is Other.

• Hybridization is real when the other person gives you something to think about, challenges a mental structure that at the time you had more or less consolidated.

30.10.98

con with Salomon Resnik

Salomon Resnik, psicanalista e psicoterapeuta di origine argentina e di fama mondiale, ha collaborato con moltissime istituzioni durante la sua lunga carriera. I suoi studi sul disagio mentale sono famosi, come il suo impegno nella formazione.

Dal punto della presa di coscienza in poi esiste un altro percorso che va a misurarsi con la disponibilità all'incontro per creare qualche cosa in comune e noi lo abbiamo chiamato, in modo anche abbastanza azzardato, "esperimento dell'ibridazione". Quello che ci interessava era di vedere fino a che punto possiamo mantenere le nostre diversità, nella consapevolezza di essere "insieme". Se si abita il terreno dell'etica, questo è il terreno anche della consapevolezza. Fino a che punto vogliamo rimuovere la nostra individualità per confonderci nell'altro o

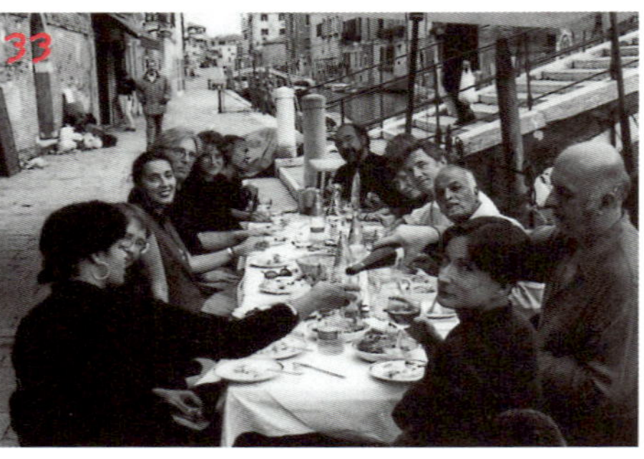

negli altri? L'incontro, in effetti è volontà all'incontro. La comprensione è sicuramente quella premessa che ci permette di andare oltre e di tentare questa integrazione. Siamo abituati a cercare l'incontro alla luce di una proiezione e di un risultato. Ma la sfida che portiamo avanti è che l'incontro sia costruito a prescindere da un risultato, nell'innocenza di questo sforzo: nel presente.
• È stato detto che è un rischio aprirsi qui perché questo gruppo si fa e si disfa e dunque uno entra a far parte di una struttura che non rimane o rimane trasformata. Deve vivere le vicissitudini di entrare in un mondo in cui parte di noi stessi può perdersi, come nella foresta o di ritrovarsi in un altro modo. Questo pone il problema delle capacità che ha ognuno di lasciarsi perdere senza scomporsi e poter ritornare a sé trasformati. Implica cioè una disponibilità all'autocritica. Il sentiero non è mai

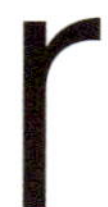

quello che uno crede, non è migliore né peggiore. È un altro. Come diceva Proust, il campo che uno scopre di giorno passeggiando non è lo stesso che uno può vedere la notte. L'esperienza non è mai la stessa. Bisogna dunque vedere se si è in grado di tollerare queste vicissitudini. Se le si tollera, si sarà aperti al rischio e all'avventura di questa foresta dove si gestisce un dialogo. Il dialogo direi che è quello che non ci si aspetta: l'inaspettato. Ma se uno ha paura ad aprirsi, a perdersi … o si chiude, o si apre con una armatura di idee che impediscono il dialogo … Dunque, per introdurre la diversità creativa, è necessario che ognuno possa sviluppare, secondo la sua personalità, più o meno plastica, la possibilità di andare incontro ad un'altra realtà. L'altra realtà non è la routine ma è quello che non ci si aspetta.

• Non voglio fare una provocazione, ma sono convinto che l'incontro e anche la spontaneità è possibile quando uno partecipa con cose profondamente vissute. Io sono convinto che oggi, alle porte del 2000, la categoria della contraddizione è una cosa sorpassata. Ormai sappiamo che, quando sentiamo parlare di contraddizione, non è più neanche letteratura, ma giornalismo fasullo. Mi sembra questo un fatto reale, tutto questo continuare a parlare di cose contrapposte quando oramai viviamo in un'epoca in cui le cose confluiscono, si annodano…

• Il tramonto della contraddizione non è senza problemi, anzi ne crea di nuovi, anche grossi, drammatici. Primo fra tutti il fatto che la realtà di fronte alla quale ci troviamo non è leggera. Mentre nella contrapposizione, chi si contrappone si rafforza. In questo contesto nuovo il pericolo è quello di sparire, di svanire.

L'altra volta parlavo di intensificazioni e di evanescenze, dicevo che, in un contesto public, l'unica possibilità che c'è è di evitare l'assoluta marginalità … e l'unico modo che io proponevo per evitare l'evanescenza era quello dell'intensificazione. Ciascuno nella propria condizione deve il più possibile essere presente a se stesso perché altrimenti c'è il pericolo dell'addormentarsi e dell'essere messo ai margini. Questo contesto assomiglia un po' alla realtà dell'inconscio in cui ci sono figure che di volta in

the one you can see at night. The experience is never identical. So you have to see if you can bear these vicissitudes. If you can put up with them, you'll be open to the risk and the adventure of this forest where a dialogue is being performed. I would say dialogue is what we don't expect: the unforeseen. But if you're afraid to open up, to get lost … then either you clam up, or you open up behind an armor of ideas that prevent dialogue … So, to instigate creative diversity, each of us must develop, in keeping with our own personality, the possibility of going toward another reality. That other reality is not routine but the unforeseen.

• I don't mean to be provocative, but I firmly believe that encounter and spontaneity are possible when we participate with things we have deeply experienced. I believe that today, at the eve of the year 2000, the category of contradiction is outdated. We now know that when we hear someone talking about contradiction, it is not even literature, it is cheap journalism. This seems to be a fact, all this perpetual talk about opposites when we are henceforth living in an era when things converge, are connected…

• The end of contradiction is not all that simple, instead it creates new problems, even serious, dramatic ones. First of all the fact that the reality we have in front of us is burdensome. Whereas in contradiction what opposes us strengthens us. In this new context the danger is of disappearing, of vanishing. Last time I talked about intensification and evanescence, and I said that, in a public context, the only possible course was to avoid utter marginalization … and the only course I suggested for avoiding evanescence was intensification. Each of us in our own condition must be present to himself to the greatest degree possible, because otherwise we run the risk of falling asleep and becoming marginalized. This context is a bit like the reality of the unconscious, where there are figures that occasionally surface, become central, pass through the center in a continuous changing of the whole yet that does not change the whole. It is a situation in which we are never able to reach the degree of intensity that can cause contradiction. Contradiction has this great advantage: it puts us in a state of tension in which our will is not everything.

volta emergono, diventano centrali passano per il centro in un continuo cangiare dell'insieme che però non cambia l'insieme. È una situazione in cui noi non riusciamo mai a raggiungere la condizione dell'intensità tale da mettere in moto la contraddizione. La contraddizione ha questo grande vantaggio: ci pone in una tensione in cui la nostra volontà non è tutto. L'essere in opposizione ad un altro moltiplica, la nostra volontà e ci porta ad una tensione che la nostra volontà da sola non riesce a produrre…

• Sembra che senza contrapposizione non ci possa essere confronto.

Vorrei ricordare la teoria di Franco Fornari sulla pulsione di scambio come fase evolutiva successiva alla pulsione predatoria infantile in cui vige lo schema amico-nemico. Ora io riconosco lo schema amico-nemico, nel discorso della contrapposizione, dell'opposizione, del mettersi in una situazione di lotta per il primato dell'idea. Nel tipo di relazione più evoluta che Fornari metteva in evidenza, nella conversazione poteva esserci uno scambio di doni, di informazioni, di mondi, tra le persone che tentano, ibridandosi di scambiarsi esperienze. Quindi l'eros che ognuno di noi mette in quel che va elaborando può essere comunicato e condiviso in uno scambio, che ha a che fare più con l'amore che con la contrapposizione.

• La contraddizione così isolata nel discorso va vista in termini di destino. Dove si dirige la contraddizione? Qual'è il suo futuro? Si potrebbe dire che la contraddizione tra due paesi potrebbe scatenare la guerra o potrebbe scatenare una diversità tollerante, cioè un negoziare. Tra apertura e chiusura, c'è la possibilità di una zona ibrida o ambigua che introduce al dialogo. Non c'è dialogo senza diversità. C'è gente che viene da me e dice: "voglio essere capito!". Si scopre che per la gente essere capito significa che non ci sia contraddizione, che io sia d'accordo con tutto quello che uno dice. Il malinteso del comprendere, il prendere insieme ognuno alla sua maniera, è qualche cosa che può essere un elemento costitutivo di un logos che non viene utilizzato come scontro, come guerra, come un lanciarsi uno contro l'altro ma può essere nutrito dell'uno e dell'altro. E come tale viene utilizzato nella sua etica.

• Quello che apre la strada per una fenomenologia dialogica dell'incontro sarebbe non tanto dare una risposta ma aprire una domanda. Domandare a se stessi chiedendo e alimentare così il logos comune. Perché nell'incontro abbiamo così paura di perdere noi stessi, la nostra identità?

• Noi viviamo in sistemi molto complessi che sono indagati da sociologi, da esperti di scienze cognitive, da biologi. Per esempio i sistemi viventi non sono visti come sistemi auto-referenziali chiusi ma aperti. Che cosa vuole dire? Che il sistema vivente è ciò che si oppone al degrado entropico, alla distribuzione uniforme di energia. Perché si costruisce, vuole sopravvivere e quindi va contro l'entropia. Per sopravvivere prima di tutto tiene conto che la sua identità

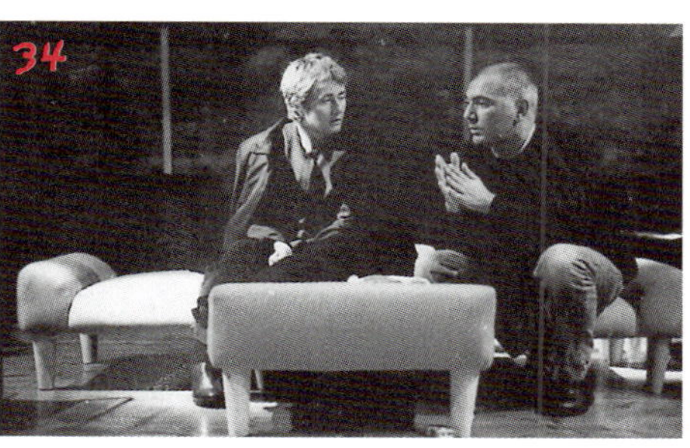

non è data una volta per tutte, ma vi sono molteplici identità che gli sono necessarie per sopravvivere, l'intelligenza e la logica dei sistemi viventi é tale che deve agire in due modi. Da un lato cercare di conservarsi, dall'altro essere anche aperto a tutte le perturbazioni esterne e lasciarsi informare e modificare da queste. Modificare la sua struttura e quindi il suo modo di porsi per conservarsi sempre è comunque aperto a tutti gli input che gli vengono dall'esterno. Altrimenti muore, si sclerotizza. Allora non si tratta tanto di contrapposizione tra un A ed un B. Il sistema di relazioni ora è multiplo. È vero che ci possono essere degli automorfismi interni che cambiano le posizioni, però il sistema resta, quindi non ha più senso parlare di contrapposizioni. Si deve invece tener conto che ci sono dinamiche molteplici. Si deve agire sempre in due modi. In modo da conservarsi, ma essere sempre disponibile alla modifica, così che tutto il sistema poi si evolva in maniera armonica. La logica va cambiata. Non c'è più il pendolo: di là sta il vero, dall'altra parte il falso ed in mezzo la contraddizione. Tra queste due posizioni ci sono molte posizioni intermedie in cui si esprime il rapporto vero-falso. Si parla di logiche sfumate.

viewed as being closed, self-referential systems, but open ones. What does that mean? That the living system is what counters entropic deterioration, the uniform distribution of energy. Because it builds itself, it wants to survive and thus opposes entropy. To survive, it takes into consideration above all the fact that its identity is not given once and for all, but that multiple identities are required for it to survive, the intelligence and the logic of living systems are such that it has to act in two ways. On the one hand strive to preserve itself, on the other be open to every outside disturbance, letting itself be informed and altered by them. Alter its structure and therefore its way of behaving to preserve itself and yet remain open to all the input that reaches it from outside. Otherwise it dies, it becomes sclerosed. Now this is not so much an opposition between A and B. The system of relations is multiple. True, there can be inner auto-morphisms that alter their positions, yet the system remains, so it doesn't make sense any more to talk about oppositions. Instead we have to consider the fact that there are multiple dynamics. We must always act in two ways. In one way to preserve ourselves, but always be willing to change, so that the entire system can then evolve harmoniously. Logic has to change. The pendulum is gone: here is the truth, there error, and in between contradiction. Between those two positions there are countless intermediary positions where the relationship true-false can be expressed. We might call it logic with nuances.

10.11.99

con with Massimo Kaufmann, Riccardo Caldura

Massimo Kaufmann è nato a Milano, dove vive e lavora, nel 1953.

Riccardo Caldura, curatore, è autore di saggi di estetica, teoria e critica delle arti. Vive e lavora a Venezia, dove insegna presso l'Accademia di Belle Arti.

"Può l'arte essere considerata un gesto d'amore?"
Non dobbiamo riferirci a delle definizioni ma entrare nel flusso creativo dalla prospettiva dell'amore come principio di integrazione, come luogo dove si incontrano le diversità. Non penso all'amore come contenuto ma all'amore come forma, come un indicatore di metodo.
• Legando l'idea di scultura sociale a quella di arte l'idea di amore si coniuga sempre a quella di felicità. Un'utopia felice, da duecento anni, sta segnando il rapporto tra arte e *polis*. Si voleva superare la forma chiusa per arrivare ad una forma così aperta che facesse partecipi tutti. Ma la forma sociale così aperta … è la festa felice. Se possiamo immaginare delle figure simboliche che

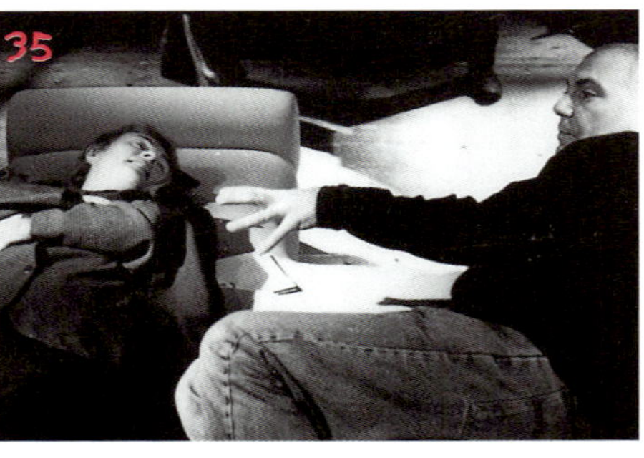

inaugurino la nostra età moderna dobbiamo mettere il mondo alla rovescia, quello nel quale la saltuarietà della festa diventa il continuum del quotidiano. La connessione tra quotidianità e festa è ciò che sancisce effettivamente il tempo della rivoluzione felice. Qui passa la grande sfida delle arti. Qui si apre la grande questione tra arte e *polis*. Heidegger pensa che pensare sia stare nel circolo vizioso e che questa sia la condizione festiva.
• Lo stato di festa è un non andare né indietro né avanti.
• La scelta di centrarsi sul concetto di integrazione è interessante. È contemporaneamente tema e pre-condizione, così diventa un sistema organico e

Massimo Kaufmann was born in 1953 in Milan, where he lives and works.

Riccardo Caldura, freelance curator, is the author of various essays on aesthetics, history and theory of art. He lives and works in Venice, where he teaches at the Accademia di Belle Arti.

"Can art be viewed as a gesture of love?"
We should not stick to definitions but enter in the creative flow of the prospect of Love as principle of integration, as a place where differences can meet. I'm not thinking about love as content but of love as form, as method pointer.
• If we associate the idea of social sculpture with that of art, the idea of love always merges with that of happiness. For the past two hundred years, a happy utopia has marked the relationship between art and *polis*. Seeking to overcome the closed form to achieve such an open form that everyone could take part in it. But such an open social form … is a happy celebration. If we could imagine symbolical figures on the threshold of our

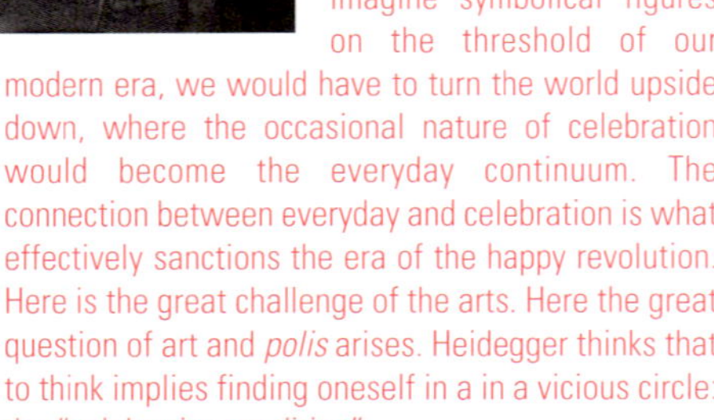

modern era, we would have to turn the world upside down, where the occasional nature of celebration would become the everyday continuum. The connection between everyday and celebration is what effectively sanctions the era of the happy revolution. Here is the great challenge of the arts. Here the great question of art and *polis* arises. Heidegger thinks that to think implies finding oneself in a in a vicious circle: the "celebrative condition".
• The celebrative state is neither going backward nor forward.
• The idea of concentrating on the concept of integration is interesting. It is simultaneously a theme and a pre-condition, thus becoming an organic,

ricorsivo. In questo modo esce dal circolo vizioso, che comunque è una festa del pensiero, e lo porta a crescere di livello. Lo sottrae quindi all'impasse della ricerca dell'idea universale e lo consegna ad una contemporaneità in cui si integrano diverse visioni. Se ognuno di noi, senza cercare una definizione esaustiva, esprimesse quello che in questo momento lo interessa, come approccio al tema dell'amore … si concilierebbe la visione particolaristica di Massimo, che vuole centrarsi come un laser sull'oggetto d'amore, con quella di Anita che vede l'amore come una metodologia finalizzata all'integrazione. Ci si aprirebbero così un'infinità di possibilità di racconti singoli, in cui ognuno di noi potrebbe esprimere quello che in questo momento sta vivendo come amore. È in questo modo che faremmo una scultura sociale…

Se vediamo l'amore come principio di integrazione possiamo vederlo da molte prospettive per cui chiunque voglia partecipare a questa avventura e portare la propria prospettiva è il benvenuto! Permettiamoci di dire quello che pensiamo!

• Per te Massimo l'arte è un gesto d'amore?

• No! È un gesto onanistico. Credo che l'arte sia un'elaborazione del sapere, nella quale possono essere contenute mille emozioni, tra queste, anche un gesto d'amore … ma che avviene all'interno di una cornice, di un sapere. L'arte, in senso molto vasto, è un paradosso … Pensare che l'arte contemporanea quando si manifesta riesca ad esprimere anche solo la premessa della possibilità della festa è paradossale! Eppure è così.

• Ti chiedo se, quando dai forma ad una tua intenzione, sei mosso da qualche cosa che va aldilà di una tua necessità personale?

• Credo che l'arte sia una strategia estremamente organizzata nella quale alcuni geni riescono a raggiungere una maturità tale che consente di attuare dei gesti d'amore.

• È Platone! È l'androgino diviso in due! Si tratta della ricerca della nostra metà.

• È limitativo!

• Perché dovrebbe essere limitativo il fatto che tu sei alla ricerca di quella persona che è la tua persona?

• Ma io non mi innamoro della mia metà, che non so quale sia, io mi innamoro dello stupore, dell'inaspettato, devo essere colta di sorpresa, di questo mi innamoro!

• Non è vero che l'innamoramento è stupore…

recurrent system. Thus it breaks out of the vicious circle, that however is a celebration of thinking and heightens its level. So it removes it from the dead end of seeking the universal idea and consigns it to a contemporary world in which different visions are integrated. Say each one of us, without seeking an exhaustive definition, were to talk about what interests him right now, as an approach to the idea of love … that would reconcile Massimo's particularistic vision, that seeks to focus like a laser on the love object, with Anita's that sees love as a methodology aiming at integration. This would open up endless possibilities of individual stories, in which each of us would be able to express what he is experiencing right now as love. And that way we could make a social sculpture.

If we were to see love as principle of integration, we could see it from many points of view, so whoever wants to take part in this adventure and bring his own point of view is welcome!

• For you, Massimo, is art a gesture of love?

• No! it's an onanistic gesture. I believe art is an elaboration of knowledge, which can contain a thousand emotions, among which a gesture of love, too … but that takes place within a framework, a knowledge. Art, in a very broad sense, is a paradox … To think that when it manifests itself contemporary art is only able to express the premise of the possibility of celebration is paradoxical! Yet, it is so.

• I'm asking you whether, when you give your intention a form, you are stirred by something that goes beyond your personal necessity?

• I believe art is a highly organized strategy, where a few geniuses achieve such a great maturity that they can perform gestures of love.

• It's Plato! It's the androgen split in two! It's all about seeking our other half.

• That's a bit limited!

• What is so limited about seeking the person who is your person?

• But I don't fall in love with my other half, whatever it may be, I fall in love with astonishment, with the unforeseen, I have to be taken by surprise, that's what I fall in love with!

• It's not true that falling in love is astonishment…

• The challenge is to handle that astonishment, the capacity to keep that enthusiasm alive. The mind is very quick, the mind overcomes love, rationality kills love!

• La sfida è la gestione di questo stupore, la capacità di mantenere questo entusiasmo. La mente è velocissima, la mente supera l'amore, la razionalità uccide l'amore!

• Vorrei precisare che più che con il bisogno, l'amore, secondo me, ha a che fare con il desiderio. L'amore nasce proprio quando il bisogno si trasforma in desiderio. È nello scarto, tra il bisogno e la sua possibilità di essere appagato, che nasce il desiderio, che diventa immaginazione, che diventa creazione, che diventa tutto!!! Questo è lo spazio dell'amore, questo è lo spazio dell'arte. Quindi l'arte e l'amore occupano lo stesso spazio. Vorrei ricordare il *Simposio* di Platone in quella parte in cui Socrate tesse il suo elogio a Eros attraverso le parole di Diotima, l'amica di terre lontane. Eros non è un dio ma un demone e in quanto tale occupa lo spazio intermedio tra l'umano e il divino, tra il bisogno e il desiderio. Facendo incessantemente la spola tra cielo e terra da movimento a tutte le nostre azioni.

• Se l'amore è integrazione, l'amore indica una totalità! Il pensiero contemporaneo pensa alla "differenza" non pensa alla totalità. Pensarlo come integrazione è credere alla possibilità della totalità. L'utopia è sempre questa!!!

• L'integrazione è sempre l'affiancamento di posizioni differenti, il mondo è multidimensionale, le interpretazioni si equivalgono e tutte insieme ci danno un'immagine multipla di questo insieme…

• C'è una condizione che ci ha sempre ispirato ed è la consapevolezza dell'incompiutezza dei saperi. Quando vediamo l'inadeguatezza della prospettiva specialistica siamo automaticamente nell'integrazione.

Penso che questa sia una necessità e che l'amore sia un atto di umiltà e di disponibilità ad integrarci e a condividere per mettere insieme le particolarità, le identità per creare una prospettiva più ampia. In questo non c'è indifferenza, ma la responsabilità verso le differenze. Qui entriamo nel campo dell'etica. Parlare d'amore vuol dire cercare di porre un freno al potere uniformante e globalizzante che ci trasporta.

• I would like to point out that love, from my point of view, has more to do with desire than with need. Love springs up precisely when need turns into desire. It is in the discrepancy, between need and its possibility of being sated, that desire is roused, and becomes imagination, and creation, and everything!!! That is the space of love, the space of art. So art and love occupy the same space. I would like to remind you of Plato's *Symposium*, that part where Socrates weaves his praise of Eros in the words of Diotima, the friend of faraway lands. Eros is not a god but a daemon and as such occupies the space in between the human and the divine, between need and desire. Endlessly shuttling between heaven and earth, he moves all our actions.

• If love is integration, love means a totality! Contemporary thinking thinks of "differences" rather than totality. Conceiving it as integration means believing in the possibility of the totality. That is forever the utopia!

• Integration is always the juxtaposition of different positions, the world is multi-dimensional, interpretations are all equal and all of them together give us a multiple image of this whole…

• There is a condition that has always inspired us and it is the awareness of the incompleteness of knowledge. When we see the inadequacy of the specialistic point of view we are automatically in integration. I believe that is a necessity and that love is an act of humility and willingness to integrate and share to bring our particularities, our identities together to create a broader point of view. That is not indifference, but responsibility toward differences. Here we are in the realm of ethics. To speak about love means to seek to put a halt to the uniforming, globalizing power that moves us.

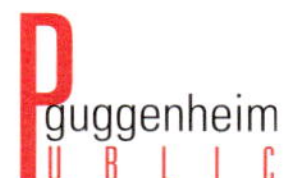

2.12.98

con with Giuseppe O. Longo

Giuseppe O. Longo vive e lavora a Trieste, dove insegna scienze dell'informazione presso l'Università di Trieste. È autore di narrativa e di saggi dedicati in particolare alla comunicazione nella rete.

La tecnologia, in particolare quella della comunicazione, interagisce con il nucleo culturale dell'uomo a livello profondo. Se per tecnologia intendiamo l'insieme degli strumenti e degli organi con i quali prendiamo contatto con la realtà, conosciamo la realtà e agiamo sulla realtà, qualunque cosa poi sia la realtà, la tecnologia fondamentale e inestirpabile è quella del corpo.
• Il nostro corpo è un insieme di apparati tecnologici che ci mettono in contatto con la realtà. Noi con i nostri sensi filtriamo, conosciamo, distorciamo e poi agiamo sulla realtà. Conoscenza e azione sono fenomeni legati. Se questo è il nucleo centrale della tecnologia allora tutti gli strumenti che via via l'umano ha costruito nel corso dei secoli, si sono aggiunti, affiancati agli strumenti naturali e non hanno potuto non interagire con questi strumenti naturali corporei. Questo perché ogni strumento si inserisce in qualche modo nella relazione tra l'uomo e l'ambiente e modifica questa relazione. La tecnologia non può essere un fenomeno superficiale. In modo particolare la tecnologia dell'informazione che oggi per la prima volta viene portata esplicitamente alla ribalta. L'informazione era restata sullo sfondo sino alla metà del '900. Solo ora è diventata oggetto di una riflessione consapevole ed è entrata nel novero delle discipline scientifiche … accanto al mondo della fisica esiste il mondo dell'informazione … nasce una macchina, il calcolatore capace di entrare in questo nuovo mondo ed elaborare informazione. Una macchina che ha delle caratteristiche simboliche che la rendono unica, nuova. Una meta-macchina poliedrica che agisce sulle macchine … La penetrazione della macchina nell'uomo è indolore. La macchina diventa parte

Giuseppe O. Longo lives and works in Trieste, where he teaches in the Information Technology Dept. of the University of Trieste. He has written various essays on communication in internet, and books of narrative.

Technology, especially as regards communication, interacts on a deep level with the cultural core of man. If by technology we mean the set of tools and organs whereby we are in touch with reality, know reality and act upon reality, whatever reality may be, the fundamental, ineradicable technology is that of the body.
• Our body is a set of technological apparatuses that put us in touch with reality. With our senses we filter, we know, we distort and then act upon reality. Knowledge and action are connected. If that is the central core of technology, then all the instruments man gradually built over centuries have added up, alongside our natural instruments, and had to interact with those natural body instruments. This is because each instrument somehow enters in the relationship between man and his environment and alters that relationship. Technology cannot be a superficial fact. Especially the technology of information that now, for the first time, is right in the limelight. Information remained in the background up to the mid-20th century. It is only now that it has become the object of a conscious reflection and become a scientific discipline … next to the world of physics there is the world of information … a machine was born, the computer, that can enter this new world and elaborate information. A machine that has symbolic features that make it unique, new. A many-sided metamachine that acts upon other machines … The machine's penetration into man is painless. The machine becomes an integral part of the person without the person suffering by it. When the computer becomes that easy to use, it permeates the structure. A sort of man-machine symbiosis is being formed in which the biological part evolves

integrante della persona senza che la persona ne soffra. Quando il calcolatore diventa così facile da usare, si insinua e si integra alla struttura. Si sta creando una sorta di simbionte uomo-macchina in cui la parte biologica ha una evoluzione che è molto lenta mentre la parte tecnologica ha una evoluzione molto rapida. Nell'ambiente artificiale che ci siamo costruiti attorno, l'uomo a tecnologia limitata è destinato a scomparire. Meglio adattato è l'uomo che riesce ad interagire con l'ambiente artificiale in maniera più efficace. Se anche il cervello è un senso, questa macchina è l'estensione di questo senso.

• Conoscere significa avere una teoria. Abbiamo privilegiato la conoscenza della mente rispetto a quella del corpo e improvvisamente ci troviamo di fronte ad un problema molto grosso. L'estroflessione cognitiva mentale rappresentata dal calcolatore, quando viene spinta verso i suoi estremi si trova di fronte a limiti insuperabili. Per la prima volta la nostra civiltà si trova di fronte ad una nemesi storica. Spingendo al limite questa tendenza computante, ci troviamo davanti allo scacco. L'intelligenza artificiale funzionalista non riesce a creare una vera intelligenza perché non tiene conto dell'intelligenza contenuta nel corpo.

Non tiene conto che il corpo è contenuto in un ambiente, che il cervello è contenuto nel corpo e che c'è una comunicazione totale, che l'informazione è un fenomeno sistemico e che l'intelligenza è un quid che è ovunque e che non è localizzabile, che c'è un residuo inesplicabile nella natura. Se non recuperiamo una conoscenza di tipo corporeo … non riusciremo a costruire un'intelligenza che assomigli nemmeno lontanamente a quella dell'uomo. Il problema ridiventa quello di inserire la mente in un corpo che è soggetto a quelle perturbazioni che sono alla base dello sviluppo dell'intelligenza … C'è una realtà non conoscibile e sulla base di una interazione noi ci costruiamo immagini approssimative di questa realtà. Direi che questo costruttivismo debole è la forma di epistemologia più soddisfacente.

• La realtà non è data una volta per tutte. C'è uno sfondo che ci si mostra secondo tecniche, sia

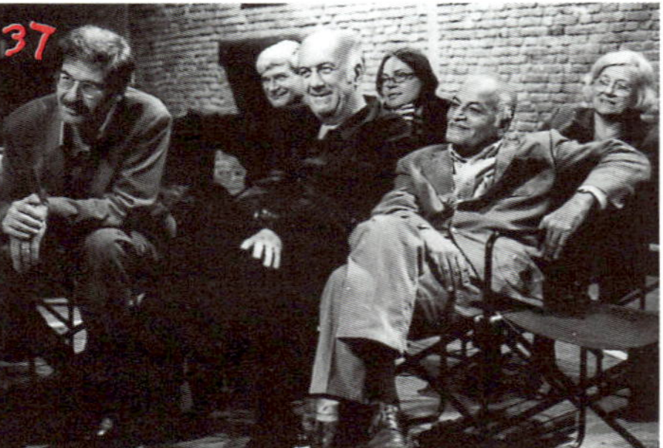

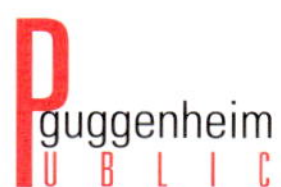

teoriche che strumentali, di approccio. Il corpo per secoli è stato lo strumento di filtrazione privilegiato e ci ha mostrato un mondo di un certo tipo. La mente stessa si ristruttura continuamente, per cui le nostre categorie logiche verranno modificate e saranno gli strumenti ineludibili con cui ci approcciamo a nuove esperienze. In una realtà simulata, virtuale, le leggi fisiche che noi potremmo simulare, sarebbero completamente diverse da quelle così dette naturali. Le leggi di natura non ci danno la descrizione vera della realtà ma ci danno una manifestazione di virtualità del reale che è quella filtrata dai nostri sensi a cui siamo affezionati e che chiamiamo realtà naturale.

• Queste protesi tecnologiche che lavorano sul simbolico sono protesi che cambiano la nostra epistemologia e la nostra ontologia. Questi strumenti non soltanto ci aprono orizzonti nuovi e ci permettono di estendere le nostre conoscenze. Sono filtri che possono anche limitare. L'uomo per sopravvivere deve semplificare la complessità.

La vita è una grande tautologia. È quel fenomeno complesso nel quale vengono mantenute le strutture che consentono di mantenere le funzioni che consentono di mantenere le strutture in un circolo tautologico nel quale misteriosamente si crea un surplus che è l'attività mentale.

appears depending on the techniques, either theoretic or instrumental, of approach. For centuries the body was the privileged filtering instrument and showed us a certain type of world. Even the mind is constantly being restructured, and therefore our logical categories will be altered and will become the indispensable instruments with which we approach new experiences. In a simulated, virtual reality, the physical laws we will be able to simulate would be entirely different from the ones we call natural. The laws of nature do not provide us with a true description of reality but display to us a virtual reality filtered by our senses, that we have grown fond of and call natural reality.

• Those technological protheses that work on symbols change our epistemology and our ontology. They not only open up new horizons and allow us to extend our knowledge. They are filters that can also limit us. To survive, man has to simplify complexity. Life is a great tautology. It is the complex phenomenon where structures are maintained to allow functions to be maintained to allow structures to be maintained in a tautological circle, where a surplus is mysteriously created: mental activity.

2000/2001

L'inizio del nuovo anno di incontri vedrà finalmente la produzione del Simposio sull'Amore come conseguenza di tre anni di riflessioni ed elaborazioni comuni. Dal 12 al 14 Ottobre 2000 il Guggenheim public, estesa la collaborazione alla Fondazione Querini Stampalia e al Teatro Fondamenta Nuove, ospiterà 19 persone provenienti dall'Europa e dall'America, oltre ai regolari membri del Guggenheim public stesso, per dare vita ad un processo di incontri e scambi sul tema dell'Amore come principio di integrazione.

Un'indagine che verte sulla natura del termine "pubblico" come spazio della condivisione cosciente e quindi della creazione. Uno spazio dove l'arte si espliciti per la sua natura di comunicazione, dove il tema dell'Amore diventi fondazione etica e il divenire dell'evento nella sua continua creazione permetta di uscire dall'autoreferenzialità del linguaggio. In questa prospettiva il Simposio sull'Amore potrebbe attivare un'etica dell'evento come creazione perché darebbe voce al segno prodotto. Così, via Amore, possiamo entrare, per esperienza, per forma, nella dimensione pubblica come stato di creazione comune. Pubblico diventerebbe sinonimo di fiducia reciproca, per comune sensibilità condivisa, consentendo la cooperazione nella produzione di sistemi di valore complessi. Pubblico diventerebbe il luogo dove esprimere la creatività come motore espressivo e dunque forma dei nuovi linguaggi e di conseguenza dei nuovi valori. Un luogo dove non esisterebbe più il bisogno di essere costantemente confortati, riconosciuti, da quello a noi più prossimo per bisogno di consenso, ma dove il senso di libertà farebbe emergere le diversità per organica comprensione e necessità di espressione.

Il sito www.ethicstv.com/love ha raccolto tutti i contributi finora pervenuti alla discussione ed offre l'opportunità di partecipare depositando nel forum le proprie riflessioni. Venerdì 13 trascorrerà all'insegna del processo d'indagine e comunicazione all'interno del Teatro Fondamenta Nuove, mentre sabato 14 ottobre, in chiusura dei lavori del simposio, la Fondazione Querini Stampalia ospiterà un incontro con il pubblico più allargato per comunicare l'elaborazione dei tre giorni di riflessioni e scambi e proporre un manifesto sull'amore.

I partecipanti sono:
Martine Batchelor, Paolo Bianchi, Sandra Caroldi, Jack Cohen, Mario D'Avino, Pucci Dallerba Ricci, Nives De Meo, Ghislain Devroede, Don Factor, Suzi Gablik, Massimo Kaufmann, Satish Kumar, Maurizio Lazzarato, Alberto Madricardo, Antonio Marazzi, Humberto Maturana, Luca Muscarà, Grace Salem Nasser, John Peter Nilsson, David Peat, Claudio Ronco, Marco Senaldi, Catherine Shainberg, Charlene Spretnak, Richard Tarnas, Elisabeth Thompson, Marilyn Tunneshende, Susan Wise.

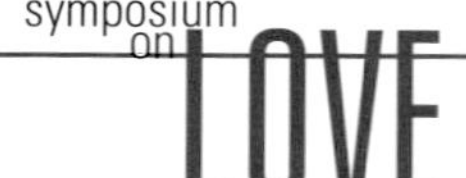

The start of the new year of encounters will at last bring about the Symposium on Love as a result of three years of shared reflections and elaborations. From October 12 to 14 2000, Guggenheim public, extending the collaboration to the Fondazione Querini Stampalia and the Teatro Fondamenta Nuove, will welcome 19 persons from Europe and America, along with the usual members of Guggenheim public, to give rise to a process of encounters and exchanges on the theme of Love as principle of integration.

The investigation concerns the nature of the word "public" as a space of conscious sharing and thus of creation. A space where art explicits its essence as communication, where the theme of Love becomes an ethical foundation, and the event, by its constant creation, allows us to break out of language's self-referential nature. In that perspective the Symposium on Love might inspire an ethics of the event as creation, since it expresses the sign produced. So, through Love, we can enter, as experience, as form, the public dimension as a condition of shared creation. Public would become a synonym for mutual trust, through shared sensibility, leading to cooperation in producing complex systems of values. Public could become the place where we could express creativity as a motor of expression and hence the form of new languages and new values. A place where we would no longer have to be constantly reassured, recognized, by what is closest to us out of a need for approval, and where the sense of freedom would allow differences to surface through an organic comprehension and an urge for expression.

Our site www.ethicstv.com/love has assembled all the contributions to the discussion that have already reached us, and offers you the opportunity to participate by sending your own communications to the forum. Friday October 13 will be devoted to the investigation and communication process at Teatro Fondamenta Nuove, whereas Saturday 14, at the close of the Symposium discussions, Fondazione Querini Stampalia will host an encounter with a wider public to communicate the outcome of the three days of reflections and exchanges and propose a manifesto on Love.

The participants:
Martine Batchelor, Paolo Bianchi, Sandra Caroldi, Jack Cohen, Mario D'Avino, Pucci Dallerba Ricci, Nives De Meo, Ghislain Devroede, Don Factor, Suzi Gablik, Massimo Kaufmann, Satish Kumar, Maurizio Lazzarato, Alberto Madricardo, Antonio Marazzi, Humberto Maturana, Luca Muscarà, Grace Salem Nasser, John Peter Nilsson, David Peat, Claudio Ronco, Marco Senaldi, Catherine Shainberg, Charlene Spretnak, Richard Tarnas, Elisabeth Thompson, Marilyn Tunneshende, Susan Wise.

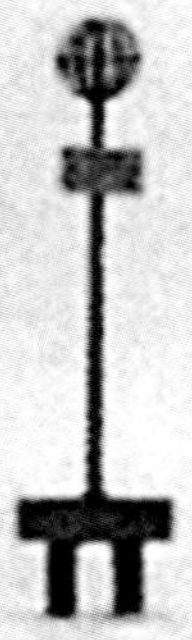

symposium
on
LOVE

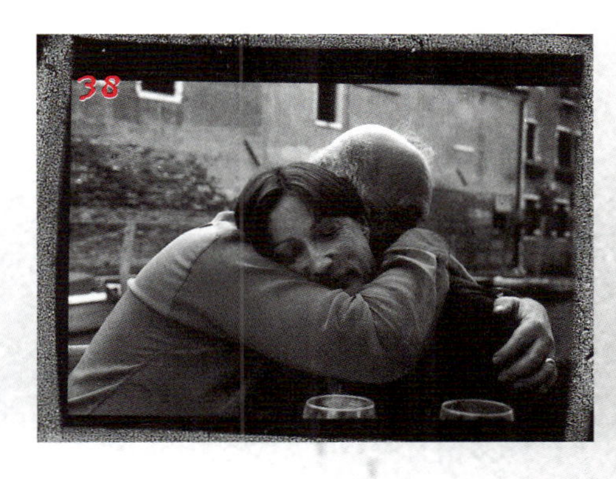

38

Simposio sull'Amore di Guggenheim public
Venezia, 12-13-14 ottobre 2000

L'adesione all'iniziativa della Fondazione Querini Stampalia, Accademia di Belle Arti, Teatro Fondamenta Nuove esprime una nuova coscienza della dimensione pubblica. Questo spazio della condivisione attiva un'etica dell'evento come atto di creazione. Uno spazio dove l'arte si espliciti per la sua natura di comunicazione e dove il tema dell'Amore permetta di uscire dall'autoreferenzialità dei linguaggi. Pubblico diventa sinonimo di fiducia reciproca, sensibilità condivisa, consentendo la cooperazione nella produzione di sistemi di valori complessi. Un luogo dove rendere possibile l'emergere delle diversità per organica comprensione e necessità di espressione.

L'Accademia di Belle Arti di Venezia, che è luogo dove i diversi linguaggi trovano la possibilità di esprimersi sul terreno unitario dell'evoluzione della forma, ospita giovedì 12 ottobre alle 17 il primo incontro introduttivo del Simposio sull'Amore.

Il Teatro Fondamenta Nuove nella sua natura di spazio performativo si offre come laboratorio dove attivare le dinamiche integrative ospitando il progetto dal 13 al 14 ottobre.

Il sito www.ethicstv.com, network di artisti ed autori, diventa strumento per creare una relazione tra l'evento a Venezia e il mondo. Lo spazio in internet consentirà di seguire il dipanarsi dell'evento e darà l'opportunità di partecipare al Simposio contribuendo al dialogo sul forum.

La Fondazione Querini Stampalia con il testamento del conte Giovanni Querini individua nel progetto di Guggenheim public una affinità sostanziale: "la mia Biblioteca, Galleria, Medagliere, Oggetti d'Arte … diverranno d'uso pubblico … e rimarranno aperti nei giorni ed ore che gli anzidetti Curatori determineranno, ma costantemente in tutti quei giorni, ed ore in cui le Biblioteche pubbliche sono chiuse, e la sera specialmente per comodo degli studiosi…" ed invita il pubblico di Venezia alla riflessione conclusiva sul Simposio sull'Amore il giorno 14 ottobre alle ore 17:30.

Symposium on Love by Guggenheim public
Venice, 12-13-14 October, 2000

The endorsement of the initiative on behalf of the Fondazione Querini Stampalia, the Accademia di Belle Arti di Venezia and Teatro Fondamenta Nuove expresses a new awareness of the meaning of public. This space of sharing lends force to an ethics of the event viewed as a creative act. A space where art becomes explicit as communication and where the theme of Love leads us beyond the self-reference system of languages. Public becomes a synonym for reciprocal trust, shared sensibility, inspiring cooperation in producing complex systems of values. A place where organic comprehension and the need for expression can give rise to differences.

The Accademia di Belle Arti di Venezia, a place where different idioms can be expressed in the unifying ambit of the evolution of form, will welcome the first introductory encounter of the Symposium on Love on Thursday October 12 at 5 p.m.

Teatro Fondamenta Nuove in its role as performance space will be the laboratory where the integrative dynamics can come about, hosting the project on October 13 and 14 .

The www.ethicstv.com site, a network of artists and authors, is the instrument for creating a link between the event in Venice and the rest of the world. The space on internet will allow to follow the unfolding of the event and provide the opportunity to take part in the Symposium by contributing to the dialogue on forum.

The Fondazione Querini Stampalia, according to the testament of count Giovanni Querini, expresses substantial affinities with the Guggenheim public project: "my Library, Galleries, Medal Collection, Art items … will become available to the public … and will be open on the days and at the hours determined by the above-mentioned Curators, but regularly on all the days, and in the hours in which public libraries are closed, and particularly in the evening for scholars' convenience…", and invites the public of Venice to the final consideration on the Symposium of Love on October 14 at 5:30 p.m.

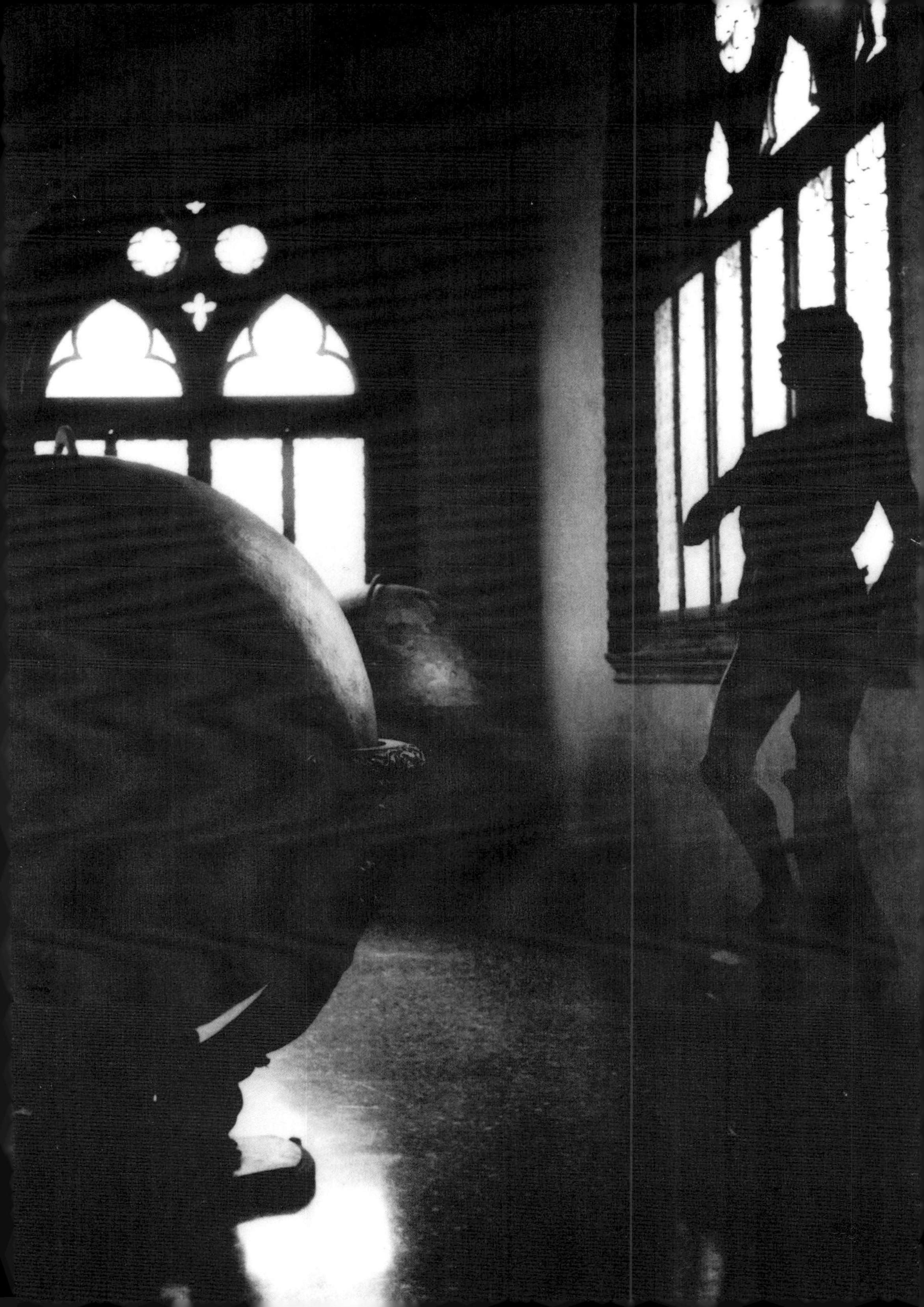

Martine Batchelor

Martine Batchelor insegna meditazione, è scrittrice e guida spirituale

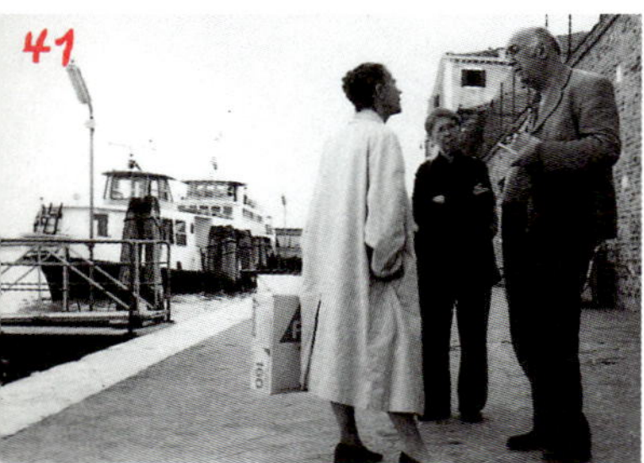

Comprendere le tre caratteristiche — morte e cambiamento, non fiducia e sofferenza, non-io e vuoto — è fondamentale per amare in modo creativo e esperto. Per esempio, la consapevolezza della morte ci rende consapevoli di quanto preziosa e effimera sia la vita e questa consapevolezza fa sorgere l'amore per se stessi e per gli altri.

Soffrire sveglia in noi la compassione. Sappiamo e riconosciamo che soffrire è doloroso e vogliamo abolire il dolore. Sentiamo empatia. Possiamo sentire la sofferenza degli altri come se fosse la nostra perché viviamo la stessa vita e respiriamo la stessa aria. Shantideva, un monaco indiano dell'VIII secolo, ha detto che la vita era un organismo di un solo corpo. Quando il piede ci duole la mano subito si muove per alleviare il dolore, non perché il dolore si senta nella mano ma perché vi è un senso di sofferenza condiviso.

Non vi è un fissato, separato sé ma vi è un relativo senso di sé. Questo senso di un relativo e condizionale sé è assolutamente necessario e noi contribuiamo al suo stato salutare con la meditazione. Questo sé relativo è utile alla funzione nel mondo. Ciò che ci rende diversi è il fatto che le condizioni, come la memoria, l'educazione, gli attributi che formano questo sé relativo, sono diversi da quelli di un altro. Il sé diventa un problema solo se lo prendiamo come permanente, immutabile e auto-prodotto. Infatti la società moderna accentua questa sensazione di isolamento in quanto rinforza l'individualismo. Poi ci troviamo in difficoltà emozionali in quanto ci sentiamo soli e persi. Coltivare la saggezza ci fa capire che siamo irrimediabilmente connessi attraverso il respiro e il cibo che mangiamo. Facciamo parte di un'intricata rete di relazioni. Tutto ciò che sentiamo, pensiamo, facciamo, dipende da qualcos'altro e viceversa abbiamo influenza su tutto ciò che ci circonda. Questo è quello che chiamiamo interdipendenza nel Buddismo.

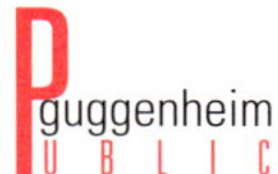

Martine Batchelor

Martine Batchelor is a meditation teacher, writer, and spiritual counsellor.

Understanding the three characteristics – death and change, unreliability and suffering, non-self and emptiness – is at the root of a creative and skilful love. For example, awareness of death makes us realize how precious and fleeting life is, and gives rise to love for ourselves and others. Suffering awakens us to compassion. We know and recognize that suffering is painful and we want to relieve it. We feel empathy. We can feel the suffering of others as our own, because we are part of the same life and share the same air. Shantideva, an 8th century Indian monk, believed that life was like a single body-organism. When our foot hurts, the hand immediately goes to alleviate the pain because of a shared sense of suffering and not because the pain is also felt in the hand.

There is no separate, fixed self but a relative sense of self. This sense of a relative or conditional self is fully necessary. By meditating we contribute to its healthy state. This relative self is useful to function in the world. What makes us different is the fact that the conditions, such as memories, upbringing, and attributes, that form this relative self are different from those of someone else. The self becomes a problem only if we take it to be permanent, unchanging and self-produced. Actually, modern society accentuates this feeling of isolation as it reinforces individualism. Then we experience emotional difficulties, as we feel lonely and lost. Cultivating wisdom makes us realize that we are irremediably connected through our breaths and the food that we eat. We are part of an intricate web of relationships. Everything we feel, think, and do, is dependent on something else which in turn we influence. This is what is called interdependence in Buddhism.

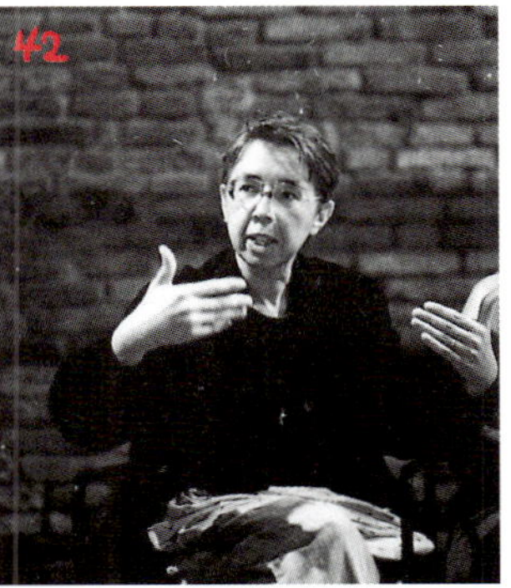

Paolo Bianchi

Paolo Bianchi lavora come autore culturale e come curatore freelance.
Inoltre è senior curator al *Centro O.K. di Arte Contemporanea*, guest editor della rivista *Kunstforum International*,
e professore alla Università di Arte e Design di Linz. Vive a Baden nei pressi di Zurigo.

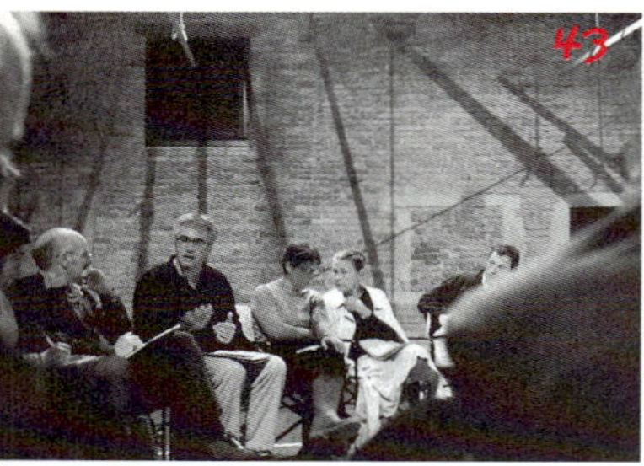

* AMORE vede l'universo come multiuniverso.

* AMORE significa vivere e esperire il pluralismo e il confronto delle realtà differenti che si sovrappongono e accrescono una con l'altra, ma anche che combattono e si reprimono nel loro essere in relazione, e tutte quante fanno parte della nostra esperienza quotidiana.

* AMORE è ibrido.
Amore è molteplicità.
Amore è mobile.
Amore è fluttuante.
Amore è transitorio.
Amore è condividere sogni

* In modo specifico l'artista oggi si muove fra di noi come un esule o come colui che cerca un asilo, o forse solo come un turista. In ogni caso, comunque l'artista è *on the road*, uno straniero ovunque e ovunque a casa. L'artista è un viaggiatore nell'interstizio fra e tra posti, comunità e legami. Questo modo di essere nell'interstizio, essendo in movimento, è un fenomeno: può far rimanere il viaggiatore senza parole o potrebbe rassicurare o aggiungere o potrebbe produrre nuovi desideri e un nuovo "potere dell'amore".

* È antica l'esperienza sia con la cultura che con l'AMORE: ogni parte è in relazione e non una cosa separata. In altre parole senza amore niente amante, senza cultura niente artista e niente opera d'arte? O potrebbe essere che in principio non esistono le cose, ma piuttosto le relazioni fra le cose? Fu quindi amore che creò gli amanti, piuttosto che il contrario? Senza relazioni fra persone diverse non ci sarebbero "poetiche d'amore".

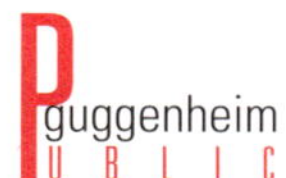

Paolo Bianchi

Paolo Bianchi is both a creator of cultural events and a freelance curator.
He is also senior curator at the *O.K. Center of Contemporary Art*, guest editor of *Kunstforum International*,
and professor at the University of Art and Design in Linz. He lives in Baden, near Zurich.

* LOVE sees the universe as a multi-universe.

* LOVE means to live and to experience the plurality and the confrontation
of realities
different realities that overlap and enhance one another, but which also
fight and repress one another, and all of them are part of our everyday
experience.

* LOVE is hybrid.
Love is manifold.
Love is mobile.
Love is floating.
Love is transitory.
Love is sharing dreams.

* Nowadays the artist specifically moves as an exile or an asylum seeker
among us, perhaps merely as a tourist. However, the artist is, in any case,
on the road: a stranger everywhere and everywhere at home. The artist is
a passenger in the interstice, betwixt and between places, communities
and connections. This way of being in the interstice and in motion is a
phenomenon: it could turn the traveler speechless, or become a
reassurance, an addition, or produce new yearnings and a new "power of
love".

* Our experience, with both culture and LOVE, is an old one: all parts are
related and not separate. In other words, if there will be no lover without
love, will there be no artists and artworks without culture? Or could it be
that what is more important is the relationship between things rather than
the things themselves? Was it indeed love that created lovers, rather than
the reverse? Without the relations among various people there would be
no "poetics of love".

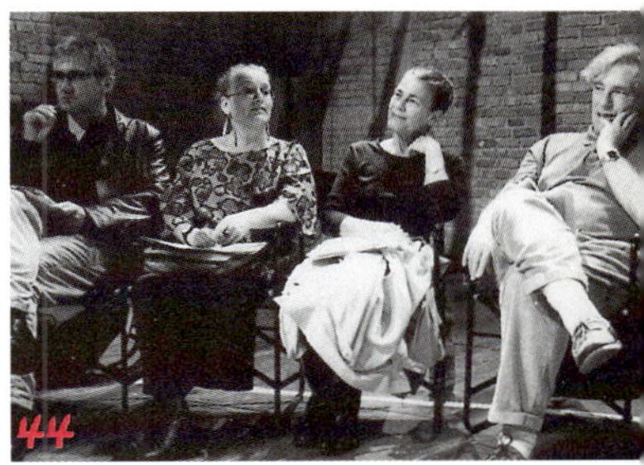

Sandra Caroldi

Sandra Caroldi, nata a Venezia, si è laureata in sociologia a Trento. Ha avuto una formazione psicoanalitica a Milano.
A Rimini ha diretto il servizio per le tossicodipendenze e successivamente i consultori materno-infantili, ponendo particolare attenzione all'educazione sanitaria. Da più di un decennio ha scelto l'approccio artistico e, come canale espressivo privilegiato, la pittura. Recentemente, l'operare in concreto è stato sostituito da un intento etico-politico.

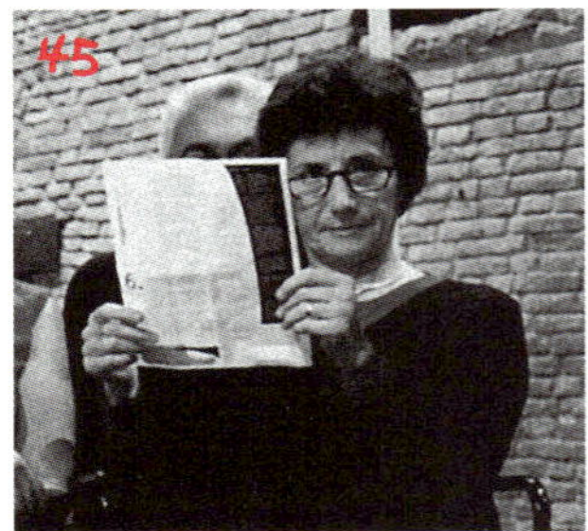

Non siamo stati educati ad affrontare l'aperto. Ci hanno cresciuti dandoci risposte. Ma se quelle risposte non ci bastano, se per noi la verità non si esaurisce in ciò che funziona, se non ci piace la riduzione del mondo a fondo a disposizione … forse possiamo incontrare l'idea di amore. Credo che l'amore come principio di integrazione, come pratica di vita, sia contemporaneamente un vissuto inconsapevole e una scelta. Origine da cui ci si allontana per poi fare ritorno. Quando l'amore è ritorno diviene consapevole. Nell'amore si sa quello che c'è da sapere dell'essere al mondo avendo un mondo.

Se sono artefice (artista) del mio mondo, come mi ha condotto a credere il pensiero contemporaneo, se aldilà dei condizionamenti, è il mio sguardo, che decide la visione, voglio che il mio mondo sia un mondo che ha origine nell'amore.

Scelgo "l'amore" come fondamento dell'agire.
Entro così nella dimensione etica. Penso dunque socraticamente, in armonia con il *bios* che tende all'equilibrio, alla cosiddetta felicità, che virtù è sapere e che nella modalità di vivere secondo amore si esprimono tutte le virtù. Penso all'amore come produttore di virtù.

L'eros evoca in me la visione della grecità e mi riporta a Platone, che lo mette in scena, lo celebra, lo descrive, lo analizza, lo risolve nel *Simposio*. Quando capita di sentire citata quest'opera, in genere viene ricordato soprattutto il racconto di Aristofane, che narra della punizione inflitta da Zeus agli uomini quando così ha decretato: "taglierò ciascuno di loro in due, ed essi da un lato saranno più deboli, e dall'altro saranno al tempo stesso più utili a noi per l'accrescersi del loro numero…". E come in seguito a tale punizione: "…una volta divisa in due la natura primitiva, ciascuna metà bramando la metà perduta che era sua, la raggiungeva…".

Si ricorre dunque al *Simposio* per sottolineare l'incompletezza della natura umana e la conseguente spinta verso l'altro, nell'amore. Nessuno riferisce quello che è il messaggio portante di quest'opera iniziatica: il messaggio che l'amore è generatività. Non nasce quindi dall'incompletezza, ma da una eccedenza. Essere nell'amore è essere gravidi, nel corpo e nell'anima ed essendo gravidi, voler portare alla luce, partorire… e fare ciò nel bello e nel buono. Nel bel corpo, nei bei corpi, nelle belle anime, meglio se congiunte ad un bel corpo, in ciò che di bello vi è nelle maniere di vita e nelle leggi, per arrivare in fine all'idea del bello in sé, che rende la vita degna di essere vissuta.

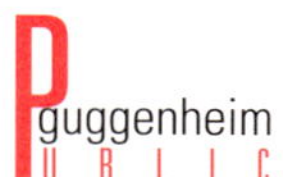

Sandra Caroldi

Sandra Caroldi was born in Venice; she graduated in sociology at the University of Trento, and specialized in psychoanalysis in Milan. In Rimini she directed centers for both drug addiction and family counseling, with a particular emphasis on sanitary education. Over the past decade she has devoted herself to art — painting being her favorite expressive medium. Recently she has opted in favor of a political and ethical approach to her actions.

We didn't learn to face the open. We were raised with replies. But if the replies we were given do not satisfy us, if truth does not simply lie in what works and functions, if we do not like seeing the world reduced to a store at our disposal … perhaps we can encounter the idea of love. I believe that love, as a principle of integration and a way of life, is both an unconscious experience and a choice. It is the origin from which we depart and then return. When love is returning, then it becomes conscious. Love allows us to know all there is to know in order to be in this world.

If I am a maker (artist) of my world, as contemporary thought has led me to believe, if beyond conditioning my gaze is what determines the vision, then I want my world to be a world born out of love.

I choose "love" as the foundation of action. Thus I enter the dimension of ethics. Thus I take a Socratic point of view, in harmony with the *bios* that tends toward a balance and the so-called happiness, that virtue is to know and all virtues are expressed in a life lived according to love. I think of love as a producer of virtue.

Eros suggests me the Greek world, and brings me back to Plato, who presented it, celebrated it, described it, analyzed it, and resolved it in the *Symposium*. Whenever the *Symposium* is mentioned we think of the story of Aristophanes, who narrated the punishment Zeus inflicted on men: "I shall cut each one of them in two. On the one hand they will be weaker, and on the other they will be of more use as their number will increase…" As a consequence "…once their primitive nature had been cut in two, each half was longing for the lost one and sought to be reunited again."

Therefore, we turn to the *Symposium* to point out the incompleteness of human nature and the consequent longing for the other, with love. No one mentions the real message of that initiatory work: love is generation. Love does not arise from incompleteness, but from excess. To be within love is to be pregnant, in body and soul. To be pregnant is to bring the light, to give birth in beauty and goodness, in beautiful bodies, in beautiful souls — better if completed by a beautiful body — in what in life and within the laws is beautiful, in order to finally attain the idea of beauty itself, that makes life worth living.

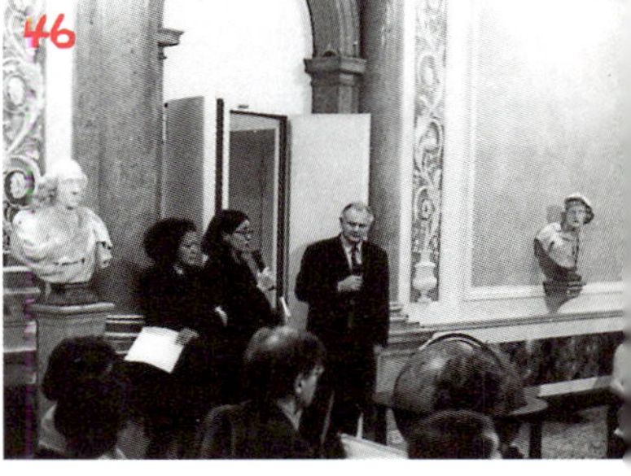

Jack Cohen

Jack Cohen è un biologo della riproduzione di fama internazionale, e consulente di laboratori che studiano cure per la riproduzione in provetta e l'infertilità. Per un trentennio si è dedicato all'insegnamento universitario, pubblicando un centinaio di saggi. Presso l'Università di Warwick ora collabora con l'Unità degli ecosistemi del Dipartimento di Biologia e l'Istituto di Matematica, cercando di avvicinare il grande pubblico alla ricerca scientifica.

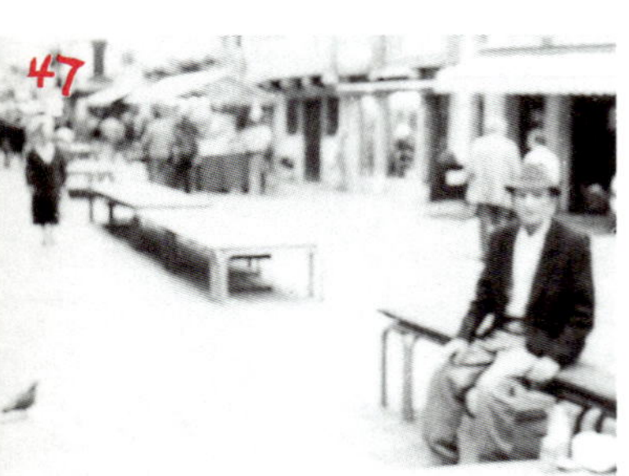

Questa è la mia risposta alla vostra petizione per portare il punto di vista a-scientifico al livello delle vostre interazioni di Scultura Umana. Sistemi complessi, la magia delle loro interazioni, e i modi in cui l'uomo vive sono trasformati in rapporti emozionali complessi, complicati, occasionalmente semplici, sistemi sessuali e simbiotici, come i modi in cui gli organismi biologici vengono trasformati in complessi, complicati, occasionalmente semplici rapporti evoluzionari ed ecologici sono la mia costante delizia.

Credo esistano molti rapporti simbiotici in biologia che possono essere spiegati (accettati e compresi da un punto di vista accademico) in termini di amore primitivo ed universale che gli organismi sviluppano poiché risulta migliore di altri sistemi, quali lo sfruttamento, per garantire una continuità nel futuro.

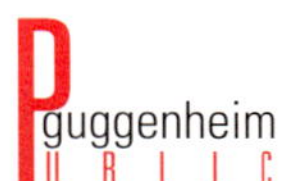

Jack Cohen

Jack Cohen is an internationally-known reproductive biologist, who consults for test-tube-baby and other infertility laboratories. He was a university teacher for some thirty years, and has published nearly a hundred research papers. His present position at Warwick University bridges the Ecosystems Unit of the Biology Dept. and the Mathematics Institute, and his brief includes bringing more science to more public awareness.

This is my response to your plea to bring the a-scientific viewpoint to your Human Sculpture interactions. Complex systems, the magic of their interactions, and the ways in which human lives are drawn into complex, complicated, occasionally simple emotional relationships, sexual and symbiotic systems, the ways in which biological organisms are drawn into complex, complicated, occasionally simple evolutionary and ecological relationships, are my abiding delight.

I think that there are many symbiotic relationships in biology which are explicable — which can be appreciated if not understood academically — in terms of a primitive and universal love behaviour which organisms evolve because it is better than other systems, exploitative systems, at continuing into the future.

Mario D'Avino

Mario D'Avino vive e lavora a Venezia. Dopo la laurea in giurisprudenza, si è dedicato a studi di filosofia, pedagogia, psicologia e storia. Attualmente, lasciato l'insegnamento, si occupa della filosofia della contemporaneità, collaborando a ricerche all'interno del gruppo di studio dell'Associazione Nemus, affiancato al Comitato scientifico dell'Istituto Gramsci e all'Istituto Italiano per gli Studi Filosofici.

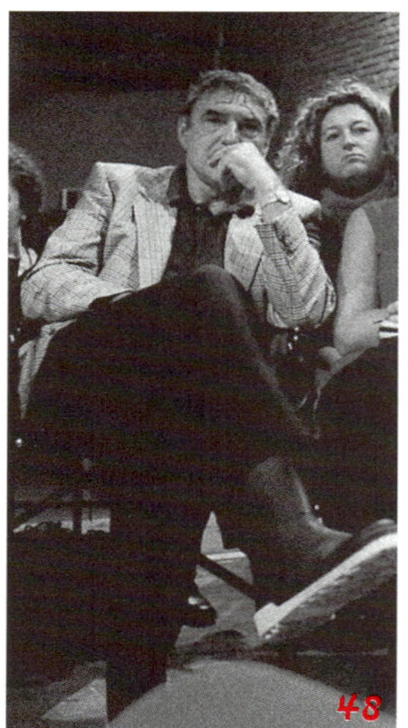

Dire che l'amore è una forma infinita è importante: significa collocarlo nell'ambito di ciò che è più proprio dell'uomo: l'infinita libertà e creatività, senza per questo pensare che l'amore possa coincidere con quest'ultime, essendo piuttosto la forza che le sottende. Eppure l'amore, che finora abbiamo potuto riconoscere quasi solo per esclusione non è affatto qualcosa di oscuro, di ineffabile e meno che mai è qualcosa di invisibile. L'amore non è un mistero, o se lo è, è il mistero più percepibile che ci sia. La presenza dell'amore infatti viene colta da chiunque in modo diretto e immediato, cioè intuitivamente e sensibilmente, mentre la sua forma visibile si ricrea liberamente a ogni minimo gesto, a ogni più piccolo sguardo, a ogni più lieve intonazione della voce, a ogni minimo accenno e atteggiamento anche interiore delle persone.

Questa vera e propria trasmutazione dell'essere vivente causata dall'amore è la capacità tipica dell'uomo di andare oltre il dato finito non con l'immaginazione del futuro soltanto, ma con la sensibilità presente.

Questo andar oltre la semplice datità non è solo una caratteristica dell'amore tra uomo e donna, per cui si dice che gli amanti "stravedono" la realtà dell'amato, ma è tipica di tutte le forme dell'amore: l'amore per così dire investe il suo oggetto e lo infinitizza, gli toglie sensibilmente la sua finitudine e gli conferisce una potenzialità visibilmente infinita.

Anche se i concetti di dignità della persona, di diritti dell'uomo, di solidarietà e giustizia sociale sembrano aprirsi talora suggerendo all'ethos comune la prospettiva dell'amore, in realtà ciò non è mai esplicitamente argomentato, non è mai teorizzato con chiarezza e con forza.

Al di là delle distorsioni che si sono determinate nel concetto di amore che lega la società cristiana, è chiaro che qualsiasi consorzio umano caratterizzato dall'interazione tra i membri e ispirato alla "forma infinita dell'amore", consente ai soggetti un surplus comunicativo, un fattore di coesione e di crescita davvero straordinari. L'agire comunicativo fondato sull'amore va ben oltre i mezzi tecnico-politici pensati per organizzare il consenso.

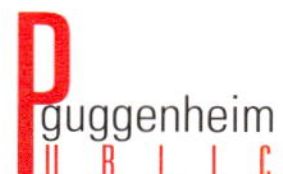

Mario D'Avino

Mario D'Avino lives and works in Venice. He graduated in law, and then studied philosophy, psychology, pedagogics and history. Following his retirement from teaching, he devoted himself to the study of philosophy within the contemporary world. He collaborates with the research group Associazione Nemus, the Gramsci Institute, and the Italian Institute of Philosophical Studies.

It is worthwhile to say love is an infinite form: it means putting it in the context of what is most inherent to human beings: infinite freedom and creativity, yet without thinking love can coincide with those last two, being instead the force underpinning them. Yet love, that up to now we have been able to identify practically by exclusion alone, is not something obscure, unutterable and even less something invisible. Love is not a mystery, or if it is, it is the most perceptible mystery of all. Indeed the presence of love can be perceived by anyone, directly, immediately, that is, intuitively and sensibly, while its visible form is freely recreated at every slightest gesture, every tiniest glance, every lightest voice intonation, every minimum hint and attitude, even inner.

This authentic transmutation of a living being brought about by love is the characteristic trait of human beings: going beyond the limited datum, not merely by imagining the future but through a present sensibility.

This going beyond mere data is not just typical of love between men and women, that makes us say lovers "are blind" to the reality of the beloved, but is typical of every form of love: we might say love permeates its object and makes it infinite, perceptibly frees it of its finitude, conferring on it a visibly boundless potentiality.

Even if the notions of human dignity, human rights, solidarity and social justice seem at times to suggest to the common ethos the perspective of love, as a matter of fact it is never explicitly expressed, nor ever clearly or forcefully theorized.

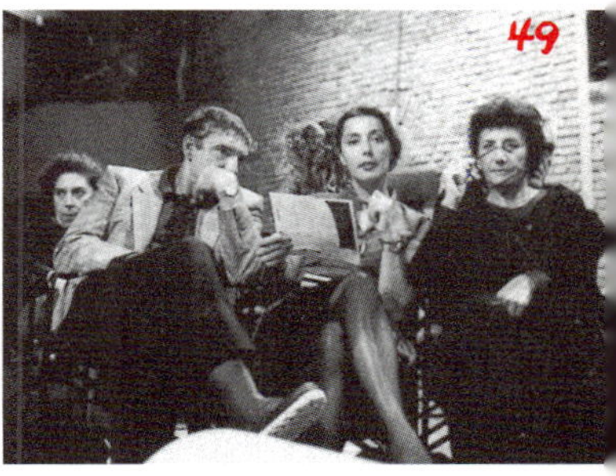

Over and beyond the distortions that have occurred in the concept of love binding Christian society, obviously any human association characterized by interaction between its members and emulating the "infinite form of love", offers its subjects a communication surplus, a truly extraordinary factor of cohesion and of growth. Communication based on love goes way beyond the technical-political devices invented to bring about consensus.

Pucci Dallerba Ricci

Pucci Dallerba Ricci, architetto, è professore ordinario di composizione architettonica nella Facoltà di architettura dell' Università del Kentucky (Lexington) e direttore dell'Atelier Veneziano, con sede a Venezia, della stessa Facoltà. Fra i vari progetti i palazzi di giustizia di Savona e Firenze, concorsi, seminari, scritti. La sua ricerca architettonica   si svolge sulle figure evocate dalla forza della parola, da qui il lavoro sulla letteratura e il rapporto con le arti.

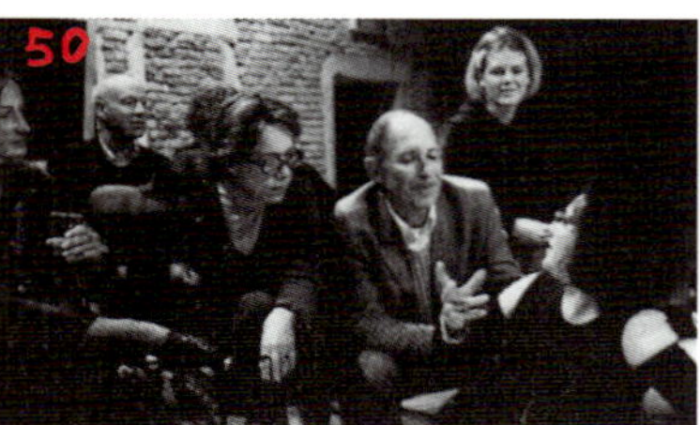

5 AFORISMI

1: Distanza
2: Scrittura 1
3: Scrittura 2
4: A …come amore
5: A …come architettura

4

Da Amore appetito di bellezza…

Eros che accende, scatena visioni e spinge all'azione, ed è atopico.
E poi anche, amore – convivio, comunicazione pacifica - che deve avere un topos … teatron - basilica - piazza - mercato - domus.
Eros atopico - che s-piazza, che s-posta, de-struttura, che "a" distanza, che differenzia, distingue, allontana. S-comunica.

5

Ma l'amore, nell'architettura, non è rappresentato, né rappresentabile.
È metafora perfetta di se stesso - in assoluta coerenza con la percezione post-heideggeriana nostra contemporanea della comunicazione. È irrintracciabile, se non come memoria, nei passi perduti e struggenti possibili nella melancolia del giardino, dell'ombra.

L'architettura trasporta paesaggi da altrove, costringe i luoghi a metamorfosi antropiche, registra ed espone anche la caduta, non è solo elegia del bello.
Costringe noi a sintesi — se lo vogliamo — più alte, oltre la "con-fusione" del contingente, per vedere, ancora, per far vedere, ancora, per … rinnamorarsi del mondo…

Pucci Dallerba Ricci

Pucci Dallerba Ricci, architect, is professor of architectural composition at the Architecture School of the University of Kentucky (Lexington) and director of the Venetian Atelier of the same school (Venice). Among her various projects are the palaces of justice of Savona and Florence, besides numerous competitions, seminars, and papers. Her architectural research originates form the figures that words evoke — thus her interest in literature and its relationship with the arts.

5 APHORISMS

1: Distance
2: Scripture — 1
3: Scripture — 2
4: A ....as amor
5: A ....as architecture

4

From amor - love, as hunger for beauty…

Eros which ignites, unchains visions and presses into action, and is …atopic.
And then love which is convivium - communication of peace, which must have a topos, i.e. *teatron*, basilica, *piazza*, market, domus.
Atopic Eros, which dis-places, de-structures, makes di-stance, differentiates, defers, separates, ex-communicates.

5

But love - amor in architecture is not represented — nor is representable. Perfect metaphor of its own inexpressibility, in absolute coherence with our contemporary post-Heidegger perception of communication, it is not to be traceable unless as memory of lost, heart-rendering steps in the melancholy of the garden, in the shadow…

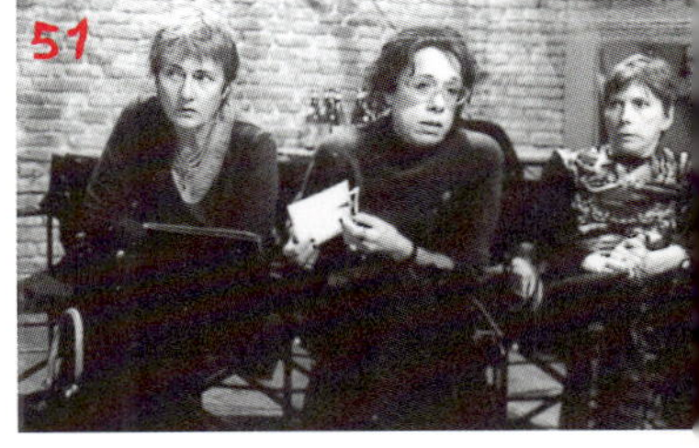

Architecture transports landscapes from elsewhere, forces places into anthropic metamorphoses, registers and exposes also the falls, the losses, it is not a mere hymn to beauty.
Presses us all to higher syntheses, if we only wanted to …"beyond the confusion" of contingencies, in order to "see", to see yet, to make others see again … to fall once again in love with the world…

Gautier Deblonde

Gautier Deblonde, artista vive e lavora a Londra
Gautier Deblonde, artist lives and works in London

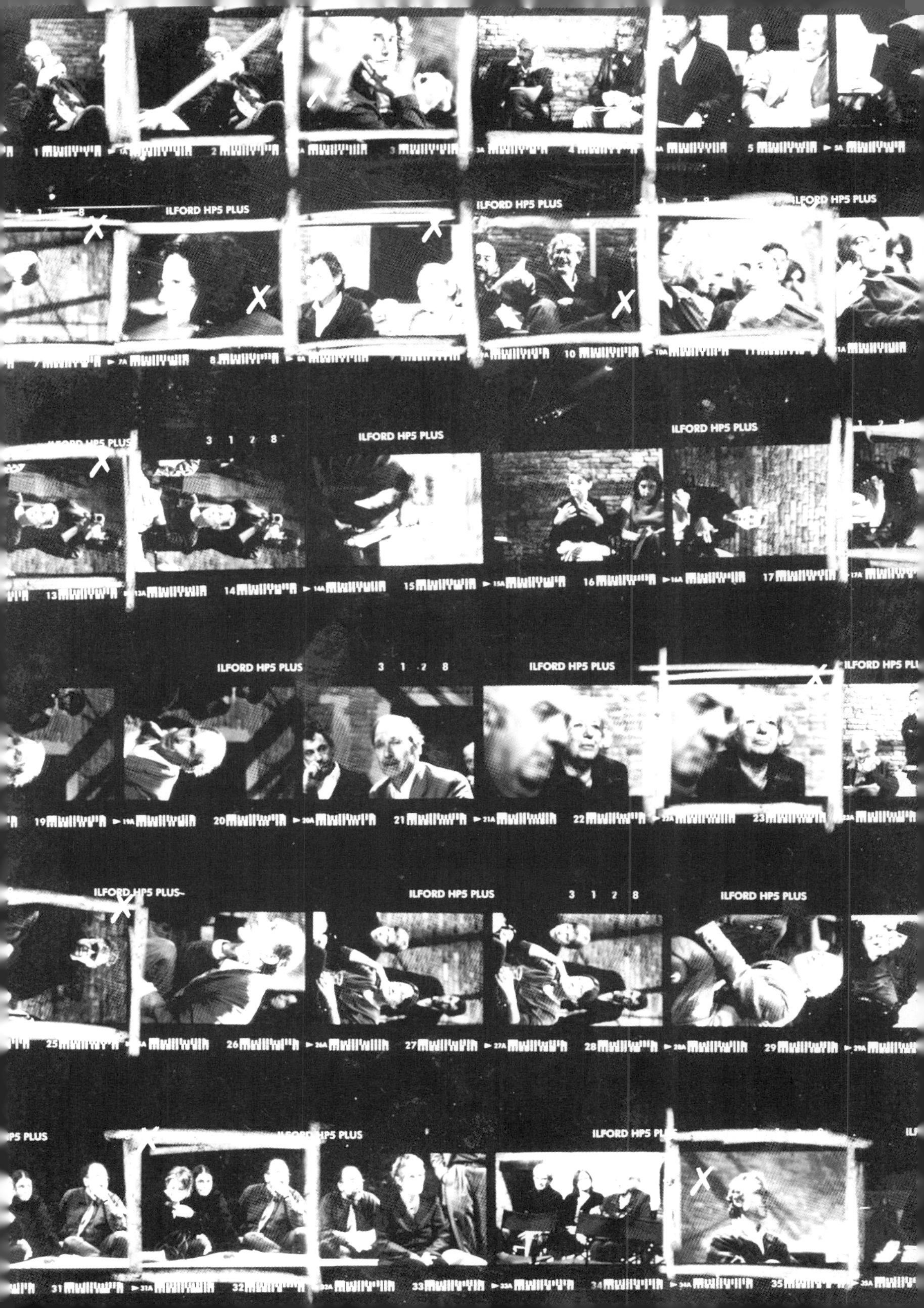

Nives De Meo

Nives De Meo è laureata in matematica e docente di matematica e fisica. Attualmente si dedica alla ricerca filosofica, in particolare in ambito epistemologico. È in corso di pubblicazione il saggio "Identità e indeterminazione" con l'Associazione Nemus - Incontri di Filosofia (vol. 2/1, 2000-2001)

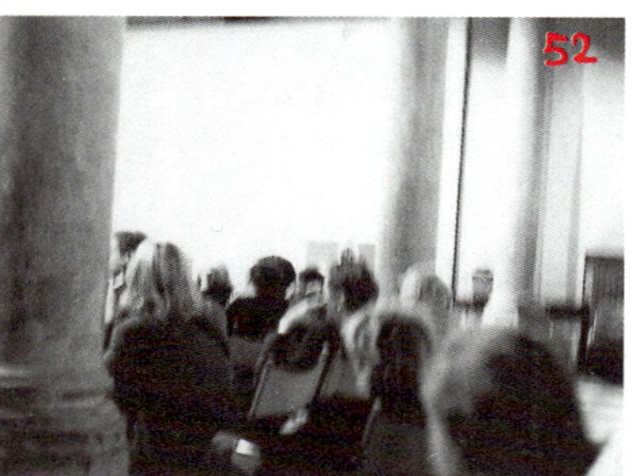

GIOCO D'AMORE

Un gioco di inte(r)-relazioni, ove regnano complessità e casualità, non può essere seguito nella sua evoluzione: una piccola variazione può portare ad una evoluzione molto lontana da qualsiasi previsione.

Se vogliamo interpretare amore come "il gioco delle interrelazioni complesse" in cui fluisce l'eros che abita ciascuno e che spinge ad una ri-composizione perduta (la rete), ci dobbiamo mettere metaforicamente nell'ottica di una evoluzione non calcolabile se non in termini di grande incertezza CREATIVA!!!

In questo senso, viene a perdere quelle caratteristiche di armonia-statica o integrazione ove ogni componente trova il posto che gli è proprio in un disegno *per-fectum*.

Amore dunque come:
tensione continua, tendenza all'integrazione armonica mai definitivamente raggiunta, non prevedibile, né dominabile da un progetto preventivamente determinato e immodificabile, ma che continuamente si ristruttura ad "ogni gesto-verso e nel suo rimando", in un gioco costantemente aperto, le cui regole non sono mai decise una volta per tutte.

Se vogliamo pensare ad una scultura sociale vivente dobbiamo pensarla in questi termini: forma che si rinnova continuamente in un rapporto dinamico interattivo di collaborazione tra intenzione e/o progetto metodologico e i continui assestamenti che la forma dinamica in atto deve ricercare per conservarsi *organum* senza distruggersi o degenerare; una sorta di danza ove: instabilità, fluttuazioni, dissipazione, sensibilità a piccole variazioni, rumori, per amore e solo per amore.

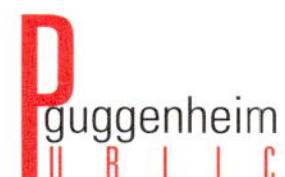

Nives De Meo

Following her BA in mathematics, Nives De Meo began teaching mathematics and physics. She is presently carrying out research studies on philosophy, namely on epistemology. Her study "Identità e indeterminazione" is about to be published by the Associazione Nemus of philosophical studies (vol. 2/1, 2000-01).

LOVE GAME

A game of inte(r)-relations, where complexity and randomness are supreme, cannot be observed in its evolution: a small variation can lead to a development very far-removed from any kind of foresight.

If we want to interpret love as "the game of complex inter-relations," into which flows the Eros that exists in each of us and that spurs us toward a lost re-composition (the net), we ought to metaphorically place ourselves in the perspective of an evolution calculable only in terms of a huge CREATIVE uncertainty!!

In that sense, it loses those characteristics of static-harmony or integration in which each element finds its own place in a per-fect pattern.

So love as:
constant tension, proneness to a harmonic integration never permanently achieved, which cannot be foreseen, cannot be ruled by a pre-determined, unalterable project, but constantly re-structures itself in view of "every gesture-toward and its response," in a game that is always open, whose rules are never decided once and for all.

If we want to imagine a live social sculpture, it has to be in these terms: a form continuously renewed in a dynamic interactive relationship of collaboration between intent and/or methodological project and the constant organizations the ongoing dynamic form has to seek in order to preserve itself as organum without destroying itself or degenerating; a sort of dance where: instability, fluctuations, dissipations, sensibility to tiny variations, sounds, out of love and for love alone.

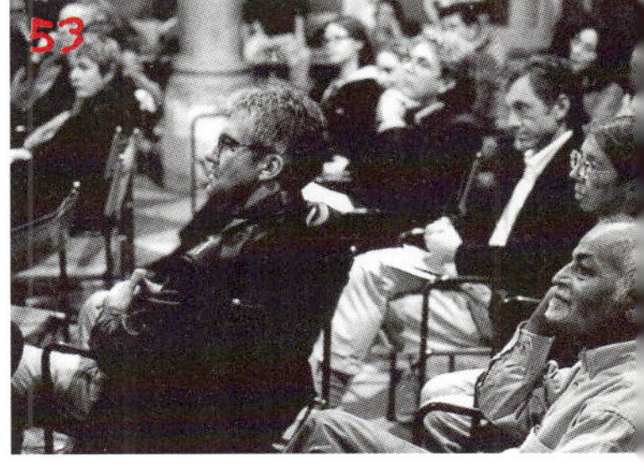

Ghislain Devroede

Ghislain Devroede, chirurgo canadese specializzato in malattie psicosomatiche,
è professore ordinario di chirurgia presso la facoltà di medicina dell'Università di Sherbrooke (Quebec).

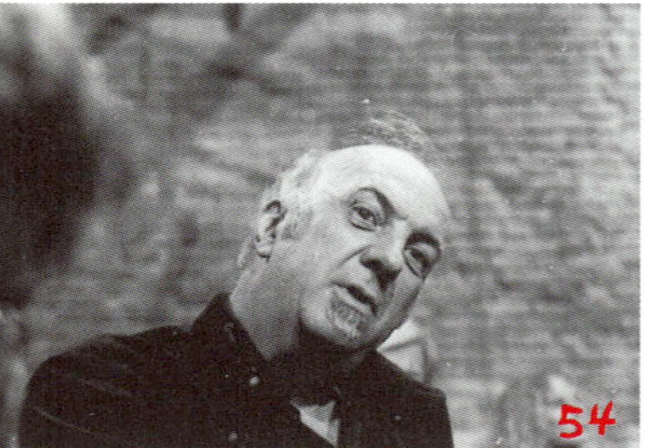

La mia vita per lungo tempo è stata composta da due sentieri paralleli, uno rappresentato da "l'amore per la ricerca" e l'altro da "la ricerca dell'amore". Accade così molto spesso anche nella professione medica, ovvero in una posizione schizofrenica nel momento in cui abbiamo di fronte qualcuno che ci chiede aiuto. "Il segreto per prendersi cura di un paziente", scrisse Francis Peabody nel lontano 1927 sul Journal of the American Medical Association (JAMA), "è prendersene cura". Diventare capaci di avere cura di qualcuno significa essere capaci di Amare, a partire da se stessi. Dunque, lavorare su se stessi diventa un pre-requisito fondamentale. La ricerca dell'integrità ha inizio dal singolo individuo prima ancora di poter anche solo immaginare una condivisione con altri individui. Non è possibile amare l'Altro se non si ama Se stessi. L'elaborazione di questo tema decisamente cristiano non significa porre se stessi al centro del mondo, argomento spesso usato dai critici. La ferita narcisistica va intesa come una ferita appunto, e non come peccato: essere "narcisisti" non è che un futile tentativo di recuperare e compensare il passato, e spesso implica sentimenti di annichilimento e immanenza. I sacrifici fanno ammalare le persone e accelerano la loro morte: l'Amore, al contrario, cura e guarisce. Amare, però, non significa attingere a una fonte di vuoto interiore, ma a un Sé guarito, dopo aver a lungo pianto sul passato.

Amore e Compassione sono le vere religioni del mondo, afferma il Dalai Lama. Nel 1993, a Montreal, ho presieduto una tavola rotonda su "La vita senza limiti", nell'ambito della Prima conferenza internazionale sul processo di guarigione, dove il Dalai Lama era l'ospite d'onore. Una signora fra il pubblico gli chiese di parlare della compassione e la risposta fu che non può esservi compassione senza Distacco, e che non vi è alcuna necessità di credere in una religione per raggiungere il livello di Compassione definibile come Amore. Viene però da ribattere che un bambino autistico che conosce necessariamente il distacco è incapace di amare proprio perché non ha mai instaurato legami prima. L'Amore, dunque, non è perdita del Sé, ma si basa su qualcosa che va oltre le strutture dell'Ego che ciascuno di noi si costruisce per proteggersi contro il ricordo di ferite ricevute nel passato e quelle che si continua a ricevere.

Ghislain Devroede

Ghislain Devroede, Canadian, is a surgeon specialized in psychosomatic medicine and professor at the Medical School of the University of Sherbrooke (Quebec).

My life has long been composed of parallel tracks, one being made of "love of research", and the other of "research of Love". This is indeed often the case in the medical profession, split in a very schizophrenic position, when facing someone asking for help. "The secret for taking care of a patient," Francis Peabody wrote way back in 1927, in the JAMA (Journal of the American Medical Association), "is caring for the patient." To become able to care for someone, one must be able also to Love, first of all oneself. A prerequisite task is thus to work upon oneself. Thus, a search for *integrum* begins within the individual, before sharing with other individuals can even be dreamed upon. It is impossible to Love anyone Else, if one does not Love oneself. This elaboration of a very Christian theme does not mean focusing on one's own umbilicus, often the subject of criticism. The narcissistic wound is a wound, not a sin; being 'narcissistic' is merely a futile attempt to recoup and compensate for the past, and implies often feelings of inexistence and annihilation. Sacrifices make people sick and hastens their death. Love, on the contrary, heals. But Loving does not originate in an inner vacuum, but from a healed Self, after mourning of the past.

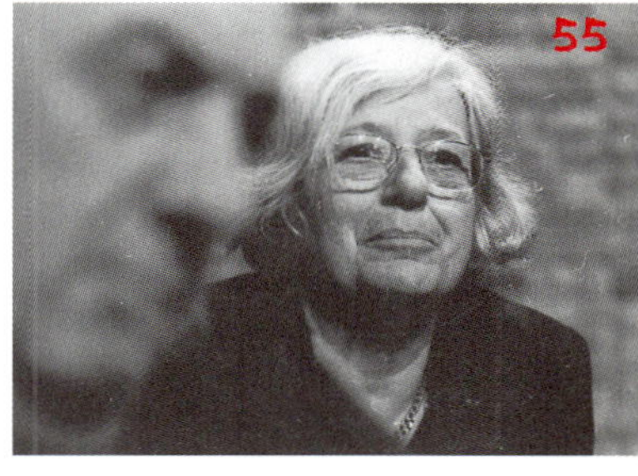

Love and Compassion are the true religions of the world, said the Dalai Lama. I chaired a round table on "Life without limits" at the First International Conference on the Healing Process, in Montreal, in 1993: he was the guest star of this meeting. A woman in the audience asked him to talk about compassion. He answered that compassion was impossible without detachment. He also said later that there is no need to believe in any religion to reach that level of compassion which I call Love. But then, a teflon child is also detached, and yet unable to Love because (s)he was never attached to anyone before. Love is thus not a loss of the Self, but is surely grounded beyond and above any kind of ego structure we all use to protect ourselves against the hurts of today which trigger memories of hurts in the past.

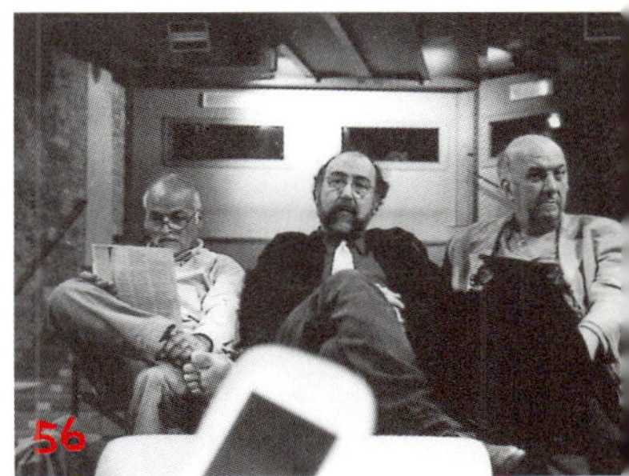

Don Factor

Don Factor è scrittore, conferenziere e organizzatore di gruppi che attivano il metodo del dialogo di Bohm. Il suo interesse primario è la ricerca e il tentativo di comprendere le motivazioni che sovente portano le persone "buone" a compiere azioni "cattive".

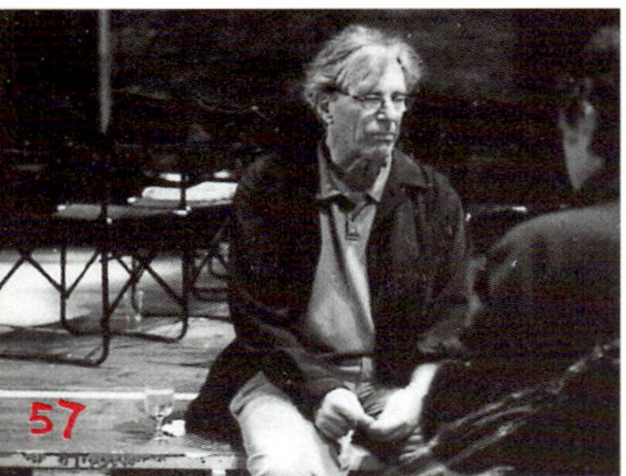

Questa frammentazione e l'endemica incoerenza che nutre sono il risultato delle necessità che sono emerse, si sono sviluppate e si sono instaurate nella cultura europea e più che mai in quella orientale, durante la storia. Questo emerge dal contesto di significazione generale in cui siamo ormai saturi della cultura e delle sottoculture che ci hanno educati. E ciò quindi forma il contenuto delle nostre memorie ed è questo contenuto che definisce le nostre tacite convinzioni e considerazioni. Le nostre lingue, le nostre strutture socioeconomiche e le nostre istituzioni religiose fanno tutte parte di una serie di significati condivisi che costituiscono quella cultura. Se siamo qualcosa siamo il significato che portiamo con noi. Questo processo del pensiero umano, col quale mi riferisco alla totalità del complesso pensiero-sentimento che riempie la nostra consapevolezza e dirige le nostre attività, è un processo materiale che opera in gran parte al di fuori del nostro controllo cosciente. Funziona in gran parte in maniera automatica.

Solo quando ci troviamo a fronteggiare situazioni più complesse o astratte, dove siamo chiamati a portare un diverso tipo di attenzione all'argomento in questione — argomenti in cui la nostra riserva di memoria diventa evidentemente inadeguata — questo meccanismo appare meno chiaro. Possiamo dire che in determinate circostanze dobbiamo pensare piuttosto che dipendere dal 'pensato' — che è il participio passato del verbo 'pensare'.

Allora come testiamo le nostre congetture e convinzioni all'interno di una cultura nella quale l'importanza del possesso intellettuale, del riconoscimento personale o dell'indiscutibile santità dei nostri sentimenti individuali riguardo a questa o quella cosa sono così profondamente radicati? Una via possibile può essere il prendere seriamente in considerazione la possibilità che ci siano molte diverse prospettive su una questione particolare, tanto che l'esperienza di un'altra persona o persino il luogo in cui sta nella stanza gli permette di vedere qualcosa che io non posso vedere. La mia opinione non ha alla fine più o meno peso che quella di "un membro del pubblico". Dal momento che sono preparato a sospendere un giudizio ho l'occasione di guadagnare uno sguardo più profondo riguardo all'argomento in questione qualunque esso sia, ma più significativamente apro le porte alla possibilità che nuovi sguardi possano essere in arrivo in un contesto dove l'amore o *koinonia*, o qualunque sia il nome che vogliamo dargli, sia l'attualità. Certamente, per quanto semplice possa sembrare, l'esperienza ha dimostrato che è difficilmente realizzabile. Ciò nondimeno, sono convinto che valga la pena di provare.

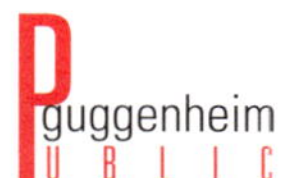

Don Factor

Don Factor is a writer, lecturer and organizer of Bohm dialogue groups.
His primary interest is in researching and attempting to understand why good people so often end up doing bad things.

This fragmentation and the endemic incoherence that it breeds is the result of necessities that have emerged, developed and become embedded in European and most likely in Oriental culture over most of recorded history. It arises from the general field of meaning in which we have become saturated as a result of the culture and the sub-cultures in which we were nurtured. It thus forms the content of our memories and it is this content that defines our tacit beliefs and assumptions. Our languages, our socio-economic structures and our religious institutions are all part and parcel of a set of shared meanings that constitute that culture. If anything, we are the meanings that we carry with us. This human thought process, by which I mean the whole of the thought-feeling complex that fills our awareness and directs our activities, is a material process that operates in large part outside of our conscious control. It functions to a great extent automatically.

Only when we are confronted with more complex or abstract situations where we are called upon to give a different kind of attention to the matter at hand — matters where our store of memory becomes evidently inadequate — this usefulness appears less clear. We might say that in such circumstances we have to think rather than depend on 'thought' — which is the past participle of the verb 'to think'.

So how do we test our assumptions and convictions in the midst of a culture in which the importance of intellectual ownership, personal recognition or the unquestionable sanctity of our individual feelings about this or that, is so deeply embedded? One possible way might be to take seriously the possibility that there are many different perspectives on a particular question, that another person's life experience or even the place in the room where they are standing allows them to see something that I cannot. My opinion ultimately carries no more nor less weight than "a member of the public." So long as I am prepared to suspend judgement I stand a chance of gaining deeper insight into the subject at hand whatever it might be, but more significantly, I open the door to the possibility that new insights may be forthcoming in a pool where love or *koinonia*, or whatever else we want to call it, is the actuality. Of course, as simple as this may sound, experience has shown that it is far from easy. Nevertheless, I am convinced that it is worth trying.

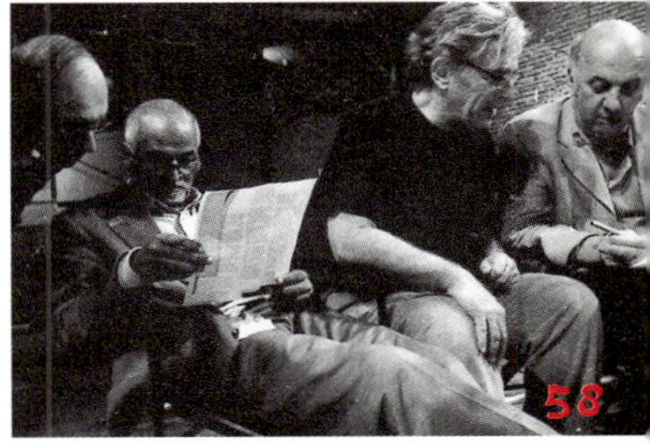

Suzi Gablik

Suzi Gablik è insegnante e critico culturale riconosciuta per i suoi scritti controversi sull'arte contemporanea.
Le sue pubblicazioni includono *Has Modernism Failed?*, *The Reenchantment of Art*, e *Conversations Before the End of Time*.
Al momento sta completando un libro di memorie "Living the Magical Life".

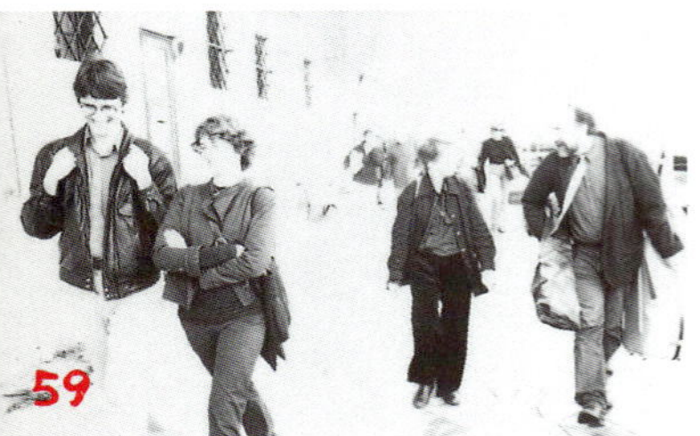

Per quegli artisti che stanno tentando di cambiare i paradigmi il primo passo sta nel divenire consapevoli di quanto abbiano interiorizzato tali valori e i dettami del vecchio paradigma, basato su una professionalità competitiva fondata sul potere, e unito alla filosofia dell'arte per l'arte, che ha liberato l'arte da qualsiasi ruolo sociale. Per molti artisti ciò significa niente di meno che una completa riconsiderazione del significato e della funzione dell'arte. Il centro interiore e lo spazio di isolamento dello studio sono oggi sfidati da un più ampio contesto politico, sociale e ambientale. Anziché seguire gli ideali dell'individualismo, della libertà estetica, dell'espressione del proprio io, questi artisti si considerano creatori di paradigmi, le cui idee e attività possono in pratica plasmare la stessa cultura.

Il nostro prevalente paradigma di egoistico individualismo radicale ha creato un ordine sociale in cui l'io viene vissuto come privato e separato dagli altri e dal mondo, e in cui la dimensione essenziale dell'arte comune è stata negata. Forme partecipative di consapevolezza sfidano il vecchio quadro cartesiano e ci pongono queste domande: può l'arte costruire una comunità? Possono gli artisti e le istituzioni ridefinirsi in modi che siano orientati meno verso l'io e più verso l'altro, o gli altri?

Spesso, nell'estetica connettiva, la relazione è l'opera d'arte. La scomoda, autocratica personalità del moderno artista-eroe non è più il fondamento. L'ascolto empatico crea lo spazio per l'altro e decentralizza l'ego-io. Dare voce a ciascuna persona costruisce la comunità e crea un'arte socialmente rispondente. Non si tratta di attivismo: è più come l'amore, un modo empatico di vedere attraverso gli occhi di un altro. L'artista diventa come un "antropologo soggettivo", come ha scritto la performance artist Suzanne Lacy: "L'artista entra nel territorio dell'altro, e diviene un mezzo per il suo vissuto. L'opera d'arte diventa una metafora di una relazione che ha un potere di riconciliazione. E pone qualcosa di nuovo e più vicino all'amore, al centro del valore dell'arte".

L'arte che ha radici "nell'ascolto del sé" anziché nell'occhio incorporeo, sfida il pensiero di separatezza della nostra cultura poiché si concentra non sugli individui in quanto tali, ma sul modo in cui gli individui interagiscono. Credo che ora esista un vero desiderio per quel senso di intimità e comunità e l'essere in relazione, perso dall'attenzione individualistica isolata del modernismo. L'io-ego solitario, racchiuso in sé, autosufficiente, che ha costruito la sua identità nell'isolamento non si dà all'ascolto illuminato, un ascolto orientato al raggiungimento di una comprensione comune e di un intreccio essenziale tra l'io e l'altro, l'io e la società. L'arte pubblica, in questo senso, inizia con l'individuo che accoglie l'altro, ricerca un legame più profondo, un collegamento più ampio, man mano che la nozione dell'individuo isolato cede il passo alla differente nozione interattivo.

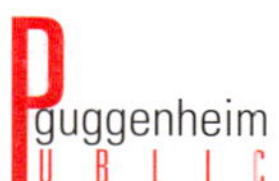

Suzi Gablik

Suzi Gablik is a teacher and cultural critic known for her controversial writings on modern art.
Her books include *Has Modernism Failed?*, *The Reenchantment of Art*, and *Conversations Before the End of Time*.
She is currently writing a memoir "Living the Magical Life"

For artists who are trying to change paradigms, the first step is to become conscious of how much they have internalized the values and dictates of the old paradigm, based on a competitive and power-driven professionalism, combined with an art-for-art's sake philosophy that has disenfranchised art from any social role. For many artists this means nothing less than a total reassessment of the meaning and purpose of art. The inward focus and isolation chamber of the studio are today being challenged by the broader context of political, social, and environmental life. Rather than following the ideals of individualism, aesthetic freedom, and self-expression, these artists view themselves as paradigm-makers whose ideas and activities can actually shape the culture itself. Our prevailing paradigm of selfhood-radical individualism has created a social order in which the self is experienced as private and separate from others and from the world, and in which art's essential communal dimension has been negated. Participatory forms of consciousness challenge the old Cartesian framework-and bring us to this question? Can art build community?

Often, in connective aesthetics, the relationship is the art work. The unwieldy, autocratic personality of the modern artist-hero is no longer the point. Empathic listening makes room for the other and decentralizes the ego-self. Giving each person a voice builds community and creates art that is socially responsive. It is not activism; it is more like love, an empathic way of seeing through another's eyes. The artist becomes like a "subjective anthropologist" as performance artist Suzanne Lacy has written: "The artist enters the territory of the other, and so becomes a conduit for their experience. The work becomes a metaphor for relationship — which has a healing power. And puts something new, and closer to love, at the center of art's value."

Art that is rooted in the "listening" self, rather than in the disembodied eye, challenges the separateness thinking of our culture because it focuses not on individuals as such, but on the way that individuals interact. I think there is a real yearning now for that sense of intimacy and community and being-in-relation that has been missing from the isolated individualistic focus of modernism. The solitary, self-contained, self-sufficient ego which has built its identity in isolation is not given to enlightened listening — a listening oriented toward the achievement of shared understandings and toward the essential intertwining of self and other, self and society. Public art, in this sense, begins with the individual who welcomes in the other, seeking a deeper bond, a wider linkage, as the notion of isolated individuals gives way to a different notion of the self as a field phenomenon, not isolated and self-contained, but social and interactive.

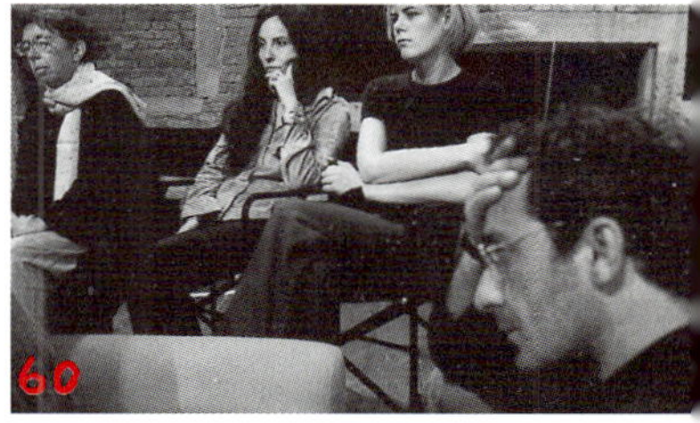

Massimo Kaufmann

Massimo Kaufmann è nato a Milano, dove vive e lavora, nel 1953.

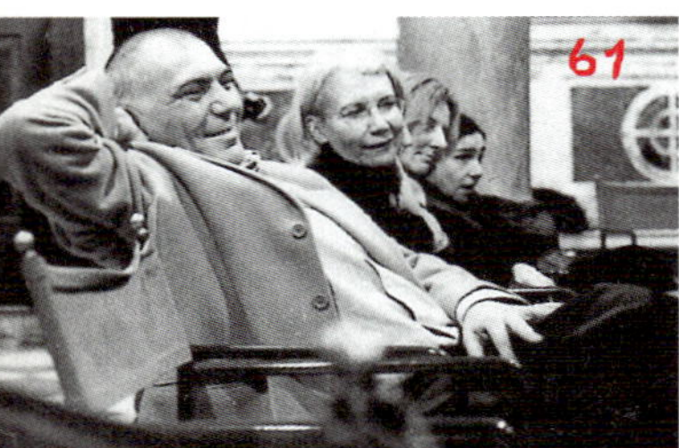

Nel caso dell'amore sappiamo in partenza che non possiamo portare un corpo comune, poiché ciascuno di noi possiede esperienze che rendono la percezione dell'amore qualcosa di assolutamente unico, perché cioè lo scambio che si è prodotto tra il linguaggio che abbiamo in comune e il nostro personale coinvolgimento affettivo non assomiglia affatto né ai libri sui quali il medico ha studiato, né ai corpi che è solito visitare, ma è stato simile a quello tra due individui, ovvero si sono sovrapposti il piano affettivo con quello cognitivo, e di conseguenza si andranno a sovrapporre anche quello morale con quello etico e così via. Ciascuno di noi magari condivide un linguaggio, una mitologia, una lettura, un'esperienza; ma dagli esiti ogni volta diversi, che riguardano aspetti privati della nostra percezione di quel sapere, possiamo dare per scontato che le nostre saranno soltanto opinioni, doxa appunto, che proporremo come punti di vista assolutamente disomogenei.

Un dialogo sull'amore a mio parere deve allora partire da questa consapevolezza e senza la pretesa di voler approdare a una sintesi. In quanto il dialogo sull'amore è esattamente il Dialogo, lo scambio; potremmo forse azzardare che l'amore stesso è proprio esclusivamente lo scambio.

Sono davvero innumerevoli gli spunti che scaturiscono dalla spiegazione offerta da Platone per parlare del Bene, e del Bello. Poiché a mio modesto parere riguardano una visione non economica dell'esistenza, della quale l'amore si fa strumento di conseguimento. Qualsiasi discorso sull'etica, sulla bellezza come bene collettivo, sul bene come patrimonio condivisibile e sul quale edificare l'arte o la politica, penso che passi attraverso una visione non economica dell'esistenza, un superamento del concetto di utilità. Al tempo stesso il percorso filosofico che conduce al Bene di cui parla Socrate mi pare che si collochi tra i percorsi che può compiere solo l'individuo, attraverso lo scambio, ma come singolarità. E in questo senso che mi premeva evocare subito la contraddizione a cui il tema dell'amore ci sottoporrà: se siamo veramente in grado di parlarne ricercando dei valori che ci accomunino, anche se viviamo al di fuori di una dimensione mitologica, anche se viviamo orfani dei dogmi sui quali la nostra società continua a fondarsi e a rigenerarsi. E, ciò non di meno, non cessiamo di domandarci se saremo mai capaci di immaginare la nostra libertà al servizio di un bene comune.

La nostra, momentanea, aristocratica libertà di poterne parlare mi sembra per ora il più doveroso dei privilegi

Massimo Kaufmann

Massimo Kaufmann was born in 1953 in Milan, where he lives and works.

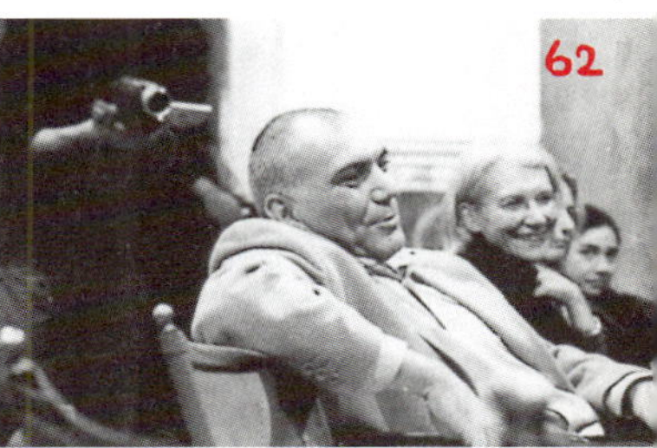

Talking about love we know from the start that we cannot bring a common body, because our experiences vary from one another and therefore our perception of love is absolutely unique. The exchange occurred between our common language and our personal emotional involvement does not at all resemble the books doctors study, nor the bodies doctors visit, but the exchanged occurred between two individuals. The emotional and the cognitive levels have been superimposed on each other, and both the moral and social levels will consequently follow, and so on. We may share a language, a mythology, a reading, an experience. However, given the diversity of the results, which concerns private aspects of our perception of a form of knowledge, we can take for granted that we will only voice opinions — as in a poll — and propose them as absolutely not homogeneous points of view.

In my opinion, a conversation on love should start from this awareness, with no claim to a final synthesis. Given that a dialogue on love is indeed the Dialogue, the exchange, we might venture to say that love itself is the exchange.

Plato's explanation on the possibility of a discussion on Goodness and Beauty gives rise to infinite ideas. In my humble opinion they are related to a non-economic vision of existence, to be achieved through love as an instrument. Any discussion on ethics, beauty as a common heritage, good as a shared heritage and foundation for both art and politics, should arise from a non-economic vision of existence, an overcoming of the meaning of usefulness. At the same time, the Socratic philosophical approach leading to Goodness seems possible only to the individual self, although through an exchange. This explains why I have first of all presented the contradiction at the heart of a discussion on love: are we ready to look for values that are common to all of us as, even if we no longer live in a mythological dimension, and the dogmas our society is still based upon and nurtured by have left us? Nevertheless, we keep asking ourselves if we will ever be able to conceive of our freedom as a means to a common good.

Our temporary, aristocratic freedom to talk about it seems, for the time being, the best privilege.

Satish Kumar

A diciotto anni Satish Kumar iniziò ad occuparsi della riforma agraria che doveva realizzare la visione Gandhi di un'India rinnovata e di un mondo pacifico. Nel 1973 si trasferì in Inghilterra dove diventò editor della rivista *Resurgence*.
Ha fondato la Small School e lo Schumacher College, un centro internazionale di studi sui valori dell'ecologia e dello spirito.
La sua autobiografia *Path Without Destination* è stata pubblica nel 1999 da William Morrow.

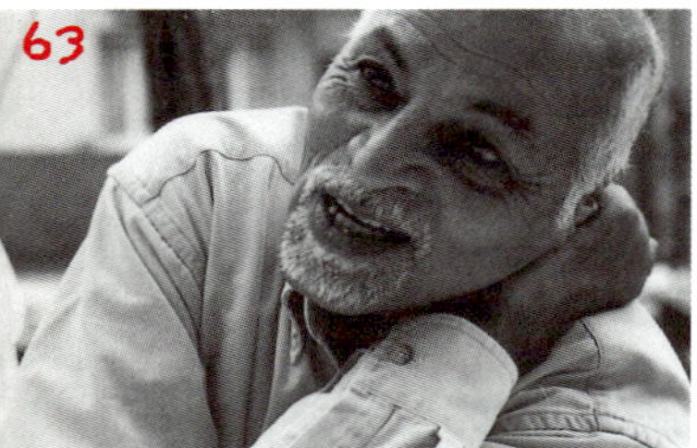

Arte è espressione d'amore. L'arte che nasce dall'amore ispira e illumina. L'amore di Dio, l'amore della natura e l'amore delle persone danno vita alla poesia, alla musica e alla scultura. Ma l'arte va oltre, trasforma tutte le attività della vita in arte.

L'arte, nata dall'amore, è libera dall'ego, dall'orgoglio e dal pregiudizio. Tale arte non è espressione di se stessi, ma un'espressione di amore. L'arte è un dono dal cuore, che è liberamente disponibile per tutto. L'arte pura non desidera né ricompensa né è riconoscente.

La nota storica d'arte Ananda Coomaraswani afferma: "non è l'artista ad essere una persona speciale, ogni persona è un artista speciale". Quando la persona è colma d'amore e agisce bene, con un senso di bellezza, devozione e religiosità, ogni singolo si trasforma in artista e l'arte diviene parte della vita quotidiana.

L'amore può liberare l'arte dalla prigionia delle gallerie, dei musei, delle sale da concerto e dei teatri. L'amore può aiutare le persone ad esercitare l'arte nella vita quotidiana e trasformare le attività ordinarie in atti di performance senza esser consapevoli di essere impegnati in attività artistiche.

L'arte commerciale è arte senza amore. È arte per la vendita, arte per divertire e da sfruttare. La commercializzazione spegne l'arte, l'amore l'accende.

Nel Medioevo,
l'Arte era per la salvezza divina.
Il Rinascimento ha creato,
l'Arte per la salvezza dell'uomo.
Il Modernismo ha proclamato
l'Arte per la salvezza dell'arte.
L'Epoca dell'Ecologia va incontro
all'Arte per la salvezza della Terra.

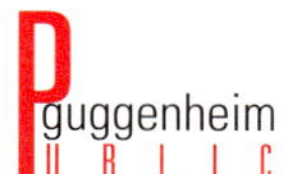

Satish Kumar

At the age of eighteen Satish Kumar became a campaigner for land reform, working to turn Gandhi's vision of renewed India and a peaceful world into reality. In 1973 he settled in England, taking editorship of the *Resurgence* magazine. He founded the Small School and the Schumacher College, a residential international center for the study of ecological and spiritual values. His autobiography *Path Without Destination* was published by William Morrow in 1999.

Art is an expression of love. Art, which emerges out of love, inspires and enlightens. Love of God, love of nature and love of people give birth to poetry, painting, music and sculpture. But art goes even further — it transforms all activities of life into art.

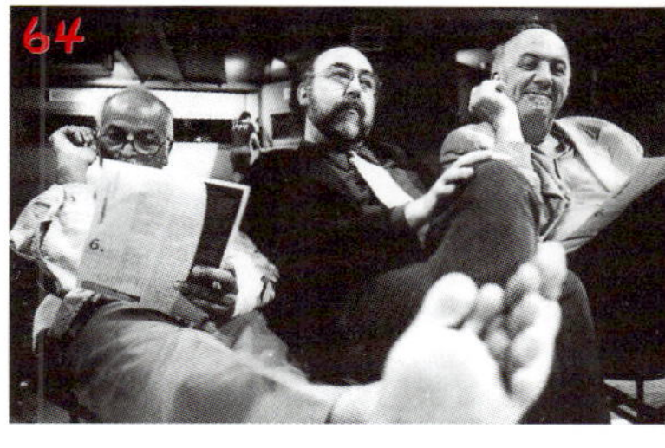

Art, borne of love, is free from ego, from pride and from prejudice. Such art is not for self-expression, but an expression of love. Art is a gift from the heart, which is freely available for all. Pure art desires neither reward, nor recognition.

The well-known art historian, Ananda Coomaraswami, said: "an artist is not a special kind of person, but every person is a special kind of artist." When the person is filled with love and makes things well, with a sense of beauty, devotion and service, everyone is transformed into an artist and art becomes part of everyday life.

Love can liberate art from the imprisonment of galleries, museums, concert halls and opera houses. Love can help people to practice art in everyday life and transform ordinary activities into acts of performance without being self-conscious that they are engaged in artistic activities.

Commercial art is art without love. It is art for sale, art to entertain, and art to exploit. Commercialization debases art, love uplifts it.

In the Middle Ages,
Art was for God's sake.
The Renaissance made,
Art for Man's sake.
Modernity proclaimed,
Art for art's sake.
The Age of Ecology moves to,
Art for Earth's sake.

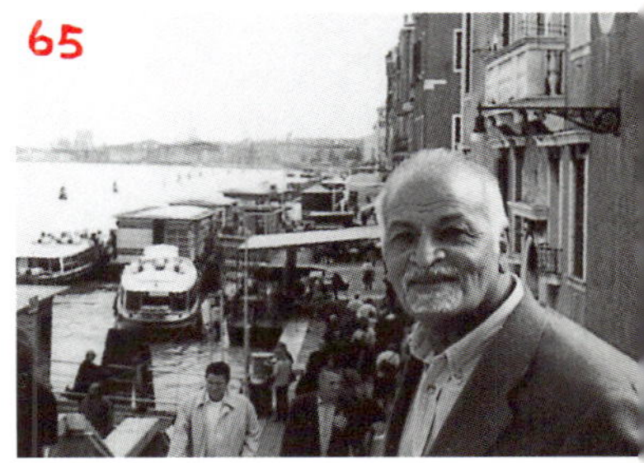

Maurizio Lazzarato

Maurizio Lazzarato, filosofo e sociologo, vive e lavora a Parigi. Ha svolto ricerche sul modo di produzione postfordista e il lavoro immateriale. Collabora alle riviste *Derive e approdi* e *Multitudes*, di cui è redattore.

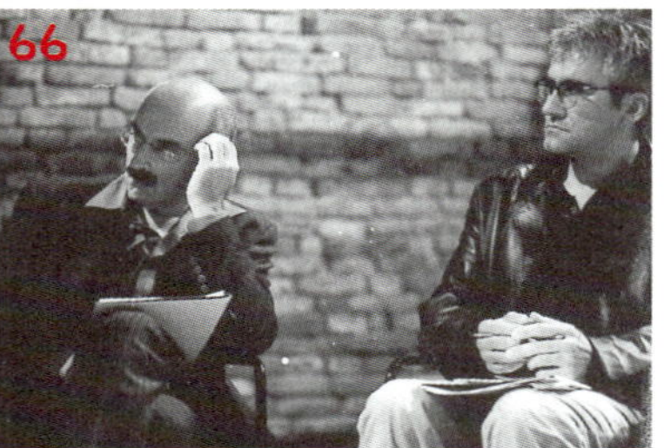

Arte, Amore e Industria

Un autore francese della fine del XIX secolo, Jean Tarde, rivede questa tradizione, ponendo la simpatia, l'amicizia, la *pietas* come uno dei principi fondamentali nella costituzione del legame sociale. Gli uomini si oppongono secondo i principi dell'Avere e si adattano secondo i principi della simpatia. D'altronde questo tipo di amore sociale è, in ultima istanza, il motore principale dell'evoluzione sociale.

Le "sensazioni (o affezioni) pure" e i sentimenti costituiscono una sorgente inventiva (creativa) individuale e collettiva e partecipano, come tali, e sempre di più, alla definizione dei bisogni e delle finalità della società (e dunque della valorizzazione economica). L'"elemento affettivo e differenziale" è ciò che di più condiviso fra gli uomini e meno direttamente comunicabile ci sia: l'esistenza pre-individuale, l'esistenza sub-rappresentativa, l'esistenza virtuale (o l'elemento dionisiaco, per parlare come il primo Nietzsche). La traduzione di questo elemento in cosa comunicabile e il suo diventare condivisa sono assicurati dalle "arti". Le arti sono i "grandi incantatori di serpenti delle anime" che non si limitano a suggerire loro "volontà e idee comuni", ma soprattutto "imprimono ad esse delle sensazioni comuni".

La nozione di arte per Tarde ha un doppio senso. … Cerchiamo di determinare in modo più preciso questa doppia funzione dell'arte. La virtù dell'arte è, in prima istanza, quella di accordare e di perfezionare le relazioni sociali, essendo essa portatrice di un "ordine futuro più largo e più potente" fondato sulla simpatia, anche laddove "la ricerca del piacere diventi il suo solo oggetto". "Tale piacere, da cui si origina e si diffonde il desiderio, è il piacere di amare e di simpatizzare, di allargare senza sosta il cerchio della sua simpatia o del suo amore; è il piacere prettamente sociale, che si duplica attraverso la condivisione (...) il piacere di un gusto fondato su un giudizio di gusto che si fortifica in ciascuno nella misura in cui è ripetuto da tutti".

L'arte giunge a fissare le affezioni pure nel "cuore del pubblico". Ogni opera d'arte aggiunge una sensazione o una varietà di sensazioni alla sensibilità. Gli artisti sono dei reali "produttori" perché partecipano alla costituzione della soggettività individuale e collettiva. La sensazione e la sensibilità sono dunque i "prodotti" del lavoro artistico.
Se oggi l'industria sembra sottomettere il desiderio e il lavoro artistico alla sua logica di valorizzazione mercantile, probabilmente è anche per la ragione seguente: l'allargamento sempre più esteso delle relazioni fra gli uomini dove gli amori, le amicizie, la *pietas* giocano un ruolo fondamentale. È forse la diffusione delle affezioni simpatetiche che obbliga l'industria all'estetica? Esiste una possibilità per l'umanità?

Maurizio Lazzarato

Maurizio Lazzarato, philosopher and sociologist, lives and works in Paris. He researched post-fordism production and the immaterial work. He collaborates with the magazine *Derive e approdi*, and is editor of *Multitudes*.

Art, Love and industry

Jean Tarde, a late 19th century French author, re-examined the tradition that claimed that sympathy- friendship-*pietas* was one of the fundamental principles in the creation of the social bond. Men oppose one another according to the principles of Having, and adjust to one another according to the principles of sympathy. Furthermore this kind of social love is in the long run the main motor behind social evolution.

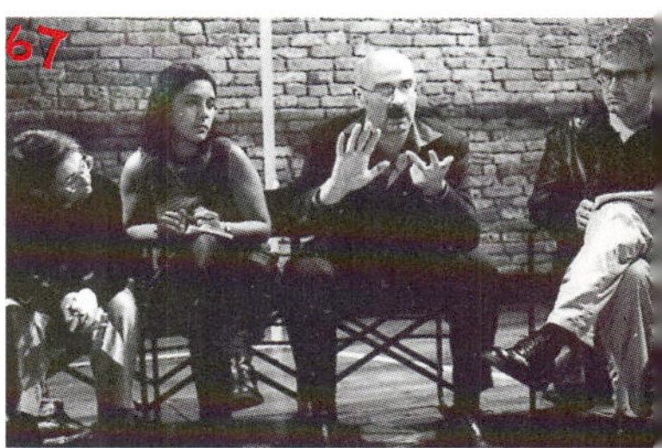

"Pure sensations (or affections)" and sentiments are an individual and collective source of invention (creation) and as such participate, and increasingly so, in the definition of society's needs and aims (and therefore its economic enhancement). The "affective, differential element" is what is the most shared by humans and the least directly communicable there is: pre-individual existence, sub-representative existence, virtual existence (or the Dionysian factor, to speak like the early Nietzsche). The translation of that factor into something communicable and its being shared are insured by the 'arts'. The arts are the "great snake-charmers of the soul," that are not content to merely suggest their "common intent and ideas," but above all "mark them with common sensations."

The notion of art for Tarde has a double meaning. ... Let's try to find a more accurate definition of art's double function. The value of art is, first of all, that of harmonizing and improving social relationships, since it is the bearer of a "vaster and more potent future order," based on sympathy, even when "the quest for pleasure becomes its sole aim." That pleasure, out of which desire springs and spreads, is the pleasure of loving and feeling sympathy, of endlessly enlarging the circle of our sympathy or our love; it is an utterly social pleasure, multiplied by sharing ... the pleasure of a taste based on an appreciation of taste that is fortified in each of us as long as it is repeated by all." ...

Art can even inspire affections in the "heart of the public." Every work of art adds to sensibility a sensation or a variety of sensations. Artists are real "producers", since they participate in forming the individual and the collective subjectivity. Sensation and sensibility are therefore "products" of artistic work. ...

If nowadays industry appears to subject desire and artistic endeavor to its market value logic, it is probably for the following reason: the growing extension of relationships between humans, where loves, friendships, *pietas* play a vital role. Maybe the spreading of sympathetic affections is constraining industry to turn to aesthetics? Does humanity have a chance?

Alberto Madricardo

Per me la scrittura (la mia scrittura o la scrittura che sono io) è l'ombra maldestra della vita: la segue ma resta incommensurabilmente indietro ad ogni passo e tenta di svignarsela. E così, perciò, anche la vita: precede la sua scrittura ma preferirebbe seguirla, dopo che l'altra ha aperto la strada. Ognuna va per suo conto e io non so come convincerle a stare insieme.

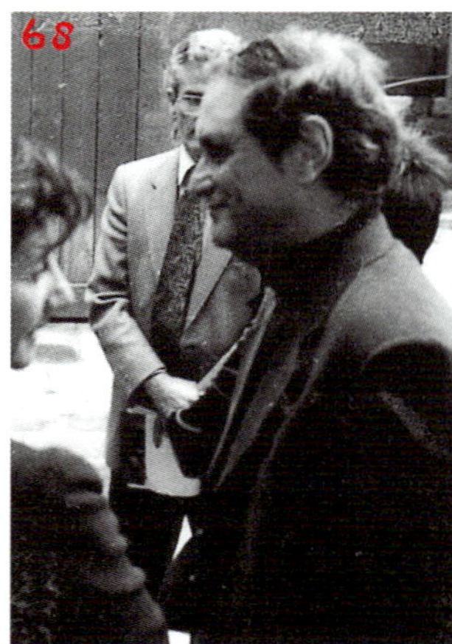

Ciò che indichiamo con la parola "amore" è la forza originaria che si esprime nella gamma infinita di condizioni e modalità in cui si pone l'essere, ovvero la "presenza" (*ousiva*). All'estremo iniziale troviamo la pura violenza del dominio e della distruzione, la presenza che afferra se stessa ciecamente, perché è dominata e soffocata dalla brama di sé. In questa condizione essa è eccesso che divora se stesso. L'apparire della giustizia è effetto del dolore, che a sua volta è figlio dell'eccesso. L'eccesso è violenza che la presenza fa a se stessa, comporta dolore; la giustizia è la misura della rinuncia che la presenza impone a se stessa, comporta dolore. Ma c'è una differenza: la giustizia è dolore che si fa avanti per primo, che non si nasconde, mentre l'eccesso mente, è dolore che si tiene nascosto alle spalle del sé che la presenza afferra bramandosi. L'eccesso è un inganno che manifesta alla fine il suo prezzo di dolore. La giustizia dice inizialmente quello che è: misura che procura dolore.

La giustizia, figlia del dolore, con il pungolo del dolore stabilisce la distanza da sé (la misura) che la presenza deve mantenere, in modo che essa possa aver rapporto con sé senza distruggersi. Dalla giustizia la presenza impara la misura, e così diviene lotta contro la lusinga e la brama di sé dell'eccesso: dolore volontario, iniziale, che smaschera l'eccesso, evitando di essere sopraffatta a tradimento dal dolore finale.

L'eccesso, che si presenta come immediatezza della soddisfazione, fa balzare fuori a sorpresa il pungiglione del dolore nascosto; la giustizia, dietro al dolore che presenta inizialmente, invece offre spazio libero, una pura apertura. La presenza nella giustizia si mantiene alla giusta distanza da sé, lascia essere se stessa, nell'equità. Ma l'equità deve essere affermata momento per momento, poiché ogni momento ha il suo eccesso, nella presenza questo è inestirpabile una volta per tutte. Tutto può concludersi qui: la presenza ripropone in continuazione l'eccesso, la giustizia lo ripara senza stancarsi mai: sull'esperienza del dolore finale provocato dall'eccesso cresce la giustizia come verità del dolore iniziale. L'amore così è circolo che eternamente si apre e si chiude in sé nella equità. Ferita e riparazione: ascesi. La presenza così è mantenuta in pari con se stessa, ma non è in pari, in quanto presenza, rispetto alla non presenza.

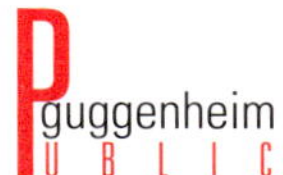

Alberto Madricardo

What we call love is the primary force which express itself in the infinite range of conditions and modalities in which we place the being, or the "presenza" (*ousiva*). At one extreme we find pure violence of dominion and destruction, the "presenza" which blindly grabs itself because it is ruled and suffocated by self-longing. In this condition it is excess which devours itself. When justice becomes visible it is because of pain, which is the son of excess. Excess is violence the presence inflicts upon itself, and it involves pain. Justice is the extent, the measure, to which the presence renounces to itself, and it involves pain. However, there is a difference: justice is the pain that steps forward and does not hide, while excess is the deceptive pain that lies hidden behind the self, grabbed by the longing presence. Excess is a deceit which asks its cost of pain at the end. Justice reveals itself from the beginning: the measure which causes pain.

It is through pain that justice, son of pain, establishes a distance from itself (measure), which presence has to maintain in order to relate to itself without destruction. It is from justice that presence learns measure, and thus becomes struggle against the allurement and self-longing of excess: voluntary and initial pain which unmasks excess, avoiding being treacherously overwhelmed by final pain.

Excess, which presents itself as the immediacy of satisfaction, causes the sting of hidden pain to become visible. Justice, instead, offers a free space, a true openness behind the pain that it initially presents. The presence within justice remains at a fair distance from itself, being itself, in equity. But equity has to be asserted step by step, because each moment has its own excess, and it is impossible to extirpate it from the presence once for all. That is where everything ends: presence keeps re-proposing excess, while justice tirelessly redresses it. Justice grows upon the experience of final pain caused by excess, and it grows as truth of the initial pain. Thus, love is an eternal circle which opens and closes onto itself in equity. A wound and a repair: mystical exaltation. The presence is thus kept at a level with itself, although it is not on the same level once compared to the non-presence.

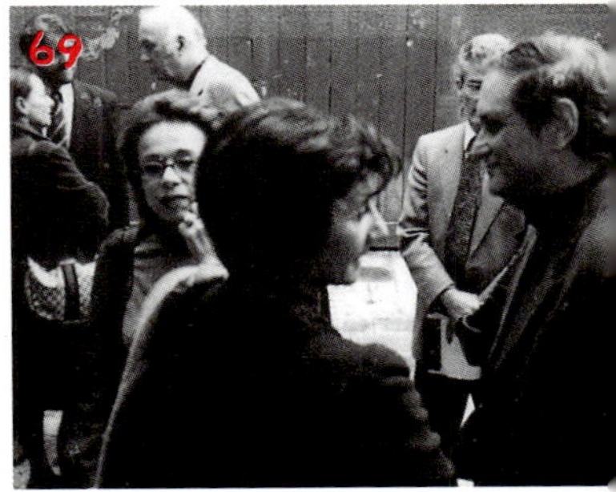

Antonio Marazzi

Antonio Marazzi è professore di antropologia culturale all'Università di Padova e chairman della Commission on Visual Anthropology dell'International Association of Anthropological Sciences. È associate editor di *Visual Anthropology* e autore di diverse pubblicazioni: tra le ultime, *Lo sguardo antropologico* e *Giapponeserie*.

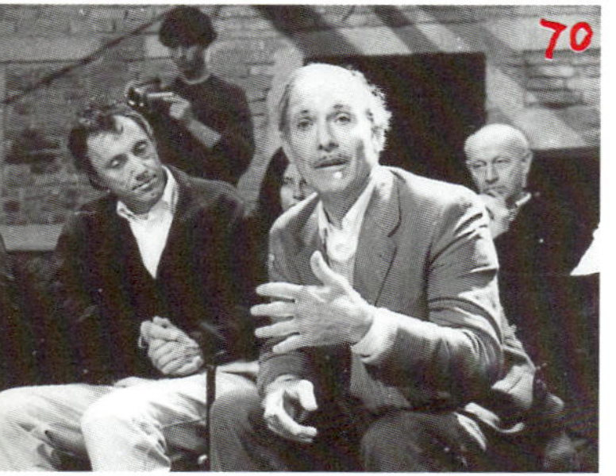

Gli elementi che scegliamo di prendere in considerazione come rappresentativi dell'evoluzione umana da un punto di vista storico e culturale sono limitati. Dovremmo invece considerare l'evoluzione non come il risultato di una "selezione naturale" oggettiva, ma secondo la consapevolezza storica di una "selezione culturale" di quel che consideriamo essere le prove del mutamento evolutivo.

La scienza dell'evoluzione ci offre spiegazioni razionali al perché noi siamo così come siamo ora, non solo fisicamente, così come possiamo vederci allo specchio, ma anche esplorando il profondo della nostra psiche. Basandosi sui fatti e le scoperte scientifiche la nostra idea del mondo e di noi stessi si materializza in una verità.

Nel corso della storia abbiamo accumulato innumerevoli esempi dell'interazione di forze opposte, e familiarizzato con tali forze distruttive, tanto da considerare questi contrasti come naturali. E la psicanalisi, facendoci sentire tutti dei piccoli Edipo, ha dato man forte alla legittimazione degli impulsi ambivalenti di amore e odio nei confronti delle persone a noi più care, generalizzandoli e ascrivendoli a un universale, quindi "naturale". Analizzando tuttavia il significato, l'importanza, il mutare del ruolo dell'amore (come di qualsiasi altro fattore) ci si accorge del piccolo contributo offertoci dall'interazione imponente e spettacolare tra opposti cara agli strutturalisti. Sebbene possa essere uno strumento efficace del pensiero, porta all'astrazione pura, mentre ciò di cui abbiamo bisogno è di un riferimento contestuale ad una specifica situazione storica.

Nuove condizioni esterne promuoverebbero così nuovi atteggiamenti interiori, psicologici, più adatti al contesto mutevole del vissuto, attraverso gratificazioni, mimesi e produzione di nuovi moduli culturali e rappresentativi. La chiave di questi nuovi moduli rappresentativi e di interazione umana si troverebbe nell'amore e nell'empatia. Tuttavia dovremmo cambiare la semantica del termine "amore" riferendolo ad altri significati culturali, poiché il termine, per come lo usiamo correntemente, è talmente imbevuto di riferimenti ad un passato mitico e storico e interpretazioni scientifiche ormai superate da renderne difficile la decontestualizzazione e la ricontestualizzazione, così come dobbiamo ora fare.

Si tratta di uno caso culturale specifico, che potrebbe però aiutarci a comprendere i legami spesso oscuri tra il privato, la sfera psicologica, e il dominio pubblico delle relazioni e azioni sociali.

In un mondo di ipercomunicazione, di contatti metropolitani, di sovrapproduzione e maldistribuzione dei beni, di disseminazione culturale e ibridazione interculturale, di contaminazione delle idee e responsabilizzazione globale, si amplierà lo spazio a disposizione dell'espressione individuale dell'amore altruistico e pubblico, grazie al quale abbracciare i nostri simili e condividere con loro un destino comune.

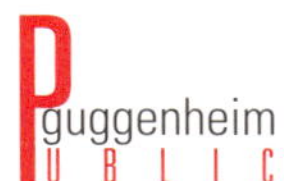

Antonio Marazzi

Antonio Marazzi is professor of cultural anthropology at the University of Padua, and chairman of the Commision on Visual Anthropology at the International Association of Anthropological Sciences. He is also associate editor of *Visual Anthropology*, and the author of various volumes, such as *Lo sguardo antropologico*, and *Giapponeserie*.

The elements themselves that we choose to take into consideration as factors of human evolution are culturally and historically bound, so that we should better consider our idea of evolution as coming not so much from an objective "natural selection", but rather from our historical consciousness of a "cultural selection" of what we decide to take into consideration as proofs of an evolutionary change.

The scientific story of evolution gives us the rationale of why we are how we are, now, not only looking in a mirror, but also exploring the deepest sides of our psyche. By basing their arguments on the proofs coming from the hard facts of scientific discoveries, our ideas of the world and ourselves become reified truths.

In the course of history, we have accumulated so many examples of the playing of these opposing forces and we have become so familiar with the destructive drives, that we have ended by considering natural these contrasting interactions. And psychoanalysis, by making all of us little Oedipuses, has greatly helped to legitimize ambivalent impulses of love and hate towards our closest relatives, by generalizing them and attributing them to something universal, therefore "natural". But to analyze the meaning, the importance and the changing role of love (such as anything else), little help comes from the often impressive and spectacular interplay of opposites, so dear to the structuralists. While it may well be an efficacious tool for thinking, it leads to pure abstraction, when what we need is contextualization and reference to a specific, historical situation.

New external conditions would then promote new internal, psychological attitudes best suitable to the changing living context, through gratifications, mimesis and the production of newly invented cultural patterns and representations. The key of these new patterns of representations and human interaction would be love and empathy. But the very term "love" would have to change its semantic meaning by referring to different cultural meanings. The term, its current significance, is so deeply imbued of references to a mythical and historical past and to outdated scientific interpretations, that it will be difficult to decontextualize and recontextualize it, as we have to do now.

This is a very culturally-specific case, but one that can help us to understand the often obscure ties between the private, psychological sphere, and the public domain of social relationships and actions.
In a world of hyper-communication, metropolitan contacts, over-production and ill-distribution of goods, cultural dissemination and intercultural hybridization, contamination of ideas and global responsabilization, there will be an expanding space for individual's expression of altruistic, public love, with which to embrace our mates and share with them a common destiny.

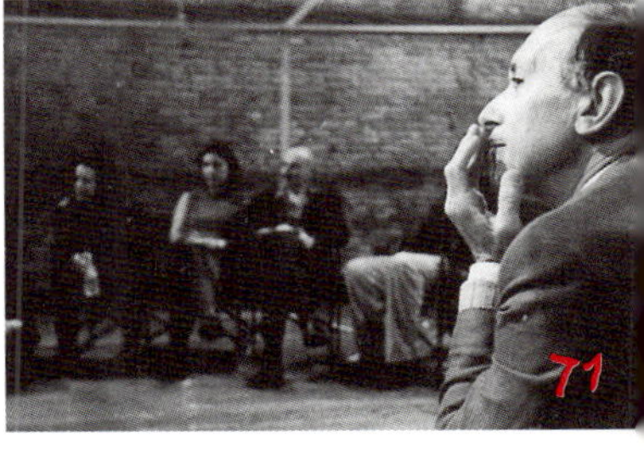

Humberto Maturana

Humberto Maturana, biologo cognitivo cileno di fama internazionale, ha sviluppato la teoria dell'autopoiesi nel tentativo di individuare l'origine dei processi cognitivi umani a partire dal nostro funzionamento in quanto sistemi viventi. I suoi studi tendono a dimostrare come la realtà sia una costruzione basata sul consenso comune nonostante sembri esistere oggettivamente.

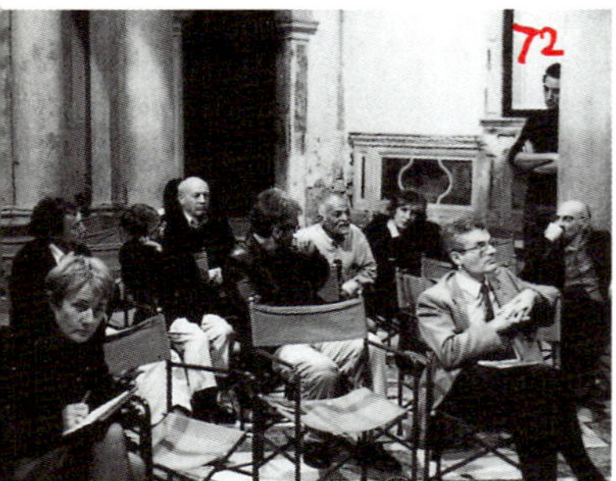

L'amore è un'emozione e come tale è dominio dei comportamenti relazionali dove si caratterizza pienamente attraverso i medesimi comportamenti. Come ho asserito in diverse pubblicazioni considero le emozioni come modelli o classi di comportamenti relazionali. La biologia delle emozioni è la dinamica biologica che permette tali comportamenti relazionali e il relativo flusso attraverso essi nel corso della vita. In questo senso le diverse emozioni intese come differenti modi di relazionarsi implicano modi diversi di vedere, toccare, udire, ecc.

Come emozione l'amore è dominio di quei comportamenti relazionali attraverso cui l'altro, noi stessi inclusi, si eleva come altro legittimo in coesistenza con se stesso. Le diverse emozioni intese come diversi modi della sensorialità li espandono o restringono. La maggior parte delle emozioni restringono la "visione" e la dirigono verso uno dei particolari aspetti relazionali del regno relazionale in cui l'animale (persona) vive. Infatti, l'amore come dominio di quei comportamenti relazionali, attraverso cui l'altro e noi stessi si collocano come altro legittimato, è l'unica emozione che allarga la visione permettendo di vedere tutto. Così, se si parla di amore non c'è bisogno di tutti gli aggettivi che vengono usati per qualificare l'espansione della visione che esso implica.

L'amore è l'emozione di cui è costuituito il sociale come dominio relazionale. Io sostengo che le relazioni non fondate sull'amore non sono relazioni sociali.

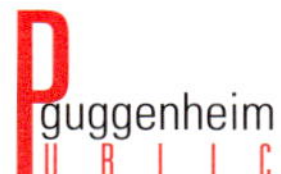

Humberto Maturana

Humberto Maturana, from Chile, is a worldwide known cognitive biologist. His theory of autopoiesis approaches the origin of human cognitive processes by looking at man as a living system. His studies demonstrate how reality, though apparently objective in its essence, is a construction based on shared consensus.

Love is an emotion, as such it is a domain of relational behaviors and can be fully characterized in terms of the relational behaviors that constitute it. As I have stated in several publications I consider that emotions are kinds or classes of relational behaviors. The biology of emotions is the biological dynamics that makes possible such relational behaviors and the flow through them in the course of living. In this sense different emotions, as different manners of relationing, entail different manners of seeing, touching, hearing, etc.

As an emotion love is the domain of those relational behaviors through which an other, including oneself, arises as a legitimate other in coexistence with one self. The different emotions as different manners of sensoriality expand or restrict them. Most emotions restrict "vision" and direct it to one or other particular relational aspect of the relational domain in which the animal (person) lives. In fact, love as the domain of those relational behaviors, through which the other and oneself arise as a legitimate other, is the only emotion that expands vision allowing to see all. So, if you speak of love you do not need all the adjectives that we use to show the expansion of vision that it entails.

Love is the emotion that constitutes the social domain as a relational domain. I maintain that relations not founded on love are not social relations.

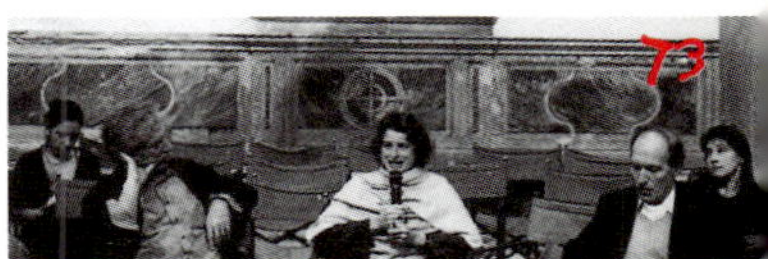

Luca Muscarà

Luca Muscarà insegna alla University of California Los Angeles, è editor di *Sistema Terra* e *Cybergeo*, oltre che direttore responsabile di Nexta.com. Vive tra Venezia, Roma e Los Angeles.

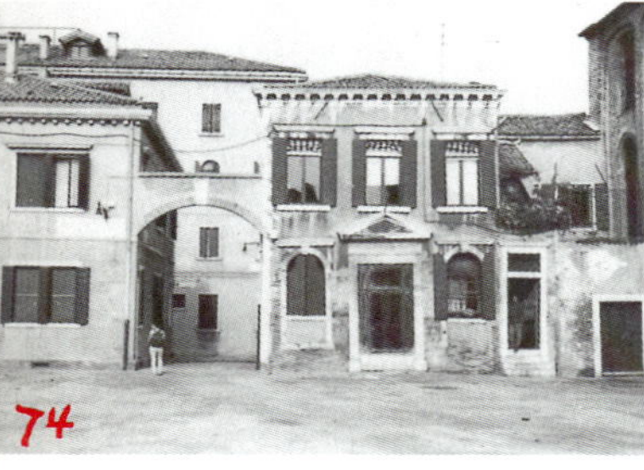

Die Angst die Seele Essen (la paura di mangiare l'anima), R. W. Fassbinder

La durata dell'anno è sempre
quello stesso numero di rivoluzioni terrestri;
ad ogni latitudine sempre ventiquattro le ore del giorno;
ai ventiquattro fusi a turni variabili
umani chiedono ancora ore e minuti di sonno, calorie e scambi energetici
per non spegnersi
per non sentirsi soli

era amore all'inizio?

sapiens sapiens questa nostra specie:
dove meno si astrae più si riproduce.

Esplode a catena il principio di non contraddizione
era solo follia
la crisi delle coerenze?

(Le reti che annullano il tempo e lo spazio frammentano il nostro di spazio
e di tempo le comunità ed infine il corpo ed il testo).

Affidàti alla psichedelìa di icone traslanti
o protési su reti dall'unità disumana
ricerchiamo equilibrio con quel nostro ambiente
o espansione di quanto resta delle nostre unità.

È assenza quell'altro da sé
deflagrando l'umano
la rete omogeneizza la psiche

accelerazione

digitale è la non differenza
infine solo hardware pesante.

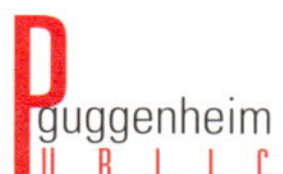

Luca Muscarà

Luca Muscarà teaches at the University of California Los Angeles, is editor of both *Sistema Terra* and *Cybergeo*, and managing director of Nexta.com. He lives between Venice, Rome and Los Angeles.

Die Angst die Seele Essen (fear to devour the soul), R. W. Fassbinder

The length of the year is ever
the same number of rotations of the earth;
at every latitude the hours of the day ever twenty-four;
to the twenty-four time zones in turns that vary
humans ask for more hours more minutes of sleep, calories and exchanges
of energy
to not go out
to not feel alone

did it all start with love?

Sapiens sapiens this species of ours:
the less abstraction the more reproduction.

Chain-reactions in the principle of non-contradiction:
was it merely insanity
the crisis of intelligibility?

(The networks abolishing spatiotemporal frames
disintegrate our space and our time
our communities our body and our text).

Relying on the psychedelics of relocating icons
or leaning on inhumanly unified nets
let's seek a balance with our environment
or expansion of whatever is left of our unity.

Absence is that other-than-self
exploding the human
the net homogenizes the psyche

speeding-up

digital is the absence of difference
nothing but heavy hardware.

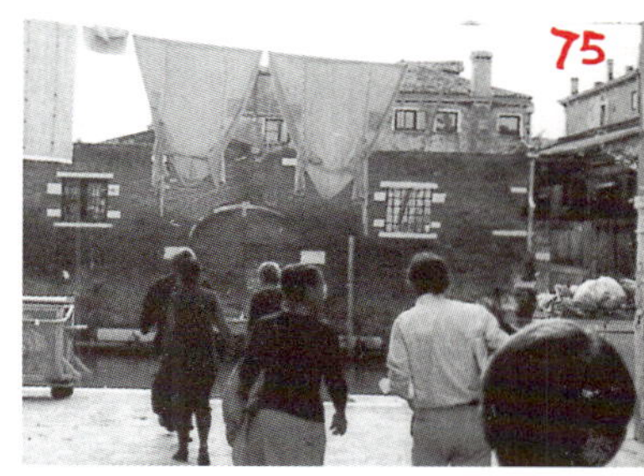

Grace Salem Nasser

Grace Salem Nasser ha partecipato attivamente ai circoli politici e diplomatici di Gerusalemme est e dell'Autorità nazionale palestinese, ed è ora membro del comitato direttivo del Middle Eastern Career Woman's Forum fondato nel 1994. È inoltre consulente della Red Crescent Society e di altre organizzazioni culturali e sociali

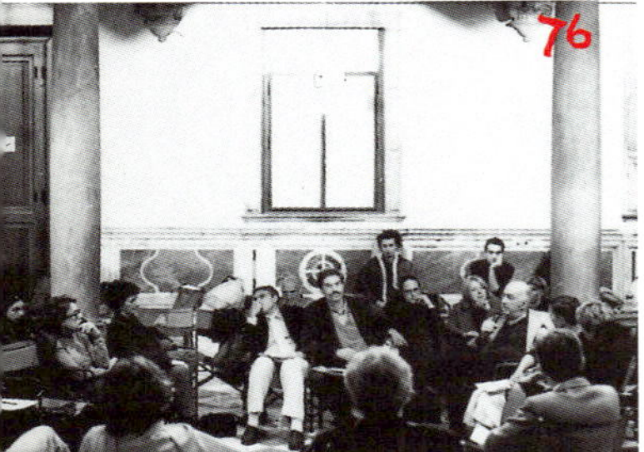

AMORE è l'energia vitale che possiede un proprio flusso naturale in un ambiente in armonia con il cosmo e la terra.

Il mio lavoro, come consulente Feng Shui, consiste nell'organizzare e progettare l'allineamento del nostro spazio in armonia con la natura, in modo tale che l'energia Chi, altrimenti chiamata Ki o Prana, fluisca.

Il Feng Shui, come l'arte e la scienza, ha le sue proprie leggi. L'AMORE è parte di uno degli otto angoli in cui viene suddiviso lo spazio delle nostre vite. L'AMORE è situato nell'angolo delle relazioni. Viene attivato da forme, simboli e colori particolari. Lo scopo di attivare questo lato delle nostre vite è quello di avere energie d'AMORE ogni giorno, non importa se a livello conscio o inconscio.

Cosa blocca il flusso dell'energia propria all'AMORE? È il disordine? Sì, è il disordine nello spazio dell'AMORE, in ciò che ci circonda all'esterno come cose materiali. Interiormente il disordine è un insieme di emozioni che si trasformano in energie stagnanti e con il passare del tempo muoiono. Così creiamo barriere da cui ci lasciamo avvolgere e come risultato otteniamo l'impossibilità di raggiungere l'altro naturalmente. Contemporaneamente non riusciamo ad aprirci e a ricevere l'altro.

Questa è la tanto citata PAURA, il contrario dell'AMORE. Sì, il sentimento del nascondersi dietro il disordine delle emozioni come quando ci si sente in pericolo, pericolo reale o immaginario che sia.

La paura è costituita da strati di muri emotivi che racchiudono un sentimento di debolezza. Questa debolezza è il risultato di emozioni negative, essa protesta in termini di protezione dell'EGO non permettendoci di andare oltre lo spazio dove l'energia dell'AMORE scorre naturalmente.

Il metodo che io riconosco consiste nel lavorare con il processo di eliminazione del DISORDINE nel subconscio, attraverso un progressivo svelamento degli strati che costituiscono il sentimento della PAURA, che non permette all'energia dell'AMORE di scorrere seguendo il suo sentiero in armonia con la natura.

Grace Salem Nasser

Grace Salem Nasser has been active in the political and diplomatic circles of East Jerusalem and the Palestinian National Authority, and is now on the steering committee of the Middle Eastern Career Woman's Forum established in 1994. She is also a consultant of the Red Crescent Society as well as other cultural and social organizations.

LOVE is the life force energy that has a natural flow in an harmonious environment with the cosmos and the earth.

In my work as a Feng Shui design consultant, it is all about the alignment of our space, how to plan it in order to obtain harmony with nature so that the Chi energy — or what others call Ki, Prana, or life force — flows.

Feng Shui as in art and science has its own laws. LOVE is a part out of the eight corners in our lives. LOVE is situated in the corner of relationships. It is activated with shapes, symbols, and colors of its own. The purpose of activating this side in our lives is to obtain the energies of LOVE each day, whether consciously or sub-consciously.

What stops the flow of the energy of LOVE? Is it clutter? Yes, it is clutter in the space of LOVE, in our surroundings, in the outside as material things, and in the inside as a stock of emotions that become stagnant energies and with time dead. So we make boundaries with which we envelope ourselves. As a result we cannot reach the other naturally, nor open up and receive from the other.

This is the so-called FEAR, the antonym of LOVE. Yes, the feeling of retreat behind the clutter of emotions when one is in danger — either real or imaginary.

Fear is layers of emotional walls hiding a feeling of weakness inside. This weakness is a result of destructive emotions, and as the protection in the form of "EGO" it protests, and does not allow us to go beyond the space where the LOVE energy flows naturally.

The method I see is to work on DE-CLUTTERING the subconscious mind in order to take down the veils of FEAR, which obstructs the LOVE energy to flow in its own harmonious path of nature.

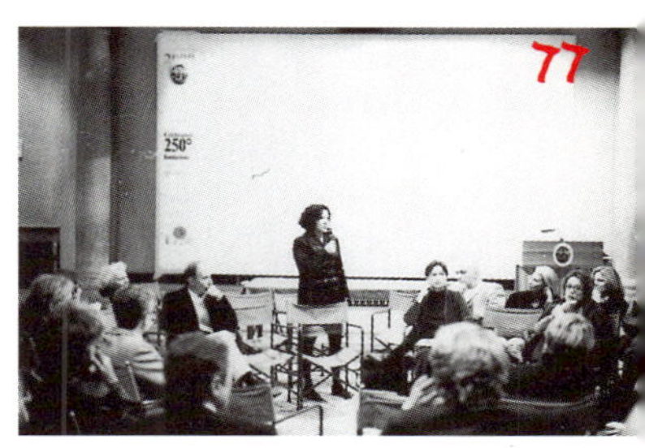

John Peter Nilsson

John Peter Nilsson è editor della rivista *NU: The Nordic Art Review*, e critico d'arte per il quotidiano svedese *Aftonbladet*. Nel 1999 è stato commissario per il padiglione nordico alla Biennale di Venezia.

Il principio surrealista d'amore

L'interpretazione dell'umorismo data da Breton come qualcosa per "liberarci ed elevarci" fu una componente importante della visione artistica del Surrealismo come potenziale utopistico per la creazione di un mondo migliore. I surrealisti assunsero un punto di vista programmatico della capacità dell'arte di cambiare il mondo rendendo visibile la "vera" realtà dell'inconscio: la verità assoluta, dietro la falsa facciata della ragione borghese. Che cosa accade se si cambia umorismo con amore? Possiamo usare l'amore per liberarci ed elevarci?

Pochi sembrano credere nell'amore incondizionato. Al contrario l'amore è sempre condizionato. Per tornare ai surrealisti, André Breton scrive nel Secondo manifesto del Surrealismo del 1929: "Ogni cosa ci conduce a credere che esiste un punto in cui la vita e la morte, il reale e l'immaginario, il passato e il futuro, il comunicabile e l'incomunicabile, gli alti e i bassi cessano di essere percepiti come contraddittori. È inutile cercare nell'attività surrelista una ragione diversa dalla speranza di trovare quel punto".

Non è forse l'amore il momento nella nostra esperienza in cui gli opposti si uniscono? Se non altro per quanto concerne l'opposizione tra paura e desiderio, ad esempio. Questo paradosso porta al Barocco: possiamo guardare all'amore da un punto di vista barocco, nel quale "la spira" giocò un ruolo percettivo cruciale?

E ovvio che per il Barocco è Dio che si rivela nei vertiginosi modelli delle forme. Ma non potrebbe essere anche l'amore? La spira barocca può suscitare una sensibilità estrema per poter cogliere al massimo il momento, ed essere in grado di coordinarsi con varie forze al di fuori del nostro controllo personale. Essere attenti all'Altro e osare proseguire insieme governando i movimenti del proprio corpo sui termini dell'Altro e viceversa. Possiamo entrare in una stanza, una situazione, che definisce la nostra stessa presenza. Uno spazio che cambia a seconda di come ci muoviamo. Una situazione che va semplicemente avanti, che è.

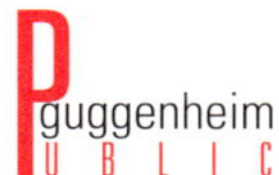

John Peter Nilsson

John Peter Nilsson is editor of *NU: The Nordic Art Review*, and art critic for the Swedish daily *Aftonbladet*. In 1999 he was appointed curator of the Nordic pavilion at the Venice Biennale.

The Surrealistic Love Principle

Breton's interpretation of humour as "liberating and elevating ourselves" was an important component in the Surrelist view of the utopian potential of art to create a better, more beautiful world. The Surrealists took a programmatic view of art's capacity to change the world, by making visible the "true" reality of the unconscious: an absolute truth, beyond the false façade of bourgeois reason. What happens if we change the word humour with love? Can love be used as a way to liberate and elevate ourselves?

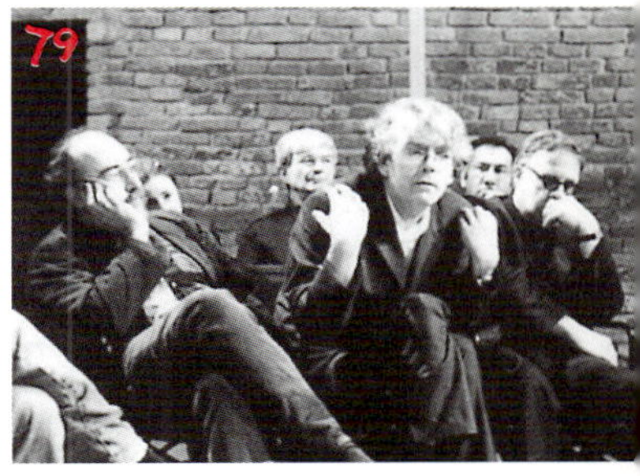

Few seem to believe in unconditional love. Instead, love seems to be always conditional. To go back to the Surrealists, André Breton in the Second Manifesto of Surrealism, in 1929, wrote: "Everything leads us to believe that there exists a certain point in the spirit at which life and death, the real and the imaginary, the past and the future, the communicable and the incommunicable, the high and the low, cease to be perceived as contradictory. Now it is vain to search for any other motive in surrealist activity than the hope of discovering that point."

Isn't love the point in experience at which opposites are united? Not least the opposition between fear and desire, for example. This paradox leads to the Baroque — can we look at love in a baroque way in which "the fold" played a crucial role in perception?

Of course, it was God that should reveal himself in the vertiginous shapes of the forms according to the aim of the baroque. But it could be love as well, couldn't it? The baroque fold can spark off an extreme sensitivity to making the most of the moment, to being able to coordinate with various forces that are out of our own personal control. To being attentive to the Other, and daring to go along with it by governing the movements of our body on the Other's terms and viceversa. We can walk into a room, a situation, that defines our own presence. A space that changes depending on how we move about. A situation that is simply going on — that just is.

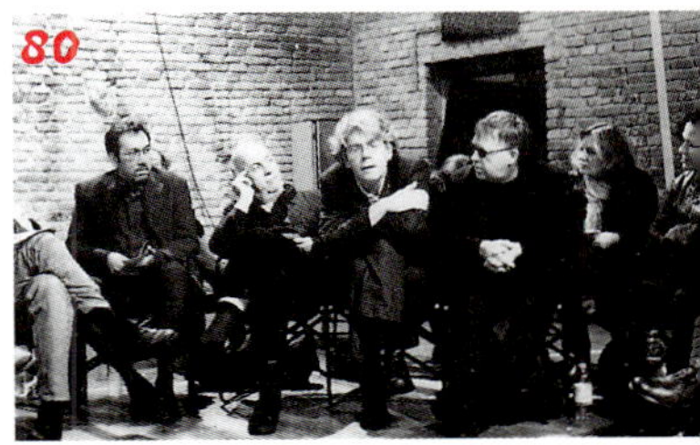

David Peat

David Peat ha studiato i fondamenti della teoria dei quanti, ed esplorato la psicologia junghiana e le relazioni tra arte e scienza. In Nord America ha organizzato serie di dialoghi tra Indiani nativi e scienziati occidentali. A Siena ha creato un centro per una nuova educazione e un nuovo apprendimento (www.paricenter.com). Peat come autore: (www.fdavidpeat.com).

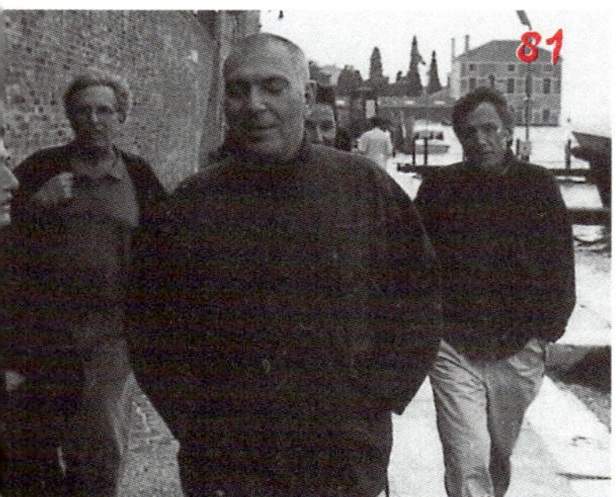

Se desideriamo l'unità allora dobbiamo anche conoscere la diversità e l'unicità. Il cosmo può essere sia un tutto indiviso, sia separazione e individualità. Talvolta l'elettrone è un'onda che si propaga nello spazio intero, abbracciando ogni cosa. Altre volte è una particella, unica e accentrata, che esiste separatamente, per se stessa, in una piccola regione dello spazio.

Il nostro incontro a Venezia avviene anche all'interno di un contesto più ampio, quello del matrimonio fra arte e scienza. Il matrimonio è un congiungimento misterioso, ma riguarda anche la crescita e la maturità di due individui separati. Nel matrimonio fra arte e scienza deve esserci spazio per la diversità, per il discorso, per la differenza: non abbiamo bisogno solo delle somiglianze ma anche delle differenze che esistono fra lo sguardo dello scienziato e quello dell'artista.

La competizione è diventata qualcosa che appartiene a un "mondo sporco", ma cosa ci può essere di più esilarante di due persone che gareggiano insieme cercando di superarsi o di due musicisti jazz che si scambiano cori? Perciò amiamo ad ogni costo, ma lasciamo che in quell'amore resti spazio per il disaccordo, la tensione, l'erotismo e la vitalità.

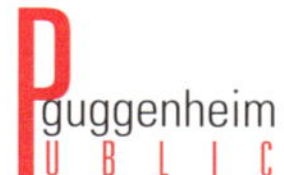

David Peat

David Peat worked for a time on foundations of quantum theory but also explored Jungian psychology and the relationships between art and science. In North America he organized a series of dialogues between Native American elders and Western scientists. In Siena he has created the Pari Center for New Learning (www.paricenter.com). Peat as author: (www.fdavidpeat.com).

If we yearn for wholeness then we must also acknowledge diversity and uniqueness. At one level the cosmos is an unbroken whole, at an other it is separateness and individuality. Sometimes the electron is a wave, extending over space, embracing everything. At other times it is a particle, unique, centered and existing separately and for itself in a tiny region of space.

Our meeting in Venice is also taking place within the wider context of the marriage of art and science. Marriage is a mysterious conjunction, but it is also about the growth and maturity of two separate individuals. Within the marriage of art and science there must be room for diversity, for discourse, for difference: we need not only similarities but also differences between the gaze of the artist and that of the scientist.

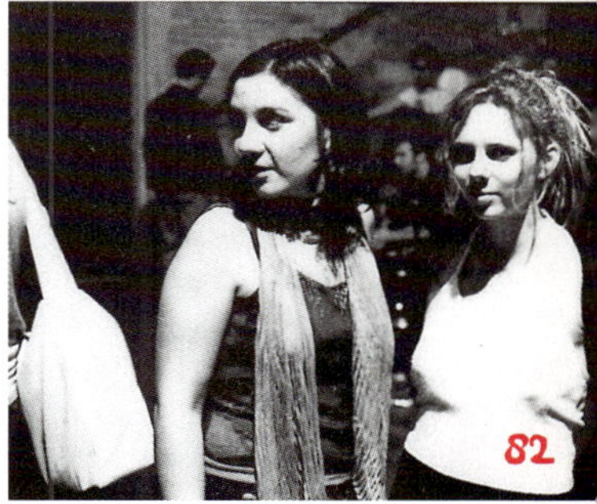

Competition has become somewhat of a dirty world, but what can be more exhilarating than two people racing together to try to top each other, or two jazz musicians exchanging choruses? So let us have love by all means, but within that love let us have disagreement, tension, eroticism and vitality.

Claudio Ronco

Claudio Ronco è annoverato tra i maggiori interpreti di musica barocca. L'esperienza ventennale maturata con alcuni dei maggiori gruppi e direttori, specializzati in musica del XVI, XVII e XVIII secolo, gli conferisce ampia flessibilità stilistica e grande virtuosismo strumentale. Le sue performance sono caratterizzate da grande freschezza d'inventiva, spontaneità ed eleganza.

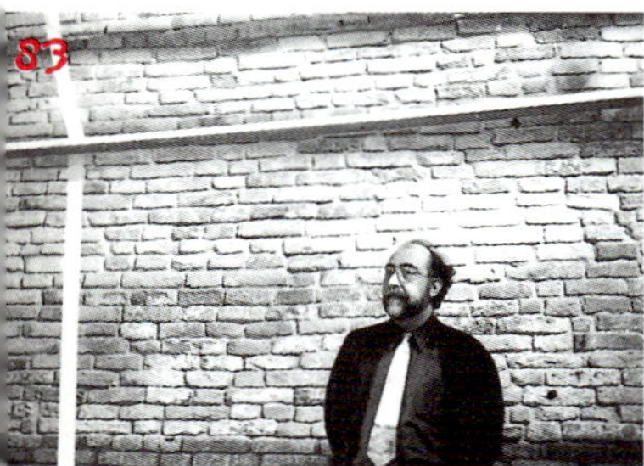

Il re è morto

C'è un quadratone diviso in 64 quadratini di ugual misura: 32 bianchi e 32 neri, sui quali si dispongono per un gioco d'origine indiana 32 pezzi, 16 per giocatore; in partenza, quel gioco costruisce uno spazio che ha tanti "vuoti" quanti "pieni": 32 caselle vuote e 32 caselle piene; il vuoto è lo spazio fra i due giocatori.

Secondo la lezione rabbinica il mondo era stato creato inizialmente secondo la legge del *din*, e non aveva potuto sussistere, poiché, spiega il Midrash, un tale rigore è una qualità dell'essere che non permette la sopravvivenza. Eppure proprio quel vuoto che divide i due giocatori sulla scacchiera è lo spazio che i rabbini indicano come metafora del luogo più alto e sublime dell'amore.

Ora, l'essere umano tende a preferire spazi ordinati, dai confini stabili, affidabili, apparentemente immutabili, dove ciascuno non costruisce "il mondo", ma "il suo mondo". Fra i molti mondi, tuttavia, vi sono intervalli, spazi vuoti in cui possono crearsi altri mondi, luoghi viventi e dinamici; questo può essere inteso come ciò che in ebraico si chiama l'*En-Sof*. letteralmente "niente fine", parola cui si offre di volta in volta una traduzione rivolta al senso di "ineffabile, indeterminato, eterno, incommensurabile".

"Canta, danza, batti le mani, fai sorgere la melodia!", esortava Rabbi Nachman; aggiungendo spesso: "è proibito essere vecchi!", di certo ammiccando, e ricordandoci la risata di Sara, moglie d'Abramo, all'annuncio della sua incredibile gravidanza in tarda età, mostrandoci così quant'è inutile possedere cose che invecchiano e quant'è leggera la risonanza di una voce cha intona una melodia armonica per proiettarla nello spazio dell'incontro con l'altro, dello scambio, della rivoluzione dei ruoli, dello svanire dei confini; in quello spazio, insomma, attraversando il quale ogni mondo tendente a implodere perché finito e immutabile, paradossalmente converte la sua "ritrazione" nell'espandersi verso infiniti altri mondi possibili.

Claudio Ronco

Claudio Ronco is among the best performers of Baroque music. His twenty years experience with some of the greatest groups and directors, specialised in 16th, 17th, and 18th century music, allow him great stylistical flexibility and instrumental virtuosity. His performances are characterized by freshness of inventions, spontaneity and elegance.

The king is dead

There is a big square divided into 64 small squares by the same size: 32 blacks and 32 whites, on which we place, for a game of Indian origin, 32 pieces, 16 each player. At the start the game is a space composed of both "blank" and "full" spaces: 32 filled squares and 32 empty squares separating the two players.

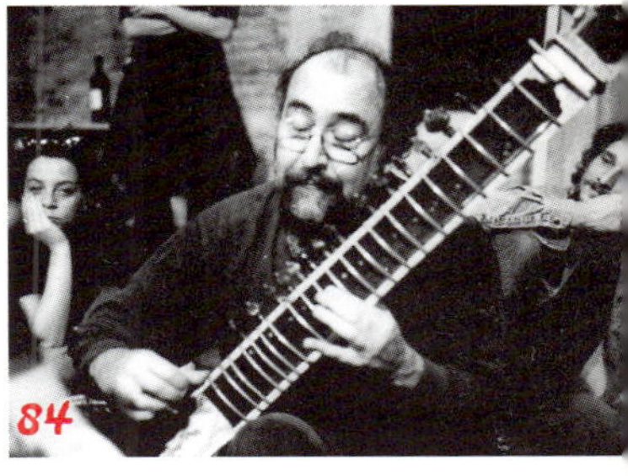

The rabbinical reading tells us that the world had initially been created in accordance to the din's law, and could not exist, because, as the Midrash explains, strictness is a quality of being which does not allow for survival. Yet it is exactly the emptiness that separates the two players on the chess-board the space the Rabbis point out as the metaphor for the highest and most sublime place for love.

Human beings prefer orderly spaces with steady, reliable boundaries, and apparently immutable to build not "the world", but "their own world". Between the many worlds there exist, however, empty spaces where other worlds can be created, lively and dynamic, which may be intended as the Jewish *En-Sof* (literally "no end"), which is each time translated as "ineffable, indeterminate, endless, immeasurable."

"Sing, dance, clap your hands, let the music rise!", urged Rabbi Nachman. He then often added that "Being old is forbidden!", while certainly winking, recalling the laughter of Abraham's wife, Sara, when told of her miraculous pregnancy at her old age, to show the futility of possessing things that grow old, and the levity of a voice tuned to a harmonic melody projected into space to meet the other, to exchange, to change roles, to move boundaries. It is while crossing such a space that all finite and immobile worlds — on the point of implosion — are able to turn 'retractions' into expansion towards innumerable possible worlds.

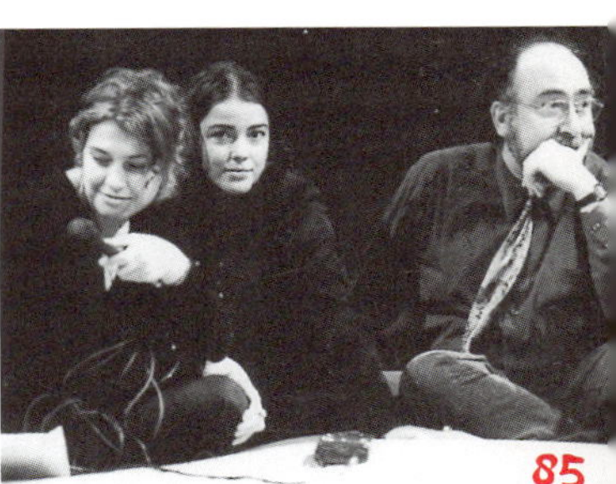

Marco Senaldi

Marco Senaldi, critico e teorico d'arte, insegna fenomenologia dell'arte contemporanea all'Accademia Carrara di Bergamo. Suoi testi sono apparsi in numerosi cataloghi. Ha pubblicato con A. Piotti *Lo Spirito e gli Ultracorpi* (1999), e ha in preparazione *Temi e comportamenti dell'arte contemporanea* (2001). Collabora con riviste di arte contemporanea ed è autore di programmi televisivi.

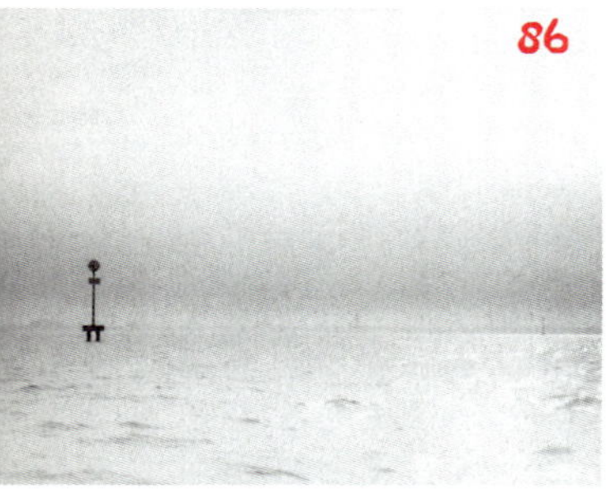

86

Ogni tipologia è anche una topologia, ed insieme una sintomatologia, una patologia: tipo-, pato-, toto, onto, totò… per dirla con Lacan. Tentiamo allora una tipo-patologia dell'amore, i cui soggetti battezzeremo S e S1 (mentre per Grande Altro intenderemo, come d'uso, il Simbolico nella sua forma psico-politica: il padre superegoico, il Potere nelle sue forme).

Vien da pensare che il vero amore non sia semplicemente ostacolato dalla presenza dei Grandi Altri (la sorte avversa, le famiglie in dissidio, come in *Romeo e Giulietta*, o il dispotismo delle gerarchie militari, come in *Carmen* di Bizet, ecc.), ma che, senza tale ostacolo, l'amore non ci sia più. Forse l'ultima storia d'amore è stata quella tra i due giovani di Sarajevo, lei musulmana, lui serbo, che si incontravano sul ponte sul Danubio; quando poi non finiscano uccisi dai cecchini, sarebbe da chiedersi cinicamente: a guerra finita, avrebbero ancora un motivo per restare insieme…?

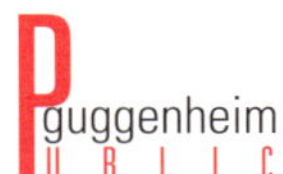

Marco Senaldi

Marco Senaldi is an art critic and theoretician. He teaches phenomenology of contemporary art at the Accademia Carrara, Bergamo. He has published numerous writings and books, such as *Lo Spirito e gli Ultracorpi* (1999) with A. Piotti, and is now working on *Temi e comportamenti dell'arte contemporanea* (2001). He writes for contemporary art magazines, and he has also signed TV productions.

Every typology is also a topology, and also a symptomology, even a pathology: typo-, patho-, toto-, onto, totò… as Lacan would say. Let's try a typo-pathology of love, calling its subjects S and S1 (whereas by Big Other we mean, as in common usage, Symbolic in its psycho-political form: the super-Ego father, Power in its various forms).

It occurs to us that true love may not just be obstructed by the presence of the Big Others (adversity, feuding families, like in *Romeo and Juliet*, or the despotism of military hierarchies, like in Bizet's *Carmen*, etc.), but that, without such obstacles, there would be no more love. Maybe the last love story was the one of the two youngsters in Sarajevo, she a Muslim, he a Serb, who met on the bridge on the Danube; then if they're not eventually killed by snipers, we might cynically wonder: after the war is over, would they still have a reason to be together…?

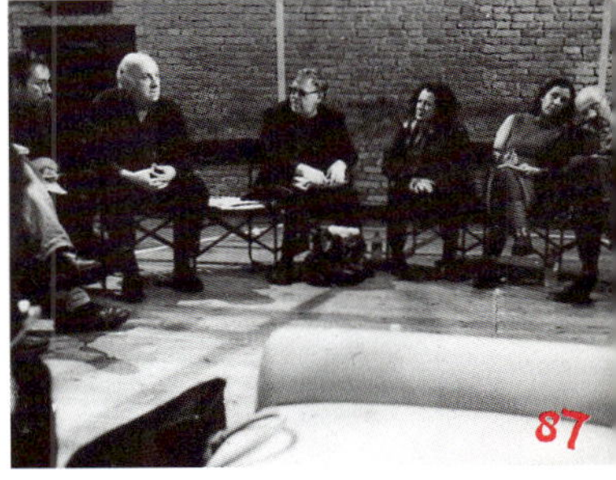

Catherine Shainberg

Catherine Shainberg è scrittrice, poeta, storica dell'arte e psicologa dedita all'insegnamento dello sviluppo interiore grazie all'uso dell'immaginario. Vive e lavora a New York.

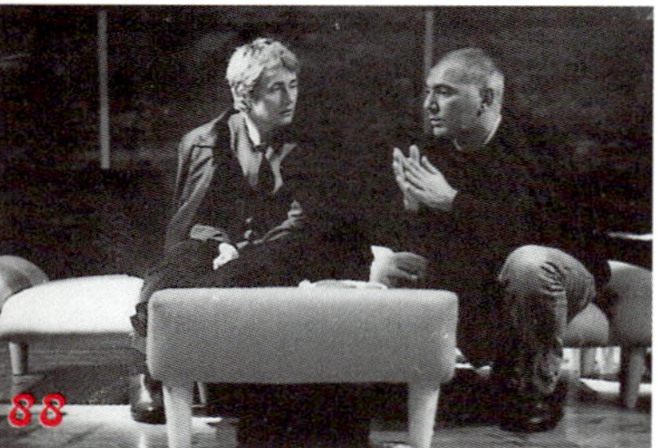

Come possiamo re-investire il mondo e noi stessi d'amore? Un'indicazione ci viene da una storia antica, ancora una volta tratta dalla Bibbia: il racconto della Torre di Babele (Genesi, 11:1-9). La storia narra come un tempo in tutta la terra si parlasse la stessa lingua e si avesse uno scopo comune. Non appena la gente decise di farsi un nome per non disperdersi sulla faccia della terra però, in effetti non appena la definizione del nome entrò in gioco, gli uomini e le donne che stavano costruendo la torre piombarono nella confusione. (Babele significa "la confusione è arrivata"). Qual'è questa misteriosa lingua comune? L'enfasi posta sulla definizione del nome come causa della sfortuna dei nostri antenati (genti disperse, discendenti da Sem, il cui nome significa precisamente "nome") fa ritenere che questa lingua fosse radicalmente diversa da quelle attualmente in uso, e che in realtà non utilizzasse parole. Prima di Babele questa gente aveva uno scopo comune. Quale può essere questo scopo comune? Cosa desideriamo tutti noi? Felicità, naturalmente, e bontà, amore, pace. Può l'unico linguaggio a nostra disposizione essere una lingua del cuore? Abbiamo effettivamente a che fare con una lingua di sentimenti? Come possiamo ritornare al sentimento? Cosa ci impedisce di farlo? Sembriamo altalenare con grande facilità tra desiderio ed emozione, tra istinti frustrati e reattività. Viviamo in un mondo in cui ci si aspetta la gratificazione immediata, in cui lo "scopo comune" non viene generalmente preso in considerazione. Presi nella trappola del nostro interesse personale, del nostro desiderio di "farci un nome", come possiamo trovare il distacco sufficiente per contemplare un'altra possibilità?

Come possiamo fare il balzo che ci farà uscire da questo impoverimento generale per entrare nel mondo del sentimento? L'amore arriva quando meno ce lo aspettiamo, in un istante. Superiamo una curva lungo la strada e rimaniamo senza fiato davanti ad un panorama meraviglioso. Incontriamo un estraneo, il nostro cuore si ferma ed è fatta, siamo innamorati. Un sorriso, il volto di un bambino, la bellezza, un poema, la musica, la grande arte ci possono far reagire così. Senza questa scossa non possiamo immergerci nel misterioso mondo del sentimento, nel quale ritroviamo la nostra interezza. Ma possiamo permetterci di attendere l'inaspettato? Siamo in un tale stato di disperato bisogno, esiste forse il modo di tuffarci, volenti o nolenti, nell'integrità? Quale lingua comune ormai dimenticata dobbiamo riscoprire, che ci possa aiutare in questo tuffo. Pensate: non c'è amore senza immaginazione. Come possiamo amare gli altri se non possiamo uscire da noi stessi per andare loro incontro, per tenerli metaforicamente tra le nostre braccia, per comprenderli, circondarli, fonderci a loro e divenire una cosa sola? Il balzo che ci fa uscire dai nostri meschini individualismi è facilitato non dalle nostre menti razionali, ma dalla nostra immaginazione.

L'amore risplende come il diamante e grazie al suo calore attira altro calore, bontà, armonia e pace. Tutto ciò si ottiene usando l'immaginazione, una lingua comune a noi tutti, la lingua che abbiamo conosciuto nei nostri giochi di bimbi, una lingua che noi tutti possiamo re-imparare con grande facilità.

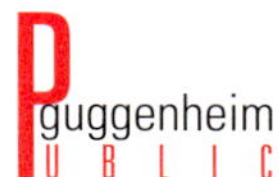

Catherine Shainberg

Catherine Shainberg is a writer, poet, art historian, and psychologist who teaches inner development through the use of pattern of imagery. She lives and works in New York.

How do we re-invest the world and ourselves with love? There is an ancient story, again from the Bible, that gives us a clue. It is the story of the people of the Tower of Babel. Once upon a time, says the story, "the whole earth was of one language and of common purpose." But as soon as the people decided to "make a name for ourselves, lest we be dispersed across the whole earth" (Genesis 11:4), in effect as soon as naming entered the picture, the men and women who were building the tower began to Babel. (Babel means 'confusion has come') What is this mysterious common language? The emphasis on naming as the cause of our ancestors' misfortune — these dispersed people were descended from Shem whose name means exactly that, 'name' — suggests that this language was radically different from the ones we now use, that in fact it did not use words. Before Babel these people were "of common purpose." What can this common purpose be? What do we all long for? Happiness, of course, and goodness, love, peace. Can our one language be a language of the heart? Are we in fact dealing with a language of feeling? How do we return to feeling? What is blocking our way? We seem to see-saw very easily from desire to emotion, from thwarted instincts to reactivity. We live in a world where instant gratification is expected, where the 'common purpose' is largely disregarded. Being caught in the loop of our own self-interests, our desire "to make a name for ourselves," how can we detach ourselves enough contemplate another possibility?

How can we take a leap out of this general impoverishment into the world of feeling? Love happens when we least expect it, in an instant. We take a turn in the road and are caught breathless before a wondrous sight. We meet a stranger, our heart stops and it is done, we are in love. A smile, a child's face, beauty, a poem, music, great art can do that to us. Without that jolt we cannot plunge into the mysterious world of feeling, where we are made whole. But can we wait for the unexpected? We are in such dire need, is there a way to throw ourselves, willy-nilly, into wholeness? What common forgotten language must we re-discover to help us with the plunge?

Think: there is no love without imagination. How can we love others if we cannot leap out of ourselves towards them, to hold them, metaphorically, in our arms, to include them, encompass them, to merge with them and become one? This jolt out of our petty selves is served not by our rational minds but by our imagination.

Love shines like a diamond and attracts by its warmth more warmth, goodness, harmony, and peace. It is all done by exercising the imagination, a language common to us all, a language we knew in our play as children, a language we can all so easily re-learn.

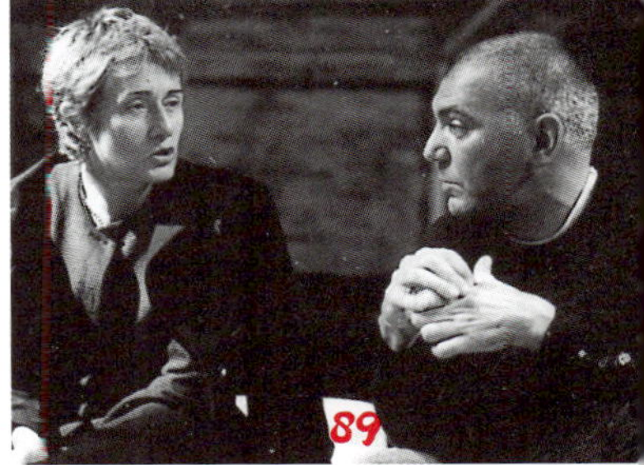

Charlene Spretnak

Charlene Spretnak insegna filosofia e religioni al California Institute of Integral Studies di San Francisco. È autrice di *States of Grace: The Recovery of Meaning in the Postmodern Age*, e *The Resurgence of the Real: Body, Nature and Place in a Hypermodern World*.

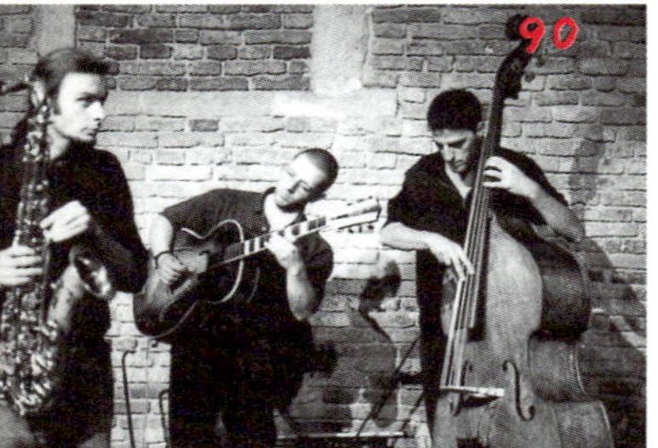

Abbiamo abbandonato l'organicismo dei filosofi presocratici (e dei loro neolitici predecessori) e siamo giunti, invece, all'intuizione che esistono tre importanti discontinuità: tra l'anima e il corpo, tra gli uomini e la natura, tra noi stessi e il mondo. Nessun altro orientamento culturale ha mai rappresentato queste rotture radicali — né la filosofia orientale, né i popoli Nativi. A causa di queste supposizioni "fondamentali" percepiamo il nostro io di stampo occidentale come un'entità discreta e riservata, entro uno schema relativamente prefissato di corpo-mente. Come degli esseri completamente discreti possano interagire e addirittura amare fu delineato dagli avvenimenti agli albori della cultura occidentale.

Per l'apparentemente isolato (e più che mai tutelato) io occidentale — e qui, certamente, la psiche maschile, patriarcalmente condizionata è considerata la norma — abbracciare "l'apertura a ciò che è altro e diverso da noi stessi" sarebbe altamente ripugnante, se non spaventosa e compromettente. No, l'unico modo per portare questa apertura e il piacere della differenza nella sfera pubblica è attraverso la rimozione radicale dell'errore ontologico ed epistemologico occidentale: la concezione di sé come cowboy solitario.

Rimpiazzare la moderna abitudine all'indifferenza con quella all'amore significherebbe anche coltivare l'empatia, la compassione e, secondo gli insegnamenti del Buddha, lo stato d'animo chiamato "gentilezza amorevole". Queste qualità sono spesso considerate una debolezza o uno svantaggio nella sfera pubblica odierna, ma credo riusciremo tutti insieme a scoprire durante questa nostra discussione come tutto ciò possa cambiare! Attendo con ansia il nostro processo condiviso.

Charlene Spretnak

Charlene Spretnak is a professor of philosophy and religion at the California Institute of Integral Studies in San Francisco. She is author of *States of Grace: The Recovery of Meaning in the Postmodern Age*, and *The Resurgence of the Real: Body, Nature and Place in a Hypermodern World*.

We abandoned the organicism of the pre-Socratic philosophers (and their Neolithic predecessors) and arrived at the perception, instead, of three core discontinuities: between mind and body, between humans and nature, and between self and the world. No other cultural orientation has imagined these radical breaks — not Eastern philosophy, not Native peoples. Because of those foundational assumptions, we perceive our Western self as a discrete, self-contained entity in a relatively fixed physical mind-body. How such thoroughly discrete beings might interact and even love was further shaped by occurrences in early Western culture.

For the supposedly isolate (and ever guarded) Western self — and here, of course, the patriarchally conditioned male psyche is taken to be the norm — to embrace "openness to what is other and different from oneself" would be highly unappealing, if not frightening and self-endangering. No, the only way to bring such openness and the relishing of difference into the public sphere is through radically dislodging the Western ontological and epistemological error: the notion of the self as Lone Cowboy.

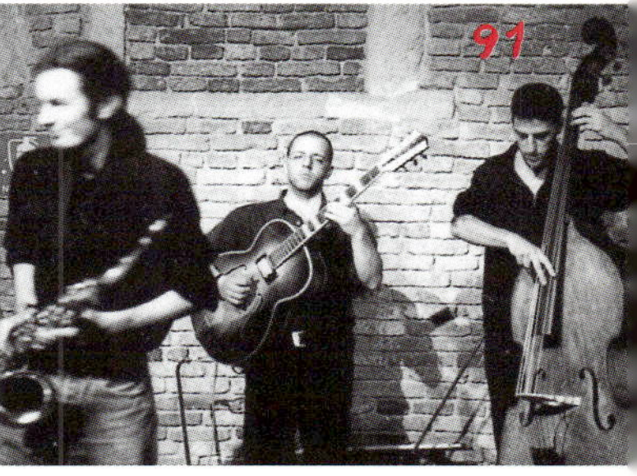

To replace the modern habit of indifference with love would also mean cultivating empathy, compassion and, as the Buddha put it, the state of mind called "loving kindness." These qualities are often considered a weakness or liability in the public sphere today, but I trust we shall collectively discover in our conversation how all that could be changed! I look forward to our joint process.

Richard Tarnas

Richard Tarnas, Ph.D., ha scritto il volume *The Passion of the Western Mind*. Insegna al California Institute of Integral Studies, dove ha fondato il dottorato in filosofia, cosmologia e coscienza, e al Pacifica Graduate Institute.

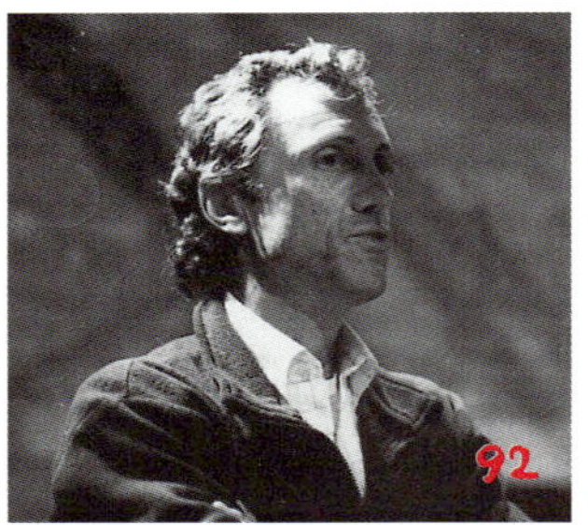

Nel momento in cui il contesto cosmologico nel quale hanno luogo tutte le attività umane non provvede ad alcuna fondazione di valori trascendenti, i valori del mercato e dei media colonizzano liberamente l'immaginazione umana prosciugandola di ogni profondità. Nella contemporaneità una visione del mondo disincantata rinforza essenzialmente il pensiero utilitarista per colonizzare la psiche umana collettiva. La spinta a conquistare sempre maggiori profitti, potere politico e valore tecnologico supera ogni altra aspirazione. E l'ansia in un cosmo senza significato crea una fame spirituale, un'alienazione e un disorientamento che portano a una dipendenza da beni materiali, a un consumismo patologico che cannibalizza il pianeta in una serie di eccitazioni auto-distruttive.

Abbiamo bisogno di espandere radicalmente i nostri mezzi di conoscenza. Abbiamo bisogno di andare al di là delle strategie epistemologiche inesorabilmente oggettivanti, del rigoroso empirismo e razionalismo emersi dall'Illuminismo e che dominano la scienza ufficiale oggi. Abbiamo bisogno di attingere (per usare un termine onnicomprensivo) alla più ampia epistemologia del cuore. Abbiamo bisogno di modi di conoscere che integrino l'immaginazione, la sensibilità estetica, la facoltà morale, l'esperienza rivelatoria o epifanica, l'intuizione spirituale, la capacità di uno sguardo archetipo, una conoscenza kinestetica dei sensi, una conoscenza empatica, la capacità di aprirsi all'altro, di ascoltare. Certamente una buona capacità di empatia d'amore, di osservazione fiduciosa e di analisi è molto importante se dobbiamo superare la barriera soggetto-oggetto. Abbiamo bisogno di essere in grado di entrare in ciò che cerchiamo di conoscere, e non di tenerlo a distanza come fosse un oggetto. Abbiamo bisogno, per usare un'espressione della biologa Barbara McClintock, di "un sentimento per l'organismo".

Io credo esista una possibilità. Esistono molti universi possibili, molti significati possibili che scorrono attraverso di noi. Non siamo soggetti separati in un universo senza senso, costituito da oggetti sui quali possiamo e dobbiamo imporre la nostra volontà egocentrica. Non siamo neanche solo vascelli vuoti che automaticamente e passivamente esteriorizzano le intenzioni dell'anima del mondo, *anima mundi*. Piuttosto siamo partecipanti creativi come interpreti autonomi ma radicati in un organico dipanarsi della realtà. E per partecipare a questo processo è cruciale il ruolo dell'amore come radicale apertura all'altro, un'apertura al mistero, un'affermazione dell'universo come un "tu" piuttosto che un "esso". Grazie a questo punto di vista la nostra conoscenza potrà nuovamente essere compresa come intimamente connessa alle nostre aspirazioni morali ed estetiche, il Vero intimamente connesso con il Bene e con il Bello.

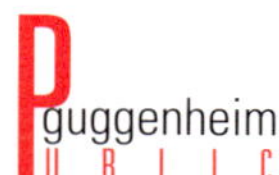

Richard Tarnas

Richard Tarnas, Ph.D., is the author of *The Passion of the Western Mind*. He is a professor at the California Institute of Integral Studies, where he founded the graduate program in Philosophy, Cosmology and Consciousness, and at Pacifica Graduate Institute.

Since the cosmological context within which all human activity takes place provides no foundation for transcendent values, the values of the market and mass media freely colonize the human imagination and drain it of all depth. In the contemporary world, a disenchanted world view essentially empowers the utilitarian mindset to colonize the collective human psyche. The drive for ever greater financial profit, political power, and technological prowess supersedes all other aspirations. In turn, anxiety in the face of a meaningless cosmoss creates a spiritual hunger, an alienation and disorientation which lead to an addictive hunger for ever more material goods, a pathological consumerism that cannibalizes the planet in a kind of self-descructive frenzy.

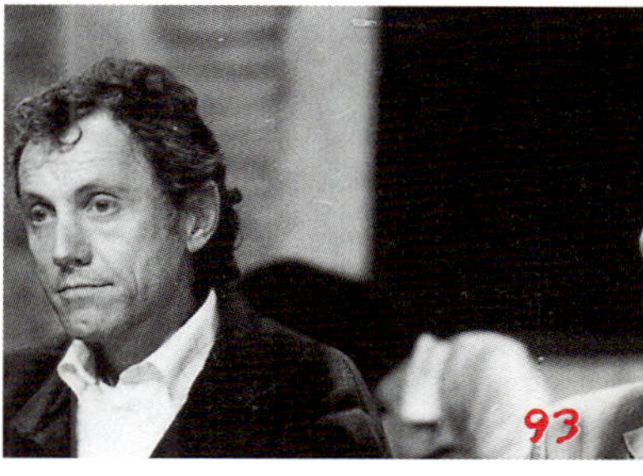

We need to radically expand our ways of knowing. We need to move beyond the relentlessy objectifying epistemological strategies, the narrow empiricism and rationalismo that emerged during the Enlightenment, and that dominate mainstream science today. We need to draw on — to use a single encompassing term — the wider epistemologies of the heart. We need ways of knowing that integrate the imagination, the aesthetic sensibility, the moral faculty, revelatory or epiphanic experience, the empathic understanding, the capacity to open to the other, to listen. Indeed, a highly developed sense of empathy of loving, trusting observation and analysis is critical if we are to overcome the subject-object barrier. We need to be able to enter into that which we seek to know, and not keep it ultimately distanced as an object. We need, to use biologist Barbara McClintock's phrase, "a feeling for the organism."

I believe we have a choice. There are many possible universes, many possible meanings, floating through us. We are not solitary separate subjects in a meaningless universe of objects upon which we can and must impose our egocentric will. Nor are we just empty vessels, as it were, on automatic, passively playing out the intentions of the world soul, the *anima mundi*. Rather, we are creative partecipants, as autonomous yet embedded interpreters, in a co-evolutionary unfolding of reality. And critical to that partecipation is the role of love as a radical openness to the other, an openness to mystery, an affirmation of the universe as Thou rather than It. With that insight, once again our knowledge will be seen to be intimately connected with our moral and aesthetic aspirations, the True intuimately connected with the Good and the Beautiful.

Elisabeth Thompson

Elizabeth Thompson è uno dei membri fondatori di Planetwork, un'organizzazione non-profit dedita ad esplorare il ruolo delle tecnologie informatiche globali e di internet nella trasformazione della cultura e nello sviluppo di una consapevolezza dei problemi e delle soluzioni ambientali. Ha inoltre fondato la compagnia teatrale sperimentale *Cucaracha Warehouse Theatre* a New York, dove ha lavorato come artista e produttore della serie *Summer Cabaret and Performance Art*. Ha diretto la John Gibson Gallery di New York ed ha lavorato come studio manager per vari artisti.

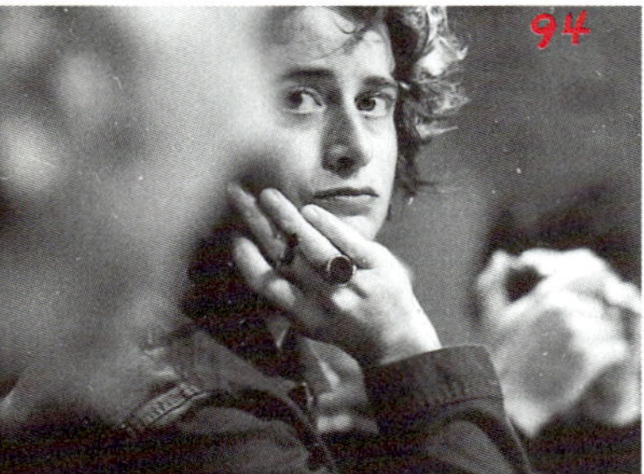

Nel 1941 Henry Miller scrisse: "La FORMA, la nuova 'arte', è ESSERE. Questo è essenzialmente un cammino RELIGIOSO … il CONTENUTO di questa FORMA è, e può solo essere: AMORE".

L'amore è un'esperienza, non un'idea. Il linguaggio fallisce completamente quando tenta di descrivere, o fare i conti con ciò che quest'esperienza è, ed infatti è nel volto dell'Amore (o dovremmo dire il mistero al quale diamo il nome Amore) che il linguaggio rivela la sua grande inettitudine. Il linguaggio, anche nelle mani del più abile poeta o mistico può solo puntare a portarci sull'orlo di qualcosa, evocare una memoria o una traccia di un'esperienza ineffabile dell'immenso, innominabile mistero che giace nel cuore della natura, di noi stessi, della realtà.

Amore è il nome che diamo al sentimento di comunione. Per essere in comunione è necessario liberarci da una posizione di isolamento individualismo identità atomizzata. La comunicazione richiede ai suoi partecipanti una mancanza di io individualizzato. AMORE è il nome che diamo a quella esperienza.

In caduta libera nell'ignoto, la rete invisibile che ci cattura è ciò che chiamiamo AMORE.

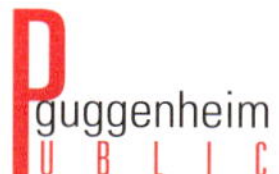

Elisabeth Thompson

Elizabeth Thompson is co-founder of Planetwork, a non-profit organization which explores the role internet and global information technology in transforming human culture, and activating awareness of both environmental problems and ecological solutions. She is a founding member of the experimental theater company *Cucaracha Warehouse Theatre* in New York, where she also worked both as aperforming artist and a producer of the *Summer Cabaret and Performance Art* series. She was also director of John Gibson Gallery in New York, and studio manager for various artists.

Henry Miller, in 1941 wrote: "The FORM for the new 'art' is BEING. This is an essentially RELIGIOUS path … the CONTENT of this FORM is, and can only be: LOVE."

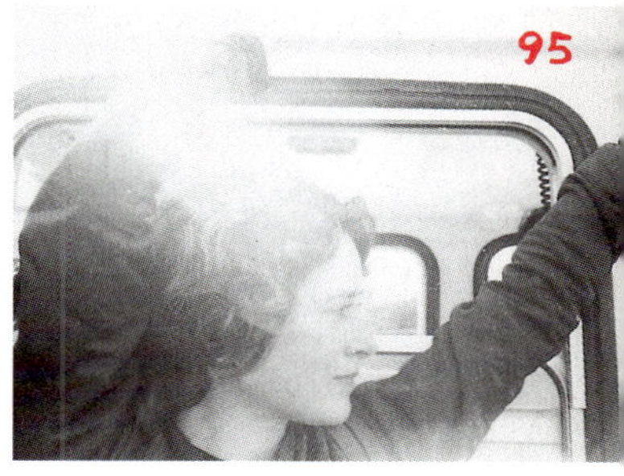

Love is an experience, not an idea. Language fails completely when attempting to describe, or come to terms with what this experience is, and in fact, it is in the face of Love, or shall we say the mystery to which we give the name of Love, that language reveals its utter ineptitude. Language, in the hands of even the most skilled poet or mystic can only point to, lead us to the brink of, conjure a memory or trace of an ineffable experience of the utterly un-nameable mystery that lies at the heart of nature, of ourselves, of reality.

LOVE is the name we give to the feeling of communion. In order to commune, it is necessary to release oneself from a position of isolation individualism atomized identity. Communication requires of its participants a loss of individualized self. LOVE is the name we give to that experience.

Free-falling into the unknown and the invisible net that catches us is what we call LOVE.

Merilyn Tunneshende

Merilyn Tunneshende si è specializzata in pratiche sciamaniche e di induzione di energia curativa. Si è laureata in lingue e in filosofia e religioni, ed è autrice di due volumi: *Medicine Dream*, e *Rainbow Serpent*.

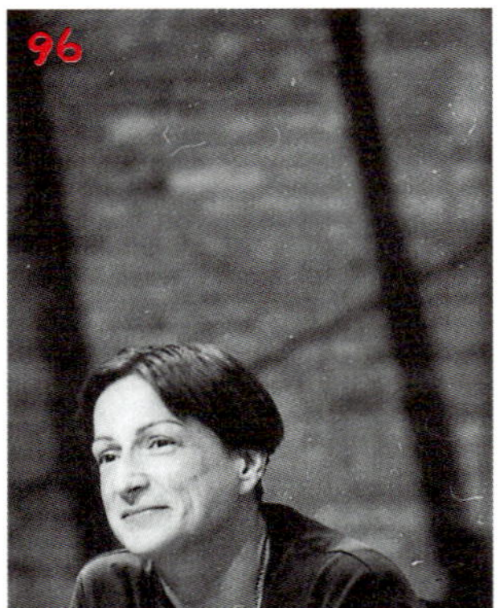

Secondo un grande guaritore della tribù Indiana dei Lakota, Alce Nero, "non è sufficiente avere una visione. Bisogna portare quella visione sulla Terra per farla vedere a tutti. Solo allora una persona possiede il potere".

Per uno sciamano il modo in cui l'amore è vissuto è di grande importanza, e così pure il modo in cui muore con l'amore. Per lo sciamano è solo quando troviamo qualcosa per cui siamo pronti a morire che possiamo sperare di avere qualcosa per cui vivere. Il modo e il motivo per cui moriamo, influenza tutto il resto. È uno dei nostri grandi momenti e trasforma un gesto ultimo in un gesto infinito. Nella nostra paura del potere della morte, abbiamo tentato di diminuirne l'impatto. Minimizziamo la consapevolezza di coloro che muoiono ad ogni momento, vergognandoci di ammettere che moriamo. Abbiamo paura di pianificare e preparare il momento della morte.
Evitiamo di pensare alla nostra morte e siamo avari e poveri di spiegazioni per la morte.

Per lo sciamano la morte è l'ultimo momento di passione e potere sulla Terra nelle vesti dell'essere che era. È l'inizio di un viaggio definitivo verso ciò che stiamo diventando. È la nostra ultima occasione di dare e lasciare il nostro strascico d'amore. La morte è l'opportunità di dare totalmente se stessi e la propria energia. È il momento in cui possiamo avere la libertà di morire completamente nella persona amata. La passione e l'estasi di questa sacra unione di offerta non può essere minimizzata. Avendo trovato la persona amata, lo sciamano entra in una vera energetica unione e matrimonio. Entrambi sperimentano la metamorfosi che deriva dal potere orgasmico dovuto alla forza, profondità ed ampiezza dell'amore reciproco — ed è solo l'inizio.

In quanto società, spingere il concetto d'amore verso una definizione più alta, più orgasmica, avvolgente ed in evoluzione è forse il primo passo per liberarci da quelle catene che ci legano, quelle catene con cui abbiamo trattenuto l'amore nella nostra ignoranza e paura, e così rilasciare la forza dell'amore. L'amore rilasciato nel nostro steso essere, nella nostra esistenza sulla Terra e nelle forze di vita e morte ha il potenziale e la squisita persuasività di rinvigorire e innalzare una creazione sofferente con la speranza. Amore come forza nella creazione, nell'evoluzione e nella risurrezione è un motivo per lottare, un terreno di inesplorata magia e il respiro dello stesso spirito.

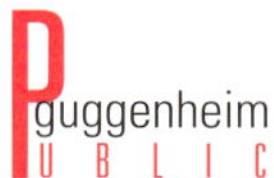

Merilyn Tunneshende specializes in Shamanic Dreaming and Energetic Healing practices. She has degrees in Language and in Religion and Philosophy and is the author of two books, *Medicine Dream* and *Rainbow Serpent*.

As Black Elk, a great healer of the Lakota people said: "It is not enough to have a vision. One must bring that vision to Earth for all to see. Only then does one have the power."

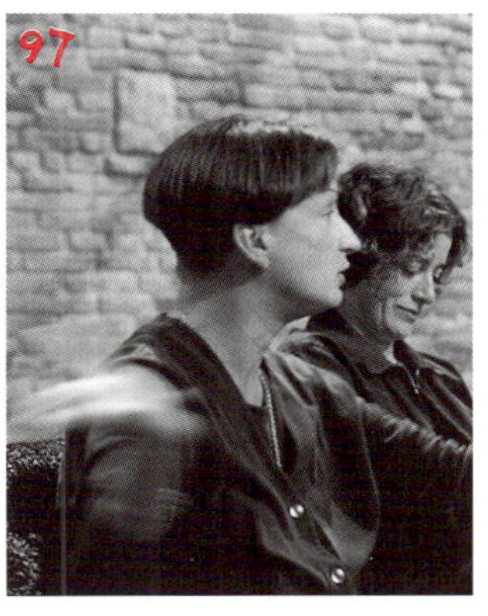

As important as the way a shaman lives love, is the way he or she dies with love. For the shaman, it is only when we find something that we are willing to die for that we might hope that we have something to live for. The way we die, and for what, effect everything. It is one of our big moments and it makes an ultimate gesture to the infinite. In our fear of the power of death, we have tried to belittle its impact. We minimize our awareness of those dying at each moment, becoming ashamed of admitting that we die. We are afraid to plan and prepare for the moment of death. We avoid thinking about our own death and are stingy and miserly with explanations of death. We do not search death and trivialize and disempower the dying.

For the shaman, death is the last act of passion and power upon Earth as the being he or she once was. It is the beginning of the definitive journey into what we are becoming. It is our last chance to give and to leave our legacy of love. Death is the opportunity to give totally of oneself and of one's energy. It is the moment when we may have the freedom to die completely into the beloved. The passion and the ecstasy of this sacred union of offering cannot be minimized. Having found the beloved, the shaman enters into true energetic communion and marriage. Both experience the metamorphosis resultant in the orgasmic power generated by the force, depth and breadth of the mutual love, and that is only the beginning.

As a society, releasing the concept of love towards a higher, more orgasmic, encompassing and evolving definition is perhaps the first step to unlocking the chains that bind, the chains that we ourselves have placed upon love in our own ignorance and fear, and to releasing the force of love itself. Love released within our own beings, within our existence upon Earth, and within the very forces of life and death, has the potential and the exquisite pervasiveness to reinvigorate and uplift an ailing creation with hope. Love as a force in creation, evolution and resurrection is a reason for struggling, a terrain of undiscovered magic and the breath of spirit itself.

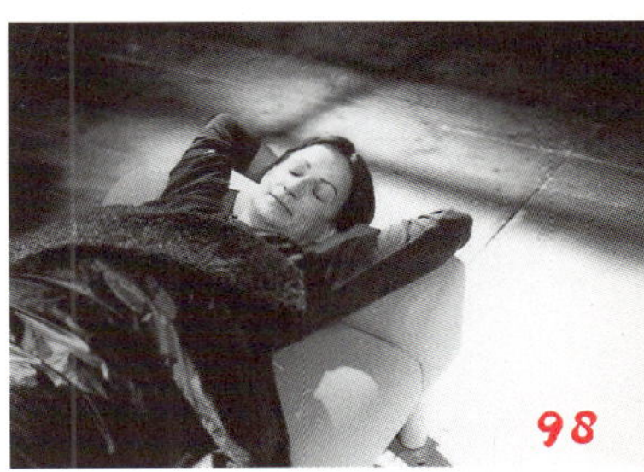

Susan Wise

Biografia come geografia: nata a Los Angeles, cresciuta a Parigi, vissuta in Provenza, sulla costa bretone, in Andalusia, a Gaeta, ora a Venezia. Prima poesia scritta a 11 anni, quando il mio gatto morì. "La Poesia non è un sentimento, ma esperienza" (Rilke).

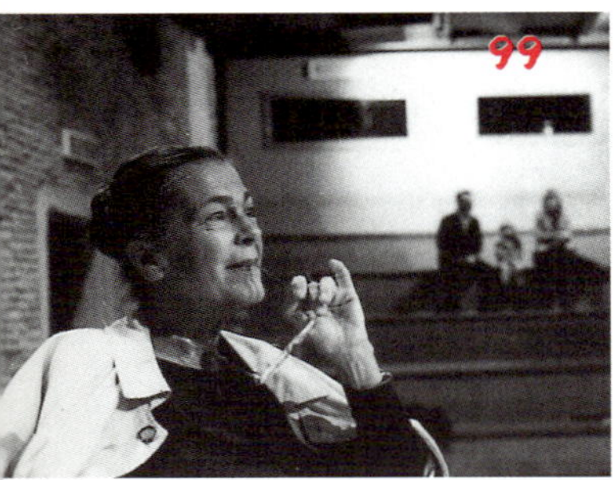

Quando il poeta dice Io

Io come un Altro — come Altro — come qualcun altro
Io + Io = tu = noi?

Arthur Rimbaud nel famoso *Je est un Autre* non ci presenta una metodologia, bensì afferma semplicemente che il poeta migra da un sé sconosciuto ad un sé che è altro. Probabilmente, nel ricercare una metodologia dell'amore come integrazione, dovremmo definire cos'è l'amore … e così mi chiedo se le modalità dell'amore che ritroviamo in poesia possano contribuire a questa definizione, a scoprire una metodologia dell'integrazione grazie ad una consapevolezza allargata.

Il compito del poeta non quello di esprimersi. Il suo "io" è impersonale, si riferisce ad una identità dove il personale e l'impersonale non sono opposti contrari … La poesia è scritta per dei lettori e non per professori. Il poeta cerca di suscitare una reazione nel lettore: il desiderio. La relazione d'amore che viene a crearsi è tra lettore e poesia (il poeta deve invece imparare a scomparire e farsi trasparente, diventare un filtro). La poesia è una momentanea sospensione dove viene a crearsi questa unione che libera il lettore.

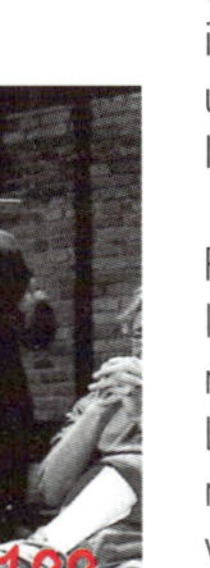

Perciò il luogo dell'incontro con il sé precedente e gli altri è la poesia. Il luogo "fraterno", lo spazio della comunanza. La solitudine del poeta non è narcisismo. Nella lettura di una poesia il lettore è presente quanto il poeta. La lettura è multipla, al centro di convergenze. E così il lettore entra il mondo della contemplazione e ne condivide lo spazio, fatto di distanza e vicinanza. Un luogo di passaggio, come "…l'acqua che consacra e penetrando si avvicina sempre più al cuore dell'estate" (Char).

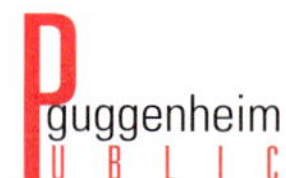

Susan Wise

Biography as geography: born in Los Angeles, grew up in Paris, lived in Provence, on the Brittany coast, in Andalusia, in Gaeta, now Venice. First poem written age 11 when my cat died. "Poetry is not sentiment, but experience" (Rilke).

When the poet says I

I is an Other — is Another — is someone else
I + I = you = we?

Arthur Rimbaud's famous *Je est un Autre* is not describing a methodology, but simply claiming the fact of the poet's migrating from unknown self towards another. In seeking a methodology of love as integration, we should perhaps try to define the kind of love we are contemplating. … I would like to see if perhaps the modalities of love to be found in poetry could contribute elements towards a definition, towards a methodology of integration through an enlarged awareness.

The poet's task is not self-expression. He has no personal I. When he says I he means an identity where personal and impersonal are no longer antimonies. … Poetry is written for readers, not for professors. The poet strives to create an effect in the reader: that effect is desire. The love relationship created is between the reader and the poem (not the poet, who must learn to disappear, to be transparent, to become a filter). The poem is the brief halting-place of union, which then frees the reader.

So the space of encounter with the foregone self and others is the poem. It is a "fraternal" space, a space of sharing. The poet's loneliness is not narcissism. In reading the poem, the reader is present in the same capacity as the poet. The reading is multiple, at the heart of a convergence. So the reader enters the world of contemplation and shares its space. Which is made of distance and proximity. It is a passing through, like "…water of consecration penetrating always nearer to summer's heart" (Char).

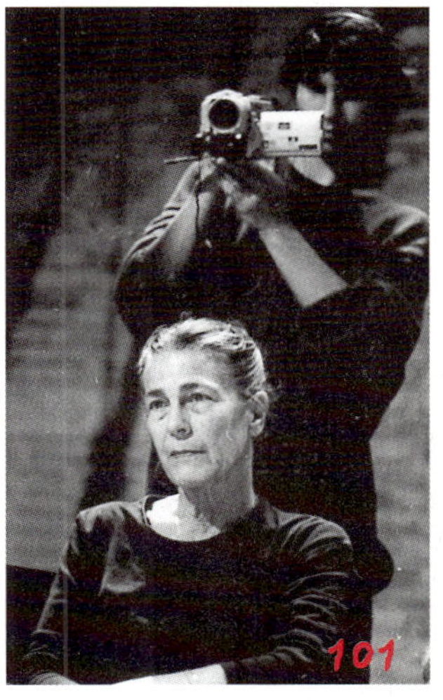

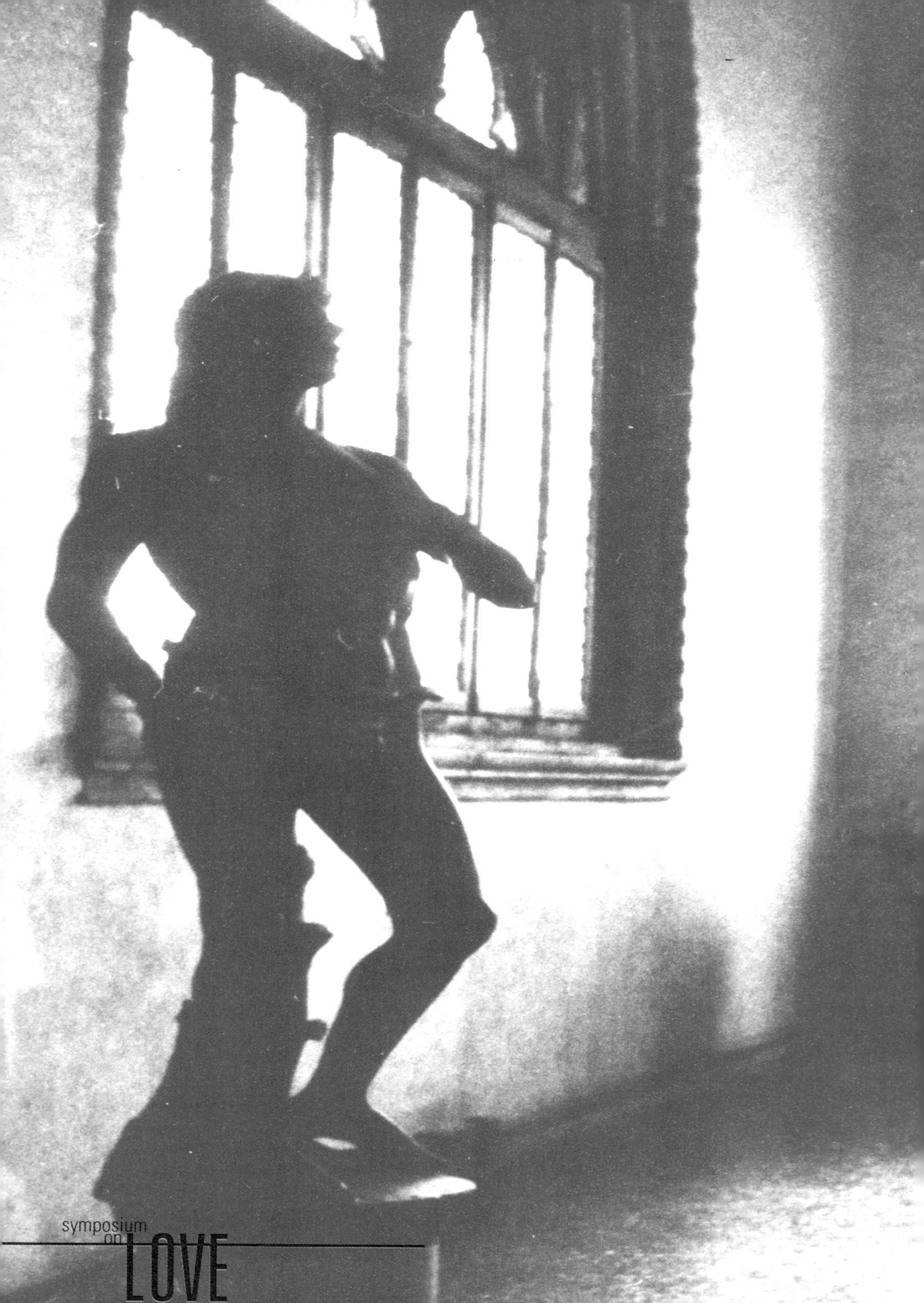
symposium
on
LOVE

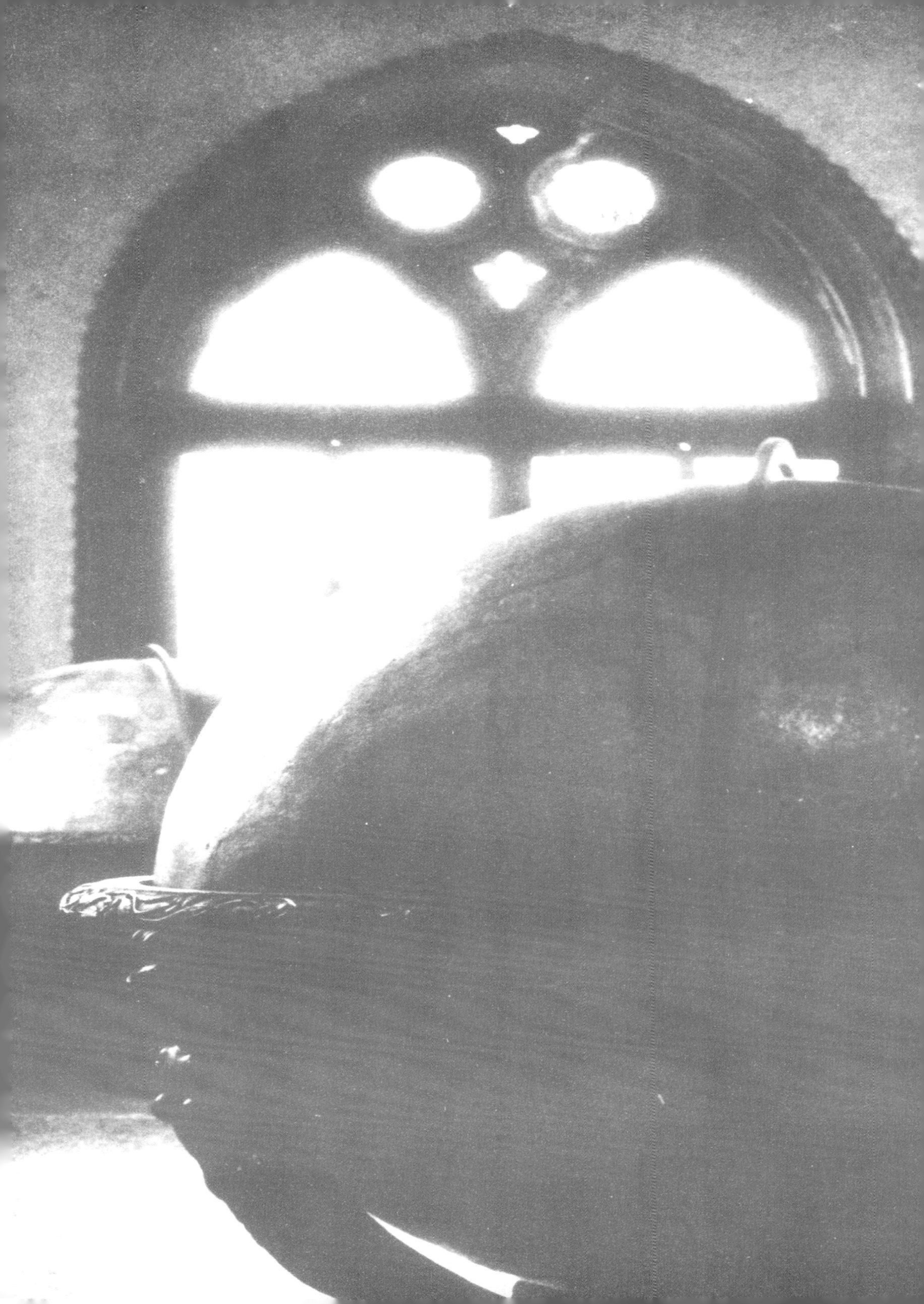

- Amore è lasciare andare la paura
- Arte è una forma di amore
- L'amore è la sorgente dell'energia creativa
- Non c'è amore senza immaginazione
- Aldilà delle differenze espressive e di regole sociali l'amore è un universale culturale
- L'amore ci libera
- La percezione richiede il coinvolgimento
- L'amore è estetica connettiva
- L'amore è una danza di diversità eterne
- Senza i rapporti tra gli esseri viventi non ci sarebbe nessuna poetica dell'amore
- L'amore non si può spiegare ma solo condividere
- L'amore procura la tensione nella coscienza pubblica
- L'amore è il filo che può condurre dalla politica dell'amore all'impegno nel rispetto reciproco
- Tu sei perciò io sono
- L'amore è una progressione indomabile che ci libera da tutto ciò che ci siamo lasciati dietro
- La sospensione del giudizio apre la porta alla possibilità della *koinonia*
- Lo spazio dell'interstizio è lo spazio dell'alterità
- Se integriamo l'amore nel nostro modo di conoscere possiamo partecipare più intensamente nella co-creazione dell'universo
- L'amore è un dono assolutamente non egoista ed è abbondanza: come farlo diventare etica sociale?
- L'amore nel contesto sociale non è amore a meno che non si traduca in giustizia sociale, equità economica e abolizione dello sfruttamento dell'essere umano e della terra
- Le relazioni che non si fondano sull'amore non sono relazioni sociali
- È la forma infinita dell'amore che offre alla comunità la possibilità di vivere e di crescere in libertà
- L'amore è parte integrante dell'evoluzione della vita ed è un modello migliore rispetto agli altri modelli di sfruttamento
- Amore è appetito di bellezza che accende il desiderio conviviale
- L'amore ci libera dalla colonizzazione coercitiva del nostro immaginario
- Senza ostacoli l'amore non ha terreno per manifestarsi
- L'unico modo per aprirci verso l'alterità e il piacere della diversità nella sfera pubblica è superare la nozione del sé come Soggetto Isolato
- L'amore va oltre le risposte che ci sono state date
- La consapevolezza è un salto quantistico che implica la coscienza dell'infinità dell'amore
- L'amore è una condizione di dialogo che ci permette di superare posizioni rigide
- L'amore può, all'interno di un gruppo, permetterci di oltrepassare le nostre posizioni non negoziabili per creare dialogo
- L'amore è un'azione che richiede saggezza per essere creativa e capace
- L'amore è generosità

Love is letting go of fear •

Art is a form of love •

Love is the energetic creative source •

No love without imagination •

Beyond differences in expressions and in social rules love is a cultural universal •

Love frees us •

Perception requires involvement •

Love is connective aesthetics •

Love is a dance of eternal diversities •

Without the relations among all beings there would be no poetics of love •

Love can't be explained only shared •

Love provides the tension in public awareness •

Love is the thread that may lead from the politics of love to respectful mutual engagement •

You are therefore I am •

Love is an indomitable progression that liberates us from all of what we have left behind •

Suspending judgement opens the door to the possibility of *koinonia* •

The space in between is the space of otherness •

If we integrate love into our way of knowing we may more fully participate in the co-creation of the universe •

Love is an absolutely unselfish gift, and abundance: how can it become a social ethic? •

Love is not love unless it translates in social justice, economic equity and an end of the exploitation of the human and the earth •

Relations not founded on love are not social relations •

It is the infinite form of love that offers the community the possibility to live and grow freely •

Love is an integral part of the evolution of life and a better model than other, exploitative systems •

Love is a hunger for beauty which ignites convivial desire •

Love liberates us from the exploitative colonization of our imagination •

Without obstacles love has no ground to manifest •

The only way to bring openness to what is other and the relishing of difference into the public sphere is to transgress the notion of the self as Lone Subject •

Love goes beyond the answers we have been given •

Consciousness is a quantum leap that implies awareness of the infinity of love •

Love is a condition for dialogue so as to go beyond fixed positions •

Love can, within the container of a group, allow us to move beyond our not negotiable positions to create dialogue •

Love is action that requires wisdom to be creative and skilful •

Love is generosity •

towards a manifesto on love

happening al Teatro Fondamenta Nuove
Cannaregio 5013 Venezia
venerdì 13 ottobre ore 21.00

Carolina Antich
Gloria Beggiato
Ettore Bellini
Chiara Bertola
Natasha Bordiglia
Connie Burg
Gabriella Cardazzo
Elisa Cargnel
Vincenzo Casali
Damiano Cecchelin
Paolo Cecchi
Mauro Cenedese
Luca Clabot
Giorgio Conti
Giovanni Costantini
Caterina de Rienzo
Elisabetta di Maggio
Angela Dryden
Maria Giulia Fabbri
Marco Ferraris
Antonietta Grandesso
Yella Hassel
Paul van der Heijde
Roberta Iachini
Alon Koppel
Tom Kovachevich
Alan Licht

scolpire lo spazio n. 2
by www.ethicstv.com

Siria Maistrello
Giovanni Manti
Mafalda Marchioro
Augusto Maurandi
Melissa McGill
Stefano Medda
Laura Megna
Kico Mion
Steve Nisbeth
Raffaele Passerini
Maurizio Pellegrin
Francesco Pini
Luca Pini
Luca Quarin
Giovanni Rizzoli
Claudio Ronco
Matteo Salata
Andrew Salcius
Mauro Sambo
Aioko Shimura
Anita Sieff
Lidija Sircelj
Verena Stepan
Joan Waltemath
Melissa Weaver
Saki Yamaguchi
Adolfo Zilli

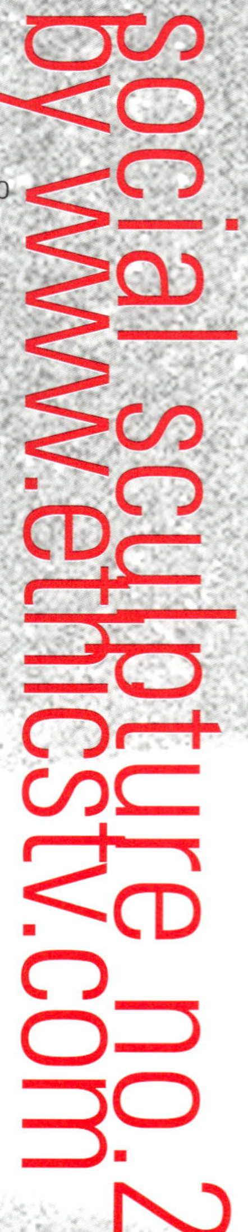

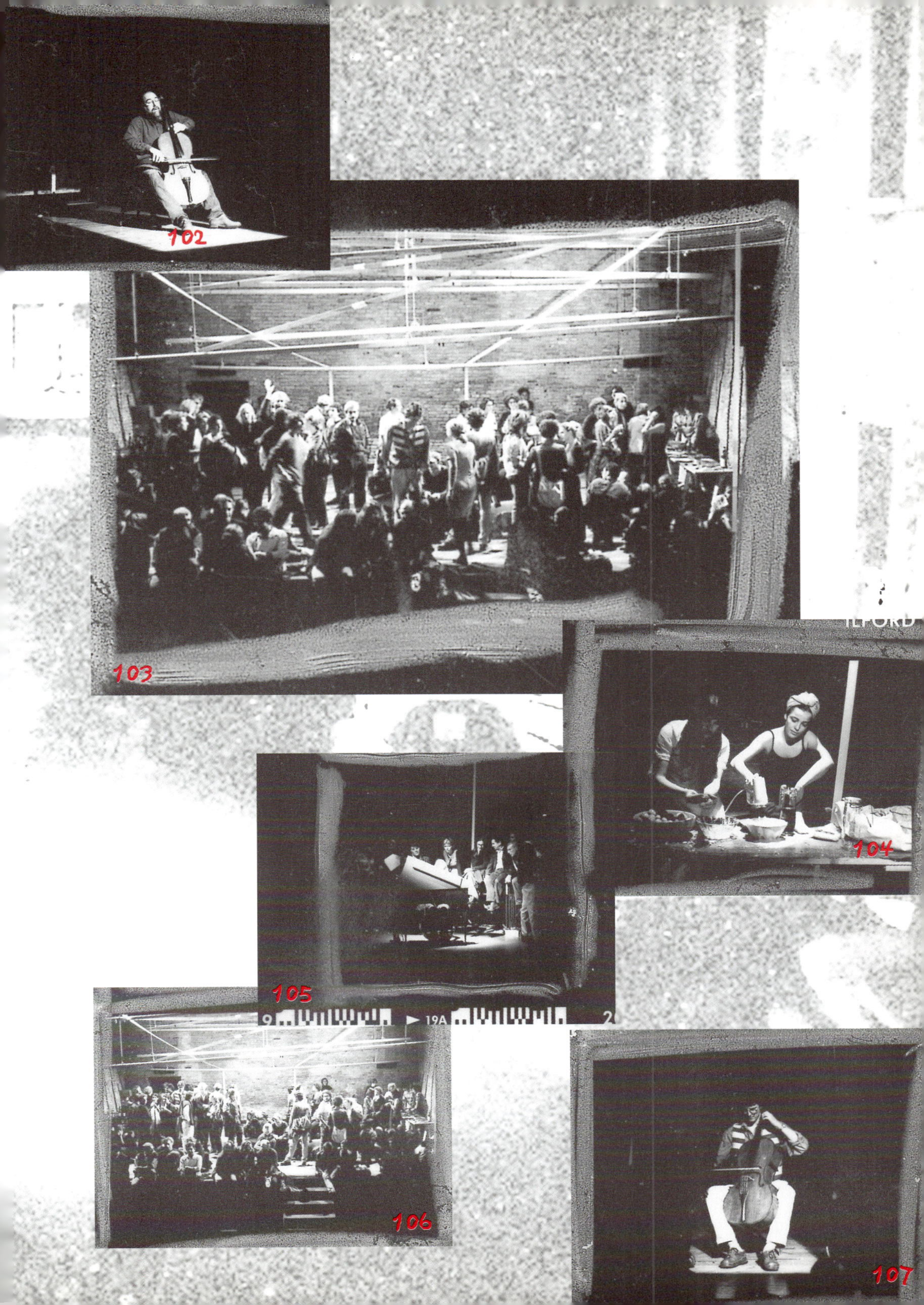

102

103

104

105

106

107

2001

Come anticipato durante la riunione del 27 Giugno scorso il progetto "public" si emancipa dal Guggenheim e diviene progetto indipendente. È un processo organico della forma che è cresciuta oltre se stessa, in una periferia dove si stempera e perde se non se ne definiscono i nuovi confini. Il nuovo confine è l'avventura da percorrere insieme nella gioia della scoperta e nella cura verso ciò che ancora non è. È una nuova dimensione dove vivere la responsabilità dell'auto-rappresentazione in uno stato di reciproca confidenza. L'intimità che abbiamo costruito in questi cinque anni, custoditi e confortati dal museo della Collezione Peggy Guggenheim, ci ha reso più consapevoli di "appartenere". Esistere con gli altri significa soprattutto rapportarsi con la propria inadeguatezza e fare posto all'adeguato. Per fare ciò è necessaria la partecipazione di persone che si assumano la responsabilità della "indifferenza dei ruoli", ed esercitino l'autorevolezza dell'espressione delle distinte entità per ri-conoscere in questo processo se stessi nell'"altro".

È l'inadeguatezza rispetto alla norma dell'espresso che paralizza l'individuo perché lo mette nella condizione di essere escluso. L'esercizio di relazione consente di superare, attraverso l'integrazione dell'altro da sé, il difficile stato di isolamento, di reclusione. L'inadeguatezza, come stato di malessere generalizzato, apre all'arte come rappresentazione di senso e cura e all'etica come "casa" dove vivere insieme all'altro da sé, nell'inclusività di una forma infinita dell'essere. Etica intesa come ethos implica propriamente l'agire in relazione agli altri, all'interno di un gruppo. Implica altresì l'abitare una forma che ci consenta di star bene, di esprimerci, di vedere noi stessi come strumento d'espressione, come forma.

Ringrazio il prof. Philip Rylands, direttore della Collezione Peggy Guggenheim, per la grazia della sua ospitalità, e Carole e Dick Rifkind per la cura e generosità che hanno dedicato al progetto come opera d'arte, come "scultura sociale".
I prossimi appuntamenti saranno il 26 settembre, il 24 ottobre, il 28 novembre e, a conclusione del ciclo, il 19 dicembre 2001. Stiamo lavorando al catalogo, che nel frattempo è andato oltre il fatto di essere solo documentazione del Simposio sull'Amore per convergere piuttosto in una visione inclusiva del progetto Guggenheim public 1996-2001.

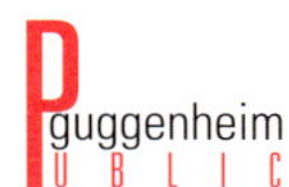

As we announced at the past June 27th meeting, the "public" project has emancipated from the Guggenheim and become an independent project. This is an organic process of the form that has grown beyond itself, in a periphery where it dissolves and gets lost if its new boundaries are not defined. The new boundary will surface in this adventure of sharing in the delight of discovery and of caring for what does not yet exist. It is a new dimension where we can experience the responsibility of self-representation in a state of reciprocal trust. The closeness we have established over the past five years, cared for and comforted by the museum of the Peggy Guggenheim Collection, has made us more aware of "belonging". Existing with others means above all realizing inadequacy on our own and making room for adequacy. To do so we need the participation of those who take the responsibility of the "indifference of social roles", and exercise the authoritative expression of the different entities so as to recognize through that process ourselves in the Other.

The inadequacy toward the norm of what is expressed is what paralyzes the individual, since it makes him or her feel left out. Exercising relationships allows to overcome, by the integration of the Other-than-Self, the painful state of isolation, of reclusion. Inadequacy, as a generalized state of discomfort, turns to art as a representation of meaning and care, and to ethics as a "home" where we can live beside the Other-than-Self, in the inclusiveness of an infinite form of being. Ethics meant as ethos indeed implies inhabiting a form that enables us to feel good, to express ourselves, to see ourselves as expression, as form.

I wish to thank Prof. Rylands, director of the Peggy Guggenheim Collection, for the graciousness of his hospitality, and Carole and Dick Rifkind for the care and generosity they devoted to the project as work of art, as "social sculpture".
The next appointments will be September 26, October 24, November 28 and, concluding the cycle, December 19, 2001. We are presently at work on the catalogue, that is no longer a documentation on the Symposium on Love but a comprehensive vision of the 1996-2001 Guggenheim public.

22.11.00

con with Ezio Visconti, Stefano Bonaga

Ezio Visconti, esperto di scienze politiche, vive e lavora a Milano collaborando con numerose istituzioni quali l'Università di Milano.

Stefano Bonaga vive e lavora a Bologna, dove insegna antropologia filosofica all'Università di Bologna.

Sono un teologo dilettante nel senso che mi diletto di teologia, cercherò di parlare delle cyber-culture mettendole in risonanza con due aspetti o movimenti fondamentali. Da un lato lo gnosticismo, dall'altro quello che è universalmente noto come l'ermetismo rinascimentale.

I movimenti che si agitano in internet costituiscono una rivoluzione tecno-escatologica di fine millennio … Questo credo ha i suoi adepti, ha una sua religiosità, sia come dottrina che come comportamento, un'escatologia e un'apocalittica. Incominciamo con tre citazioni: "lo scopo dell'informatica sarebbe quello di

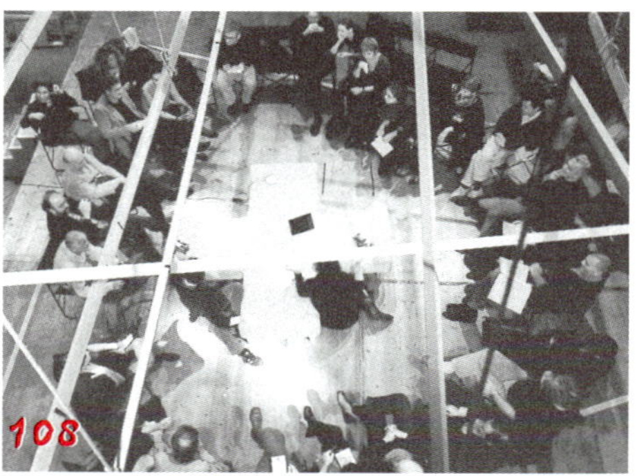

liberarci una volta per tutte dalla massa sanguinolenta della materia"; "il fascino che i computer esercitano su di noi è più spirituale che materialistico, in questa storia d'amore con le macchine stiamo cercando una casa per la mente e per il cuore"; "la rete ci permette di raggiungere uno stato di santità che ci ricorda come, di fatto, siamo tutti angeli".

Ogni tecnologia sufficientemente sviluppata è indistinguibile dalla magia … Ultimamente pare ci si orienti ad accreditare all'apostolo Giovanni la stesura dell'Apocalisse … La descrizione che lui ci dà della nuova Gerusalemme … "e vidi un cielo nuovo e una terra nuova il primo cielo e la prima terra erano passati ed il mare non c'era più, vidi la

città santa la nuova Gerusalemme scendere dal cielo, preparata come una sposa adorna per il suo sposo … e non ci sarà più morte, né lutto, né lamento o affanno perché le cose di prima sono passate. … " Così come il paradiso terrestre all'inizio dei tempi, la nuova Gerusalemme è un luogo dove l'umanità vivrà nella pienezza della grazia di Dio. Ma c'è una differenza laddove l'Eden è il luogo dell'innocenza ma anche dell'ignoranza … la nuova Gerusalemme, la città celeste è il regno della sapienza e della conoscenza. Mentre l'Eden è il luogo della natura incontaminata e selvaggia, la città celeste è la rappresentazione dell'ordine e del rigore.

Possiamo pensare che la rete sia una sorta di versione digitale della città celeste, della nuova Gerusalemme. Possiamo aggiungere che la Nuova Gerusalemme potrebbe giungere all'esistenza solo come realtà virtuale.

La visione di Giovanni della città santa non è solo rivelazione di una realtà che è difficile collocare temporalmente. È anche un anelito, è anche un messaggio di salvezza, di superamento. Non ci sarà più la morte, non ci sarà più lutto né affanno … Vi è un intreccio tra tecnologia e discorso religioso … Qual è lo scopo della tecnica se non quello di garantire uno sviluppo dell'anima umana? … qui abbiamo un discorso che lega direttamente scienza e tecnologia a una sorta di trascendenza spirituale, di tec-gnosi …

• Mentre il discorso della tecnologia è vissuto normalmente come il luogo della téchne, in senso heideggeriano, come luogo dell'impadronimento finale, possessivo da parte dello spirito sul mondo, sul pianeta, in senso tutto antifilosofico … il tema che si apre pone problemi rilevantissimi dal punto di vista della fisica … dobbiamo recuperare quello che sotto altre parole riemerge … io lo trovo molto interessante questo discorso va nella direzione di capire che cos'è il mondo della rete.

Con una battuta … io credo di aver capito che la rete è un mondo.

• Il problema è cercare di capire cosa il cyberspazio cambia dal punto di vista percettivo, cognitivo, ontologico … Cosa succede quando frequentiamo la realtà del cyberspazio? Se ricordate il passaggio dall'oralità alla scrittura di cui ci parla Platone nel

be no more death nor mourning nor lament nor grief because the things of before are gone … " Just like the Paradise of the beginning of all time, the new Jerusalem is a place where humanity will live in the fullness of God's grace. But there is a difference, in that Eden is the place of innocence but of ignorance as well … the new Jerusalem, the heavenly city, is the realm of wisdom and knowledge. Whereas Eden is the place of uncontaminated, wild nature, the heavenly city is the representation of order and rigor. We might imagine the net as a sort of digital version of the heavenly city, of the new Jerusalem. We might add that the New Jerusalem could exist only as virtual reality. John's vision of the holy city is not just the revelation of a reality that is hard to situate in time. It is also a longing, and a message of salvation, of overcoming. There will be no more death, nor mourning nor grief. Technology is interwoven with religious notions. What is the purpose of technology, if not to guarantee a growth of the human soul? We have here a topic that directly connects science and technology with a sort of spiritual transcendence, of tech-gnosis…

• Whereas the notion of technology is usually experienced as the space of the techne in the Heideggerian sense, as the place of the spirit's ultimate possessive mastery over the world, the planet, in an entirely un-philosophical sense … the theme we're discussing raises problems that are extremely relevant from the point of view of physics … we have to retrieve what resurfaces from under other words … I think it is very interesting, this discussion strives to grasp the meaning of what the world of the net really is. … I think I understand the net is a world.

• The problem is to try to understand what cyberspace changes from the perceptive, cognitive, ontological point of view … What happens when we are in the reality of cyberspace? If you recall the transition from orality to writing Plato talks about in *Phaedrus* … cyberspace might be viewed as the definitive disappearance of memory. Writing is over-emphasized. There are so many possibilities of connection that theoretically we ought to have access to a huge quantity of data that nobody is capable of controlling. Paradoxically, cyberspace is not the absence of memory but is memory in its

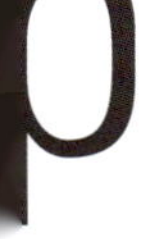

Fedro … il cyberspazio potrebbe essere visto come la scomparsa definitiva della memoria. La scrittura è potenziata all'eccesso. Ci sono possibilità di collegamenti tali da permetterci teoricamente una quantità immensa di dati che nessuno è in grado di controllare. Paradossalmente il cyberspazio non è l'assenza totale della memoria ma è la memoria nella sua forma più pura, più sviluppata. La memoria come fonte di conoscenza…

• Ci troviamo nella terza fase, nella prima siamo passati dalla sapienza alla conoscenza, nella seconda dalla conoscenza all'informazione e infine ora … l'ultimo passaggio dalla stampa alla rete è di tipo religioso … la vera differenza oggi è che mentre per gli alchimisti, per Paracelso … c'è un radicamento assoluto rispetto alla materia (è vero che usavano la tecnica ma il vero fine era la pietra filosofale) in questa "fine della conoscenza" che diventa "informazione" l'informazione ha sostituito la natura. La religiosità della rete è una nuova forma di realismo. Cosa ha di cosmico la rete? Se c'è qualche cosa che ha rapporto con il cosmo, questa è la rete. Io direi che ha poco rapporto con l'uomo…

La rete è un insieme di protocolli. Il cyberspazio io lo intendo come metafora dello spazio che la rete contribuisce a creare.

• Io assumo la rete come ipostatizzazione massima dello sviluppo tecnologico e anche come metafora del mondo nuovo, aurorale.

Come mai chi ha tanto interesse per la tecnologia mette tra parentesi quello che la rete e i calcolatori permettono: l'uomo artificiale?

• Il vero salto che la rete può preparare possono permetterlo solo due grandi tendenze: le biotecnologie, che altereranno radicalmente il rapporto tra la naturalità e l'artificialità dell'uomo, e in secondo luogo la possibilità che anche dal punto di vista sensoriale e non solo mentale gli uomini possano viver situazioni e mondi diversi che non esistono in quanto tali … ma esisteranno quando li percepiremo come tali.

• È molto difficile sostenere che l'uomo sia naturale

purest, most highly-developed form. Memory as a source of knowledge…

• We are in the third phase, in the first we went from wisdom to knowledge, in the second from knowledge to information and now at last … the final transition from print to the net is of a religious kind … the true difference today is that whereas for the alchemists, for Paracelsus … everything was rooted in matter — it is true they used technology but the true aim was the philosophical stone — in this "end of knowledge" that becomes "information", information has replaced nature. The religiousness of the net is a new form of realism. What is cosmic about the net? If there is something that has to do with the cosmos, it's the net. I would say it does not have much to do with man…

The net is a group of protocols. I see cyberspace as a metaphor of space that the net contributes to create.

• I assume the net to be the maximum hypostatization of technological development and also as a metaphor of the new, dawning world.

Why is it that a person so interested in technology ignores what the net and computers make possible: artificial man?

• There are only two great trends that can perform the true leap the net can prepare: first biotechnologies, that will radically alter the relationship between the natural and artificial in man, and second the possibility that even on a sensorial level, not just mental, men will be able to experience different situations and worlds that do not exist as such … but will exist when perceived as such.

• It is very difficult to sustain that man is natural or ever was. Man has always built himself. These are ethical but not conceptual issues. I don't think we can keep on establishing differences between *natura naturans* and *natura naturata*. We are *natura naturans*, we always build our own nature … on virtuality. In Wittgenstein language is already

o sia mai stato naturale. L'uomo si è sempre autocostruito. Sono problemi etici ma non concettuali. Non trovo più possibile fare distinzioni tra *natura naturans* e natura naturata. Noi siamo *natura naturans*, noi costruiamo sempre la nostra natura … sulla virtualità. Già in Wittgenstein il linguaggio è virtuale perché è potenza del gioco linguistico. Non rappresento più nulla salvo che nel gioco della rappresentazione. Se c'è un linguaggio che crea, sebbene in Wittgenstein è ancora monodirezionale oppure la bidirezionalità è localizzata, internet con l'interattività apre una dimensione a volte superiore che cambia qualitativamente lo scambio a livello di giochi linguistici che possono essere infiniti.

• La differenza nella rete è che io non vedo più nulla. Posso vedere tutto quello che voglio ma chi legittima che quello che vedo non è la simulazione di un pazzo … nel rappresentare possiamo anche rappresentare fandonie che però diventano trasformazione del mondo. La rappresentazione diventa la cosa. In questa rappresentazione a 360° di una realtà totalmente inventata dall'uomo, questa realtà diventa talmente importante, più importante della natura, da essere un gioco linguistico straordinario dove la natura sembra quasi accidentale.

virtual, because it is the potency of the linguistic game. I don't represent anything except in the game of representation. If there is a language that creates — though in Wittgenstein it is still one-directional, or else the two-dimensionality is localized — internet opens a discussion that is occasionally superior, and alters qualitatively the linguistic exchange through linguistic games that can be infinite.

• The difference with internet is that I no longer see. I can see everything I want but who is to prove that what I am seeing is not the simulation of a madman … in representing we can also represent falsehood, yet that can become the transformation of the world. Representation becomes the thing. In that sort of 360° representation of an entirely man-made reality, that reality becomes so important, more important than nature, that it becomes an extraordinary linguistic game where nature appears to be merely accidental.

13.12.00

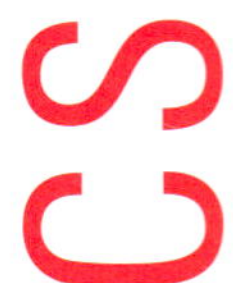

con with Goran Bregovich, Manuela Gandini

Goran Bregovich è nato ed è vissuto a Sarajevo fino allo scoppiare della guerra, quando si è trasferito a Parigi dove vive tuttora pur lavorando a Belgrado. La sua attività di musicista e compositore lo ha portato a collaborare con il regista Emir Kusturica.

Manuela Gandini, giornalista e critica d'arte, vive e lavora a Milano.

Le frontiere sono i luoghi più sporchi del mondo. Questa frontiera è uno dei posti più sporchi della storia umana. Io vengo da questo posto. La mia musica viene da questo posto, dove le musiche religiose cattoliche, ortodosse, mussulmane si mescolano a quelle militari. La tradizione militare è l'unica tradizione solida e vera di questo posto, noi abbiamo poche tradizioni culturali perché noi siamo indietro rispetto a voi di almeno cento anni. Io vengo da un posto dove voi eravate cento anni fa, dove le cose più importanti sono i matrimoni e i funerali…

È un posto così. Il problema è che questa è una vecchia guerra, non c'è niente di nuovo. Penso che da noi la storia si ripeta sempre, per cui se devi scegliere il destino per i tuoi bambini … è meglio che siano francesi o italiani. Ci sono destini come quello del salmone. Ci sono destini come quelli delle sardine. Se sei nato sardina è bello, nuoti nell'oceano, il mare è blu, si vive bene. Se sei nato un salmone, sei nato in un piccolo fiume alla fine del mondo: hai visto un po' di oceano, ma devi andare a morire in un piccolo fiume. Noi amiamo la nostra patria come voi amate la vostra bella patria. Ma non si può cambiare il destino! Io vengo da un posto dove si sa chi ha il potere. Il potere lo hanno i militari e i poliziotti mentre gli artisti servono per avere qualche cosa con cui divertirsi.

• Nella scultura sociale gli artisti invece che cercare di avvicinarsi al sistema dell'arte, se ne allontanano. Allontanarsi dal mondo dell'arte significa andare verso la vita, la società, i fatti politici … significa fare arte, non tanto per rappresentare quello che viviamo, la spiritualità … ma realizzare, cimentarsi, concretizzare, all'interno dei fatti sociali e della realtà, quel che succede e cambiare le cose attraverso gli strumenti dell'arte, della poesia della musica. È il mondo dell'arte

Goran Bregovich was born in Sarajevo, where he lived until the outbreak of the war. He thus moved to Paris, where he lives although his work is based in Belgrade. As a composer and musician he has collaborated with the movie director Emir Kusturica.

Manuela Gandini is both a journalist and art critic who lives and works in Milan.

Borders are the filthiest places in the world. This border is one of the filthiest places in human history. I come from that place. My music comes from that place, where religions —catholic, orthodox, muslim— and music are mixed up with military music. The military tradition is the one solid, true tradition of that place, we have few cultural traditions because we are at least a hundred years behind you. I come from the place where you were a hundred years ago, where the most important things are weddings and funerals…
That's the kind of place it is. The problem is that this is an old war, there's nothing new about it. I think that, in our country, history always repeats itself, so you have to choose your children's destiny … They'll be better off if they're French or Italian. There are different destinies, there is that of salmon and that of sardines. If you're born a sardine it's great, you swim in the ocean, the sea is blue, you have a good life. If you are born a salmon, you are born in a little river at the end of the world: you have seen a bit of the ocean, but you have to go and die in a little river. We love our country as you love your beautiful country. But we can't change our destiny! I come from a place where we know who has power. The army and the police have power, whereas artists are only useful to produce something for entertainment.

• In social sculpture, artists, instead of trying to enter the art system, withdraw from it. Withdrawing from the art world means going toward life, society, politics … it means doing art, not so much to represent what we experience, spirituality … but executing, undertaking, concretizing what is going on in the field of social events and reality, and changing things through the instruments of art, poetry, music. It is the

che cerca di uscire dal proprio mondo e di andare ad incidere nel sociale … ciò significa cambiare la cultura dalla base, agire là dove è possibile, con gli strumenti dell'arte e della cultura, e avviare dei processi che vadano verso cambiamenti. L'arte va al fianco e cerca di scolpire, di essere attiva in qualche modo. Se anche la cultura diventa omogenea al dictat generale … allora siamo finiti. Possiamo cominciare solo partendo dai fianchi, in senso pasoliniano, beuyssiano … Noi siamo gli eredi, siamo quelli che dobbiamo mettere in pratica queste cose … con i nostri piccolissimi strumenti. Ma è con piccolissimi strumenti che si attuano i grandi cambiamenti, non con i grandi strumenti … è proprio da questi incontri, piano piano che le teste cominciano a cambiare. Cominciano a cambiare qui, cominciano a cambiare fuori. È un'operazione di arte relazionale. È una rete che si ingigantisce e che piano piano va a contaminare tutto, ma lo contamina in modo differente. Quindi l'arte non è rappresentazione di un bel niente ma vita, concretezza e processo quotidiano! È difficile vederlo perché tu sei abituato a dire: "questo è un prodotto perché il mercato me lo riconosce, vendo tanto per cui guadagno tanto, sto facendo arte, questo è il mio prodotto". Invece non è così, non è solo quello! Quello è una parte. È il processo, quello che stai vivendo giorno dopo giorno, che crea questa grande, immensa scultura sociale.

• Guggenheim public vuole essere ethos nel senso di casa, di stare bene, di creare un luogo di appartenenza, una coscienza di essere con, di essere comunità.
Per me è fondamentale perché così si entra nella dimensione dell'estetica come di una parte dell'etica. In questo senso io credo nella scultura sociale come in quella possibilità per cui stare bene significa accettare l'altro, quindi essere integrato. Essere nella prospettiva in cui il tuo essere espresso è espressione di adeguatezza, e anche se fosse inadeguato, non lo è perché la norma è la differenza.
Siamo stati abituati a pensare che, se siamo diversi, siamo inadeguati rispetto alla norma. Questa prospettiva di fare ethos, casa, è quella di fare della nostra inadeguatezza un nostro modo di dire che siamo diversi, per fare casa insieme.
In questa prospettiva l'arte diventa necessariamente scultura sociale. Diventa quell'idea per cui la potenza non espressa di tutte le identità si esprime e trova posto.

world of art striving to exit its own world and to go and influence society … that means changing culture from the ground up, acting wherever you can, with the instruments of art and culture, and undertaking processes that are directed toward change. Art maneuvers on the flanks and tries to sculpt, to be somehow active. If culture, too, were to become homogeneous to the overall diktat … then it's the end of us. We can only begin on the flanks, like Pasolini, Beuys … We are the heirs, it's up to us to put those things in practice … with our tiny instruments. But it is with tiny instruments that big changes come about, not with big instruments … it begins precisely with these encounters, little by little our heads begin to change. They begin to change here, they begin to change outside. It's an operation of relational art. It's a net that becomes gigantic and little by little contaminates everything, but contaminates it in a different way. So art is not the representation of a big nothing, but is life, concreteness and an everyday process! It's hard to see it because you're used to saying: "this is a product because the market recognizes it, I sell so much so I earn so much, I'm making art, this is my product." Instead it's not like that, it is not just that! That is a part of it. It's the process, what you are living day after day, that creates this great, huge social sculpture.

• Guggenheim public endeavors to be ethos, meaning home, feeling good, creating a place for belonging, an awareness of being with, of being community. For me it is essential, because that way we enter in the dimension of aesthetics as a part of ethics. In that sense I believe in social sculpture as that possibility where feeling good means accepting others, that is, being integrated. Being in the perspective where your expressed being is an expression of adequacy, and even if it were inadequate, it isn't, because the norm is difference. We are used to thinking that if we are different we are inadequate with respect to the norm. This prospect of creating ethos, home, is that of making our inadequacy our own way of saying we're different, to create a home together. From that point of view art necessarily becomes social sculpture. It becomes that idea whereby the unexpressed potency of all identities is expressed and finds space.

17.5.00

Non dovremmo aver bisogno di controllare, dovremmo lasciarci curare da ciò che non controlliamo: è il cervello-controllore il nostro nemico perché ci assorbe tutto il tempo e fa sì che non abbiamo più tempo per la cura…

• Io che credo che questo sia un grosso tema che possiamo affrontare solo in modo parziale e inadeguato. Oggi possiamo pensare tutto però dobbiamo anche chiederci in quale relazione il tutto che pensiamo è con il determinato tempo in cui ci troviamo. Dobbiamo contestualizzare. A questo proposito direi che per un verso questo sincretismo che stiamo vivendo assomiglia ad altri momenti storici, ad esempio nella grecità classica quando di fronte ad una globalizzazione analoga a quella che stiamo vivendo oggi ci sono stati altri tipi di sincretismo … cioè una sorta di raccolta di tutti i saperi, di tutti i contributi della diverse civiltà allo scopo di creare un contesto che corrisponda all'esigenza di senso dell'uomo. D'altra parte è un aspetto positivo della nostra epoca, ce ne sono molti di negativi, pericolosi ma questo è positivo: noi siamo relativamente in grado di dialogare con epoche diverse come se fossero presenti. Io credo che noi siamo ad una sorta di fine della storia, di una storia, quella che abbiamo vissuto nel 900, la storia ideologica. In questa nuova condizione siamo privilegiati perché liberati da una storicità come rappresentazione storica, e vicini alla condizione umana nella sua essenza.

L'autenticità è una condizione che è per un verso privilegiata, per un verso molto pericolosa. Il sincretismo è pericoloso perché può porci in una situazione di rassicurazione. Io penso che il vero è ciò che per noi non è rassicurante. Il vero è ciò che

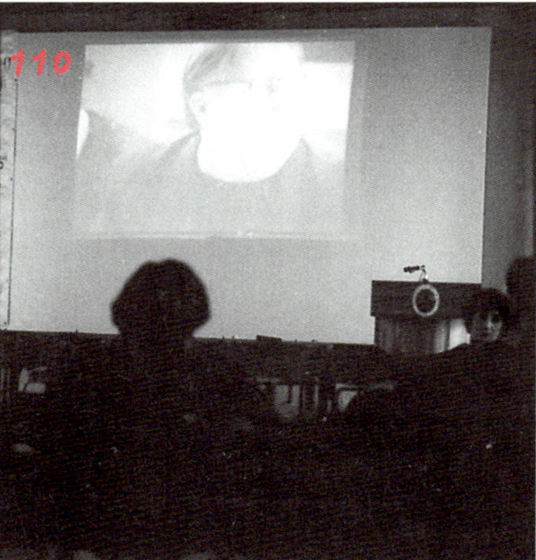

We shouldn't have to exert control, we should let ourselves care for what we don't control: the controller-brain is our enemy since it absorbs us all the time and doesn't leave us any time for caring…
• I believe it is a major theme we can only face in a partial, inadequate way. Today we can think everything, but we should also ask ourselves what is the relationship between everything we think of and the specific time we are living in. We have to contextualize. I would say that on the one hand this syncretism we are living in is similar to other periods in history, for instance in Greek classicism, when faced with a globalization analogous to ours today, there were other kinds of syncretism … that is, a sort of assembling of all the different kinds of knowledge, all the contributions of the various civilizations, with the purpose of creating a context that coincided with man's demand for meaning … On the other hand, one positive aspect of our time — there are many negative, dangerous ones, but this one is positive — is that we are relatively able to dialogue with other periods as if they were present. I believe we are somehow at the end of history, of the history we lived in the 20th century, the ideological history. In this new condition we are privileged, because liberated from historicism as a historical representation, and close to the human condition in its essence.

per noi è inquietante. Il vero è ciò che ci fa accendere le luci, non spegnere le luci. Il vero è ciò che ci costringe ad una sorta di allarme per cui siamo obbligati a risvegliaci piuttosto che ad addormentarci. La nostra tendenza naturale è quella dell'assopimento. L'allarme è invece quella situazione in cui sbarro gli occhi e sto attento. Il sapere che abbiamo è sempre un sapere che non si pone come corrispondente a ciò che effettivamente è, ma che si pone nel senso di soddisfare, di corrispondere a certe esigenze. Se funziona l'esigenza pratica della scienza, può funzionare anche l'esigenza pratica della rassicurazione ... Qui c'è una differenza sottile perché tanto più funziona la rassicurazione, tanto meno è soggettivamente fondata. Quello che noi vogliamo realizzare è la condizione nella quale siamo in grado di non essere vittime di sentimenti che sono declinanti per essere in grado di creare delle condizioni per cui abbiamo dei sentimenti generatori. Tutto ciò però non può rinchiudersi in un gioco soggettivo, perché il gioco soggettivo è un inganno di cui ognuno ha il sentore, per cui proprio perché la verità è funzionale nel senso che deve funzionare, funziona tanto meglio quanto meno è legata alla soggettività. La prova determinante è se queste verità che noi accettiamo e utilizziamo sono in grado di renderci più svegli e più in allarme oppure se ci spingono verso una penombra in un sopore, che corrisponde all'assolutismo, all'autoritarismo ... Io non so quale altra verità scegliere se non questa: "la verità deve essere assolutamente inquietante; deve essere qualche cosa che mi stana".

• A volte nell'incertezza dell'agire, mi interrogo su quale sia la risposta "giusta". Quella che permette sonni tranquilli. La risposta è sempre quella dell'amore, del dare ... Non voglio dire che ci si deve sacrificare per gli altri. Credo sia necessario piuttosto, prendersi cura degli altri, del rapporto che instauriamo con loro ... Quello che abbiamo in cambio è a volte solo la consapevolezza di aver agito in modo vitale, di aver permesso alla risposta di uscire pura dal profondo. Che cosa resta? Poco, quasi niente ... ma è poi così? Vedremo, non c'è fretta, non c'è nessuna fretta. Tranquillità di fondo ... questo è un bel modo di procedere ... lentamente ma inesorabilmente verso forme di

Authenticity is a condition that is at once privileged and highly dangerous. Syncretism is dangerous because it can put us in a situation of reassurance. I think the truth is something that does not reassure us. The truth is something that disturbs us. The truth is something that makes us turn on the lights rather than turn them off. The truth is something that alarms us, so we are forced to wake up rather than go to sleep. Alarm is the situation where I open my eyes wide and am attentive. The knowledge we have is always a knowledge that does not coincide with what actually is, but that satisfies, coincides with certain demands. If the practical demand of science works, then the practical demand of reassurance can work too ... Here we have a subtle difference, because reassurance works all the better if it is less subjectively grounded. What we want to achieve is the condition in which we are able to avoid becoming the victims of debilitating feelings, so as to be able to create conditions whereby we have productive feelings. But all this cannot be limited to a subjective game because the subjective game is a deceit we all are aware of, and precisely because the truth is functional in the sense that it has to work, it works all the better if it is less related to subjectivity. The test is whether the truths we accept and use can make us more awake and more alert or if they push us toward a twilight and a drowsiness, that coincides with absolutism, with authoritarianism ... I don't see any other truth to choose than this one: "truth must be absolutely disturbing; it must be something that rouses me."

• Sometimes in the uncertainty of action, I wonder what is the "right" answer. The one that provides a good sleep. The answer is always love, giving ... I'm not saying you have to sacrifice yourself for others. Instead I think it is necessary to care for others, for the relationship we set up with them ... What we receive in exchange at times is only the awareness of having acted in a vital way, of having allowed the response to spring, pure, from the depths. What is left? Just a little, hardly anything ... but is it really like that? We shall see, we're not in a hurry, not at all in a hurry. Essentially tranquil ... that is a good way to proceed ... slowly but inexorably toward always different forms of

dobbiamo scegliere. Insieme all'etica questa è anche l'origine della tragedia dell'umano perché significa che l'orientamento, che è parola molto simile alla parola senso, non è più dato. Questo significa che le costruzioni culturali sono sempre provvisorie e precarie e che devono dunque sempre in qualche modo stabilizzarsi. Per ogni cultura esiste sempre la possibilità che l'orientamento di senso naufraghi. La catastrofe culturale è sempre possibile, è sempre in agguato, come è sempre in agguato, dal punto di vista individuale, la possibilità di non appartenenza ad una certa cultura. Il non riuscire a condividere quel comune senso che ci permette per altro la vita anche dal punto di vista materiale. È un altro modo per parlare di follia o di qualsiasi malessere identitario. Anche la crisi dell'identità singola dei membri di una data cultura è sempre in agguato. Gli strumenti della comunicazione e dell'educazione culturale sono quegli strumenti che tendono a impedire la catastrofe culturale, insieme alle religioni e alle psicoterapie che tendono a fare qualche cosa per impedire la crisi del singolo. Naturalmente queste stesse possibilità negative sono possibilità positive di trasformazione della crisi in qualche cosa di nuovo. Da una parte c'è il rischio del nero della psicosi, dall'altra la possibilità della creazione. Sono caratteristiche dell'animale visionario. Si può vedere altrimenti. Questo vedere altrimenti è assolutamente pericoloso, può metterci in una condizione di solitudine incomunicabile, di perdita e di smarrimento. Ma può essere anche l'invenzione di un mondo.

• Questo vuol dire che l'animale visionario è utopico anche quando crede di essere conservatore. Noi viviamo nell'utopia. Questa è una banalità perché noi viviamo in un mondo che ha avuto luogo attraverso l'immaginazione.

• Il problema non è quello di essere pro o contro l'utopia. Ma a quale utopia, a quale visione noi aderiamo. Oggi ci troviamo nella condizione che da

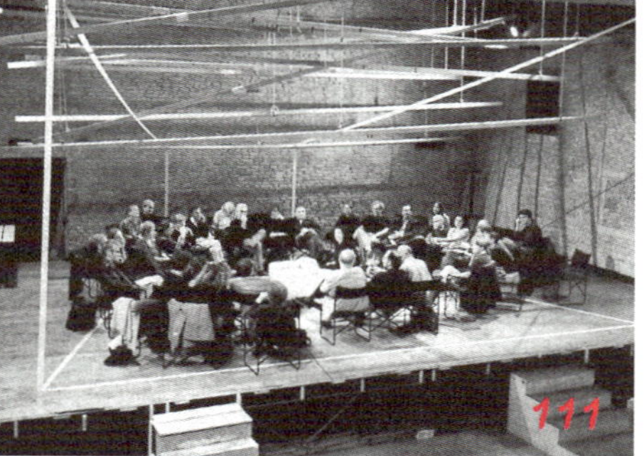

means that cultural constructions are always temporary and precarious and that they always have to somehow be stabilized. For every culture there is always the possibility that the orientation of meaning one has chosen can fail. Cultural catastrophe is always possible and always lurking, just as the possibility of not belonging to a certain culture, from the individual point of view, that is the failure to share the common sense that allows us to live, even on a material level. It is another way of talking about insanity or any other identitary discomfort. The crisis of the individual identity of the members of a given culture is always latent as well. The instruments of communication and cultural education are those instruments that tend to prevent the cultural catastrophe, along with religions and psychotherapies that tend to prevent the crisis of the individual. Of course those same negative possibilities are positive possibilities of turning the crisis into something new. On the one had there is the risk of the darkness of the psychosis and on the other the possibility of creation. These are characteristics of the visionary animal. You can see otherwise. This seeing otherwise is utterly dangerous, can put us in a state of non-communication and loneliness, of loss and dismay. But it can also be the invention of a world.

• This means the visionary animal is utopian even when he thinks he is conservative. We live in utopia. This is a commonplace since we live in a world that came about through imagination.

• The problem is not being for or against utopia. But which utopia, which vision we embrace.

• Today we are in a situation that on the one hand has made desire and the idolatry of the Ego the rule, and on the other instead, especially through things, creates bonds and brings about universal interdependence.

• Concerning merchandise this process is utterly obvious, concerning knowledge it is becoming so.

una parte pone il desiderio come legge, l'idolatria dell'ego, e dall'altra, soprattutto attraverso le cose, crea legami e realizza l'interdipendenza universale.

• Per quanto riguarda le merci questo processo è ovvio, per quanto riguarda la conoscenza lo sta diventando. Forse l'unico punto dove questa universale interdipendenza non si vede ancora bene è la circolazione degli uomini.

• Quello che circola meno è la forza lavoro degli uomini. Questo è l'oggettività che non è ancora spirito. Ma se soltanto noi capissimo a fondo le conseguenze, cosa significa interdipendenza universale, allora noi capiremmo bene che il sé più intimo è costituito da questa interdipendenza e che la nostra condizione attuale è quella di un'interdipendenza specifica, cioè quella universale del genere umano. Per la prima volta nella storia ogni individuo dipende dall'intero genere umano. Per la prima volta la catastrofe culturale non è il pericolo di una parte dell'umanità ma il pericolo dell'umanità in toto.

• Come pure l'immaginare una convivenza diversa che assicuri un

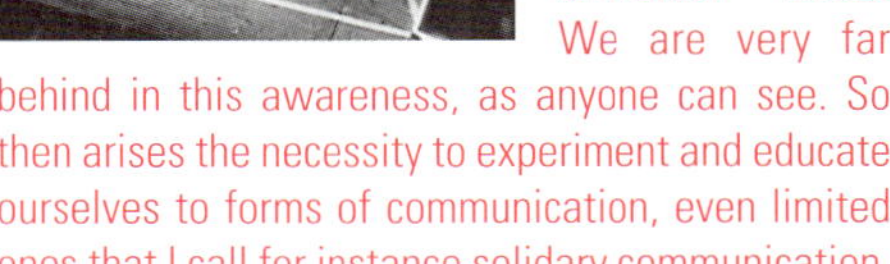

futuro al pianeta e alla specie è affare universale. Quanto noi siamo arretrati rispetto a questa consapevolezza è sotto gli occhi di tutti. Nasce quindi la necessità di sperimentare e di educarsi a forme di comunicazione magari limitate che io chiamo ad esempio comunicazione solidale.

• Forse il vero momento in cui ci sentiremo veramente e universalmente uomini sarà paradossalmente quando noi incontreremo una cultura extraterrestre.

• Tu, Madera, hai posto l'accento su una cultura universale. Questo è un tema che può risultare indisponente a culture ancora legate ad una fede in una sorta di irriducibilità soggettiva del singolo. La domanda che ti volevo fare era che non è apparsa chiara l'alterità rispetto a questa interdipendenza. C'è un che di ineluttabile, di destinale in questa interdipendenza inintoglibile. Per cui qualunque gesto di autonomia appare illusorio, autoconsolatorio...

• Tutte le religioni hanno in fondo sempre parlato di

Maybe the only area where this universal inter-dependence is not yet clearly perceptible is the circulation of persons.

• The human work force is what circulates the least. This is objectivity that is not yet spirit. But if only we could really understand its consequences, what universal inter-dependence really means, then we could understand that the most intimate Self is formed by this inter-dependence and that our present state is one of a specific inter-dependence, that is, the universal one of the human species. For the first time in history each individual depends on the entire human species. For the first time cultural catastrophe is not the danger of part of humanity but of entire humanity.

• Imagining a different way of living together that would guarantee the future of the planet and the species is a universal issue. We are very far behind in this awareness, as anyone can see. So then arises the necessity to experiment and educate ourselves to forms of communication, even limited ones that I call for instance solidary communication.

• Maybe the real moment when we will feel truly and universally human beings will paradoxically be when we will encounter a culture from the outer world.

• Madera, you emphasized a universal culture. This is a theme that may be upsetting for cultures still connected with a belief in a sort of subjective irreducibility of the individual. The question I wanted to ask you is that the alterity with respect to this inter-dependence was not clear to me. There is something ineluctable, predestined in this unintelligible inter-dependence. So whatever gesture of autonomy seems illusory, self-consolatory…

• Every religion has always talked about inter-dependence in their own way. Now I'm saying this is now historically a fact. An economic, social,

interdipendenza universale a loro modo. Ora io dico che per evento storico questo è diventata un fatto. Un fatto economico, sociale, culturale e quindi psicologico. Questo fatto è ineluttabile ma la sua ineluttabilità come sempre, essendo l'animale un visionario, ha una doppia possibilità o ne ha molte. Noi oggi siamo nella condizione di burattini passivi che non sanno che tipo di messa in scena stanno facendo e sono organizzati da un meccanismo che non conoscono e nel quale non possono prendere decisioni. Siamo legati da meccanismi che ci sovrastano. Questo è il fatto. Noi possiamo scegliere che vada avanti così. Io penso che questo sia molto rischioso. Una guerra di tutti contro tutti e naturalmente contro l'ambiente. Questa è una scelta. L'altra scelta è se l'interdipendenza universale diventa consapevolmente, e come decisione, solidarietà. Cioè se diventa un progetto, una visione e una pratica delle relazioni. È evidente che questa ineluttabilità, proprio perché noi abbiamo la capacità di immaginare altrimenti è ineluttabile solo come punto di partenza. Siamo quindi in una situazione di estremo pericolo ma di straordinaria possibilità. Queste straordinarie possibilità non sono affatto un'utopia di qualcuno che le scrive, le pensa … sono un movimento sotterraneo che comunque esiste, fatto di diversi piccoli o grandi gruppi di persone che si mettono in azione.

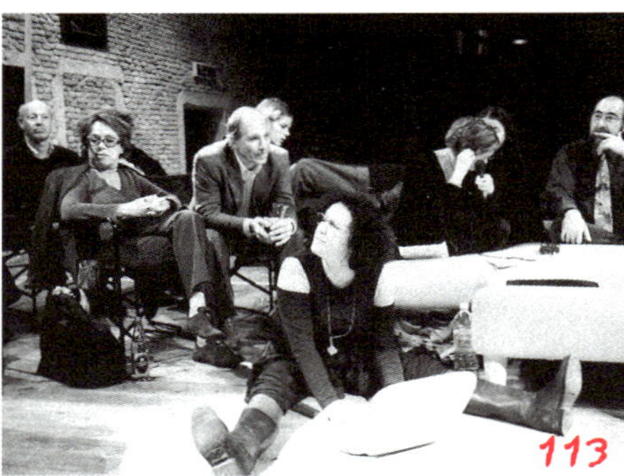

cultural and therefore psychological fact. This as an ineluctable fact but as always its ineluctability, since the animal is visionary, has a double possibility or even many. Today we are in the situation of passive puppets that do not know what type of performance they're in and are run by a mechanism they don't know and in which they cannot make decisions. We are bound by mechanisms that rule us. This is the fact. We can choose to let things go ahead like that. I believe that is highly risky. A war of everyone against everyone is naturally against the environment. This is a choice. The other choice is if universal interdependence becomes, with awareness and by a decision, solidarity. That is, if it becomes a project, a vision and a practice of relationships. It is obvious that this ineluctability, precisely since we have the capacity to imagine otherwise is ineluctable merely at the start. So we are in a situation of great danger but of extraordinary possibility. These extraordinary possibilities are not in the least a utopia of someone writing it, imagining it … they are an underground movement that actually exists, formed by various small or large groups of persons who engage in action.

26.1.00

con with *Giacomo Marramao*

Giacomo Marramao è professore ordinario di filosofia politica presso l'Università di Roma Tre, visiting professor presso numerose altre istituzioni e membro del Collège International de Philosophie di Parigi.

Il potere è quanto impedisce all'amore di esplicarsi liberamente o comunque lo costringe ad esplicitarsi solo attraverso certe modalità. Il potersi esprimere deve essere diverso dal potere come autorità dell'espressione.

Questi incontri sono una sfida per tutti noi e lo diventano anche per gli ospiti che sono invitati a non rappresentarsi come autorità. È una questione di energia: tutto dipende da come ci poniamo nei confronti di un certo avvenimento, di una certa persona, possiamo ostacolare o facilitare.

La comunicazione avviene a livelli sottili, non ha regole. Non ci sono formule che permettano di dire quali siano le modalità secondo cui avviene la comunicazione come evento. Credo che l'amore come metodologia possa attivare il processo dell'andare verso. L'amore è quella condizione che fa emergere nel "pubblico" l'esperienza della condivisione.

• C'è una contraddizione culturale tra i termini "amore" e "pubblico".

• L'amore-amicizia così come lo intendevano i Greci è la *filia*: un collante che nella modernità si è modificato in intimità-segreto. Nella modernità l'amore passione si separa, va oltre la dimensione codificata dell'amore coniugale, l'arte e la letteratura lo mostrano chiaramente. Assistiamo alla neutralizzazione dell'eros attraverso la grande chiacchiera sul sesso. A questo punto abbiamo tre livelli che si mescolano: quello della filia o della comunicazione (legame) che eccede qualunque calcolo, quello della sessualità e quello dell'eros. Perché l'amicizia si verifichi come evento non ci sono regole, ci deve essere quella singolarità per cui l'uno rappresenta per l'altro qualche cosa di insostituibile.

Giacomo Marramao is professor of political philosophy at the University of Rome, visiting professor in various other institutions, and member of the Collège International de Philosophie (Paris).

Power is what prevents love from freely explaining itself, or anyway forces it to explicit itself only in certain modalities. The power of self-expression has to be different from the authoritarian power of expression. Our meetings are a challenge for all of us and our guests, who are invited to not represent themselves as authority. It is a question of energy: everything depends on how we behave when faced with a certain event, a certain person — we can create obstacles or facilitate.

Communication comes about on subtle levels, there are no rules. There aren't any formulas that enable us to say which are the modalities that produce communication as event. I believe that love as methodology can stimulate the process of going toward. Love is that condition that makes the experience of sharing come about in "public".

• There is a cultural contradiction between the words "love" and "public".

• Love-friendship as the Greeks understood it is *philia*: a bond that modernism has transformed into intimacy-secret. In modernism love-passion become separate, go beyond the codified dimension of marital love, as art and literature clearly prove. Eros is neutralized by a lot of talk about sex. At this point we have three levels that are combined: that of philia or communication (bond) that exceeds any calculation, that of sexuality, and that of Eros. For friendship to become event there are no rules, there has to be that singularity whereby Someone represents for the Other something irreplaceable.

• In "public", love means putting yourself at stake, which implies renouncing the "Self". We should have a clear view of the relationship between the part of myself I am willing to put at stake, to renounce and that is not my whole self, and the self

• Nel "pubblico" l'amore è questo mettersi in gioco che implica una rinuncia al "sé". Dobbiamo avere chiara la relazione tra ciò che di me sono disposto a mettere in gioco: quel me a cui rinuncio, che non è tutto me stesso, e quel me che non si mette in gioco perché se si mettesse tutto in gioco non ci sarebbe più nessuno che si mette in gioco. Come configurare questo?

• Mettersi in gioco è la condizione in cui siamo visto che lo spazio in cui viviamo è forzatamente condiviso. È uno spazio che non è di proprietà ma che risponde alla modalità interattiva tra i soggetti che lo abitano, al di là del loro controllo. L'incontro di questi soggetti è costruttivo solo se c'è il lasciarsi andare all' incontro o, in senso evoluto, la coscienza di se stessi nell'azione dell'andare incontro al diverso: lo sconosciuto. Siamo ancora ben lontani, non dico nella teoria ma nella pratica dell'accettazione dell'altro nella sua diversità. Questo a livello di gruppo. A livello individuale le differenze tra culture possono essere superate. Vi sono molti matrimoni tra diversi, rapporti tra individui ed etnie diverse. A livello individuale, sembra che non sia un ostacolo all'intesa d'amore, a livello di comunità e gruppi si determina invece quel fenomeno che porta a cercare le trincee dell'identità entro la comunità.

• Guggenheim public è apertura, dove non c'è identità nel riconoscimento reciproco, ma concerto di distinti che si riconoscono in un intento comune. Il prezzo che paghiamo è nel dover ricominciare lo stesso discorso infinite volte, ma questo non è mai inutile perché ogni volta si aggiunge qualche cosa di nuovo.

• Se Kant aveva affermato che niente di grande può essere compiuto sotto la spinta della passione, Hegel aveva ribadito che niente di grande può essere fatto senza la passione. Queste due visioni ancora oggi ci prendono … se noi consideriamo la passione come quella forza che arriva a dominarci, a diventare padrona di tutte le nostre passioni,

I do not put at stake, because if we were to put our whole person at stake there would be no one left to put at stake. How can we configurate that?

• Putting ourselves at stake is the condition in which we see that the space where we live is forcibly shared. It is a space without an owner, that coincides with the interactive modalities between the subjects that are in it beyond their own control. The encounter between these subjects is constructive only if they allow the encounter or, in an evolved sense, are aware of themselves moving toward what is different: the unknown. We are a far cry from that, I don't mean in the theory but in the practice of accepting the Other in its diversity. On a group level I mean. On an individual level the differences between cultures can be overcome. There are countless marriages between different categories, and relationships between different individuals and races. On an individual level, it would seem there are no obstacles to agreement through love, instead on the level of communities and groups we observe the factor that leads to seek identity and separation within the community.

• Guggenheim public is openness: identity is not in reciprocal recognition but in a concert of differences that recognize each other in a common intent. The price we have to pay is to endlessly repeat the same notions, but it is never a waste since each time something new is added.

• If Kant claimed that nothing great could occur under the impulse of passion, Hegel replied nothing great could occur without passion. Today those two visions interest us … if we consider passion as the

questo tipo di passione assomiglia alla passione come dominio che appunto fiorisce nel rapporto a due ... se invece la consideriamo come quella forza che riesce ad animarci senza arrivare a renderci schiavi, allora questa è la vita, è la conoscenza, è l'eros, come lo intendeva la grecità. L'eros come mediatore tra gli uomini e gli dei, come traduttore di due linguaggi diversi. Io credo che qui, al Guggenheim public, ci ispiriamo all'eros in questo ultimo senso. Quella forza che noi comunque riusciamo a controllare, che non diventa padrona di noi, ma che riusciamo a sperimentare aperta. Diventa passione della conoscenza che ci spinge in relazione all'altro, attraverso l'ascolto dell'altro, per allargare i nostri orizzonti.

Quando andiamo oltre il limite del Due possiamo aprirci ai molti ed entrare nella prospettiva dell'amore come etica.

force that rules us, that masters all our passions, it resembles passion as dominion thriving in the relationship between two. Instead if we consider it as that force that arouses us without enslaving, it is life, it's knowledge, it's Eros, as it meant to the Greeks: Eros as the mediator between men and the gods, as the translator of two different languages. I feel that here we of Guggenheim public draw our inspiration from Eros in that last meaning. That force that we are able to control, that does not hold sway over us, that we can experience as open. It becomes the passion for knowledge that spurs us toward the Other, by listening to the Other, to enlarge our horizons.

When we go beyond the limit of Two we can open up to many, and enter into the perspective of love as ethics.

14.6.00

con with *Sergio Manghi*

Sergio Manghi insegna sociologia della conoscenza presso l'Università di Parma. È autore di numerosi saggi, in particolare sui modelli biologici del comportamento umano e sulla natura dei processi emozionali e cognitivi.

Siamo profondamente, inconsciamente cartesiani e ci basiamo su di un dualismo molto forte tra corpo e mente. Trovo, al cuore della questione evoluzionistica, diversamente da quanto espresso dai linguaggi evoluzionisti, la categoria della relazione.
Tutto il discorso che proponeva Bateson aveva al centro l'idea di relazione, il che mi consentiva di pensare a pieno titolo la mia formazione sociologica e antropologica all'interno di quel "grande paradigma".
La domanda che pone Bateson è: "quale *pattern* connette il granchio con l'aragosta, l'orchidea con la primula e tutti e quattro con l'ameba da una parte e con lo schizofrenico dall'altra e tutti insieme a voi, a me, a noi tutti?"
La relazione viene per prima, precede. Il nostro pensiero tende per lo più a soffermarsi sulle parti, a dare priorità alle parti e a pensare che la relazione viene dopo. Non si può non comunicare. La comunicazione è una pre-condizione del pensiero. Il pensare è inter-pensare. Le idee che vengono a me, vengono a me in quanto parte di un sistema interattivo. L'idea prende corpo nell'interazione tra menti. La relazione è una scommessa. Si scommette sulla relazione come principio interattivo. Precedere è mettersi nella perdita come apertura totale.
Essere in relazione non è una scelta, è una necessità. È una disciplina molto difficile, per noi occidentali, abituati a pensare in termini individualistici o universalistici … una disciplina estetica, religiosa.
L'essere in relazione espone a continui equivoci.
Il doppio legame si crea in quei contesti in cui c'è un'emozionalità molto forte. Contesti nei quali comportarsi in maniera adeguata è di vitale

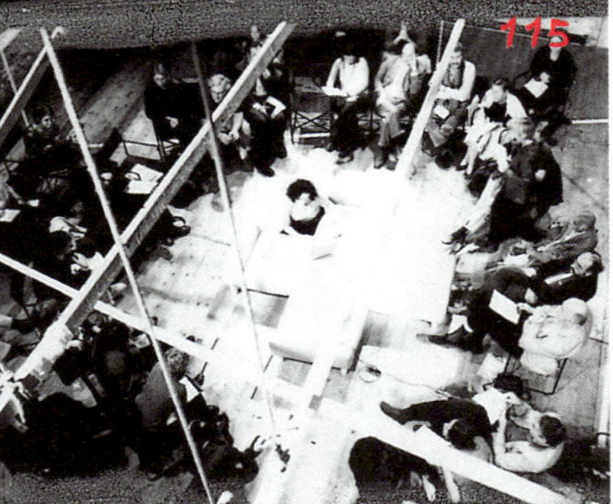

importanza. Il vincolo è sempre reciproco. Anche la creazione del nuovo ha le caratteristiche del doppio vincolo. È il meccanismo della creazione che fa sorgere quella cosa che prima non c'era e che rende compatibili due aspetti che sembravano incompatibili…

Le conseguenze delle mie azioni non sono le conseguenze delle mie azioni.

• Per fare storia dobbiamo trovare una complicità nell'autorappresentarci.

L'autorappresentazione è assolo nel paesaggio contemporaneo e quando c'è, il coraggio diviene esplosione di soggettività! Che racconto ci può essere se esiste solo un flusso di autoreferenzialità che si manifestano?

Solo attraverso lo sforzo cosciente si può trovare la bontà di una convergenza, di un intento comune. Forse il racconto non è più possibile nella sua inerzialità: è solo possibile come apertura di coscienza.

• Il racconto può germinare solo se qualcun altro lo ritiene sensato. Ognuno di noi può continuare a pensare dotato di senso il proprio discorso, nella misura in cui rimane accoppiato ad altri discorsi che lo accompagnano, anche lo contraddicono ma pur contraddicendolo mostrano di riconoscerlo.

In quel riconoscere il suo discorso c'è comunità, c'è con-senso, co-racconto. Perché racconti puramente soggettivi, per quella che è la mia esperienza, non se ne danno.

• Tutto parte sempre dal presupposto che c'è un presupposto che può essere negato. Io penso che dobbiamo dire: "non c'è presupposto!"

• Se c'è un presupposto dipende dal contesto in cui ci si pone la domanda.

Le domande che ci poniamo, le poniamo dall'interno della nostra storia, dai nostri contesti. Non ci sono domande assolute.

La filosofia ha sognato a lungo le domande assolute. È anche possibile, ma allora spostiamoci in ambito teologico. In termini sociologici dire c'è un presupposto può significare che diamo fortemente tutti per scontato che c'è qualche cosa di stabile.

to thinking in individualistic or universalistic terms: an aesthetic, religious discipline. Being in a relationship exposes us to constant misunderstandings. The dual bond is created in those contexts in which there are strong emotions — contexts in which behaving adequately is vitally important. The bond is always reciprocal. Even the creation of something new has the characteristic of a dual bond. It is the mechanism of creation that gives rise to something that was not there before, and that makes two apparently incompatible aspects become compatible…

• To create history all self-representations should converge in a common narrative. Self-representation plays a solo on the contemporary scene, and when it does, courage becomes an overflowing of subjectivity! What kind of narrative can there be if all we have is torrents of self-referentiality?

Only through conscious striving can we find the goodness of a convergency, of a shared intent. Maybe a narrative is no longer possible as a given mode: it is only possible as something that opens our awareness.

• A story can blossom only if it makes sense to someone else. Each of us can continue to believe that what we are saying makes sense, as long as it is coupled with other speeches that accompany it; they can contradict it, but even by contradicting it they prove they acknowledge it. In that recognition of our speech we have community, con-sensus, co-narrative. As far as my experience goes, there is no such thing as an entirely subjective narrative.

• Everything always starts with the assumption that there is an assumption that can be denied. I think we ought to say: "there is no assumption!"

• There being or not being an assumption depends on the context in which the question is asked. The questions we ask come from within our own story, our contexts. There are no absolute questions. For a long time philosophy dreamed of absolute questions, it is possible, too, but in that case we shift to a theological level. In sociological terms, saying there is an assumption might signify we are taking for granted that something stable exists.

La rappresentazione uccide se stessa, si relativizza e uccide se stessa. La storicità è rappresentazione, la fine della rappresentazione è la fine della storicità. Questo è un tema che mi interessa molto. Nemmeno la dimensione dell'arte si salva.

Non possiamo dare per scontato che arte ci sia. Possiamo dire che c'è stata ma non possiamo dire che in questo momento ci sia ancora. Nella rappresentazione ci sono delle direzioni, delle tendenze in atto che noi percepiamo come affermantesi, sviluppantesi, nella condizione del superamento della rappresentazione invece non c'è niente. C'è continuamente la scommessa della totale contiguità di essere e di nulla. La storicità in qualche modo tiene lontani l'essere e il nulla. C'è una condizione intermedia che è quella della transizione. La storicità è transizione permanente che ci garantisce un'alternativa radicale. Se viene meno la rappresentazione e la storicità, allora essere e nulla si trovano assolutamente contigui. Noi dovremmo essere meno trionfalisti e meno certi di questo nostro progredire, di questo nostro andare perché tutto quello che è stato fatto non dimostra nulla. Tutto quello che abbiamo conquistato non è definitivo. Credo che dobbiamo recuperare totalmente il senso che in ogni momento il senso è assolutamente in gioco e se c'è arte, ammesso che ci sia, questa deve nascere da risultati che momento per momento si determinano per l'essere che vince. Ma non è detto che vinca! Questo gioco è così radicale che noi spontaneamente, culturalmente, siamo portati dalle derive dello storicismo a truccare in qualche modo questo scontro. Io penso che la condizione dell'artista sia di colui che scommette di riuscire a far prevalere l'essere sul nulla. Per cui non c'è nessuna garanzia, nessun risultato scontato e l'unica certezza è che noi comunque siamo in gioco.

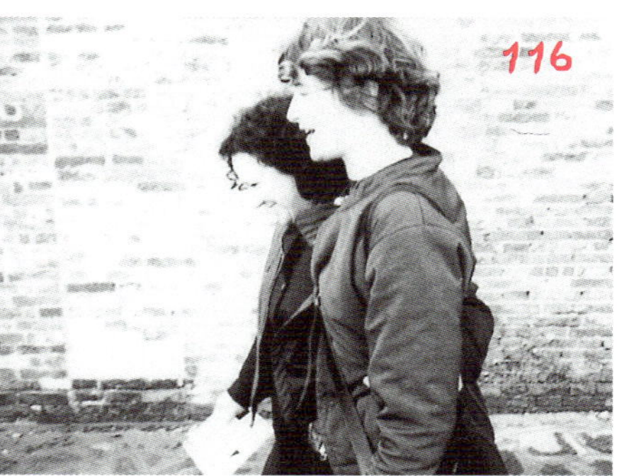

Representation kills itself, sees itself as limited and kills itself. Historicism is representation, the end of representation is the end of history. I'm very interested in the subject. It even has to do with the dimension of art. We cannot take for granted the existence of art. We can say it once existed, but we can't say it still does. In representation there are directions, tendencies under way that we perceive as asserted, developed in the overcoming of representation, but there is nothing of the sort. We constantly wager on the total continguity of being and nothingness. In a way, historicism keeps being and nothingness apart. There is an in-between condition, and that is transition. Historicism is a permanent transition that warrants us a radical alternative. If representation and historicism were to disappear, then being and nothingness would be right beside one another. We ought to be less vainglorious and less certain of our progress, of our going ahead, because all that has been done does not prove a thing. Everything we have won is not permanent. I believe we ought to entirely restore the sense that in each moment sense is utterly at stake, and that if art exists, assuming it does, it must spring from results defined step by step by the winning being. But we're not sure it will win! It is such a radical game that historical drifts spontaneously, and culturally urge us to foil that opposition. I believe the artist is someone who wagers on having "being" win over nothingness,

• Siamo nella situazione di dire che manca totalmente l'identificazione dell'io. L'autorappresentazione è la cosa più difficile da fare nel nostro tempo, perché il coraggio che oggi ci manca è proprio quello di negarci totalmente. Tutto quello che diciamo, tutto quello che siamo non è qualche cosa che si può individuare in un' entità precisa: l'io. L'io dal punto di vista razionale, empirico, non lo trovi. Questa non è una novità. Tuttavia è anche vero che una volta riconosciuto e affermato bisogna negarlo a favore di un es e questo es è qualche cosa di ancor più misterioso. Quello che ho dunque affermato -l'io- sono costretto a negarlo per affermare l'*es*. Abbiamo negato che esiste l'*io* e nello stesso tempo dobbiamo affermare che questo io esiste.

Questo è secondo me il compito più difficile.

• Può darsi che salti fuori nella parola stessa che parla. La parola non è enunciativa ma è performativa. Il fatto stesso di autorappresentarsi significa presentarsi cioè crearsi.

• Non vedo il dissolvimento dell'io quando si rifugia nell'*es*. Quello che mi interessa del contemporaneo è la multidimensionalità. Quello che è inattuale è l'io ad una dimensione. Noi oggi siamo sfidati a misurarci in dimensioni diverse, ad essere contemporaneamente in dimensioni diverse, ad assumere verità diverse in contesti diversi e questo contemporaneamente. Questa è la virtualità. L'informatizzazione ci costringe ad una specie di virtualizzazione psichica per cui non possiamo più ritrovarci in un io come quello di un tempo. Il nostro io sta cambiando assetto. È un io multidimensionale che si gioca in dimensioni diverse senza perdersi, senza diventare schizofrenico: questa è la sfida, l'eterogenesi dell'umano. Un io definito e monolitico, che ha una realtà di fronte, che ha un suo bagaglio esperienziale sicuro, che si colloca in maniera ben strutturata rispetto al mondo, non è più praticabile dal punto di vista filosofico. Quello che l'informatizzazione ci chiama ad abitare è un mondo multidimensionale e noi dobbiamo in qualche modo

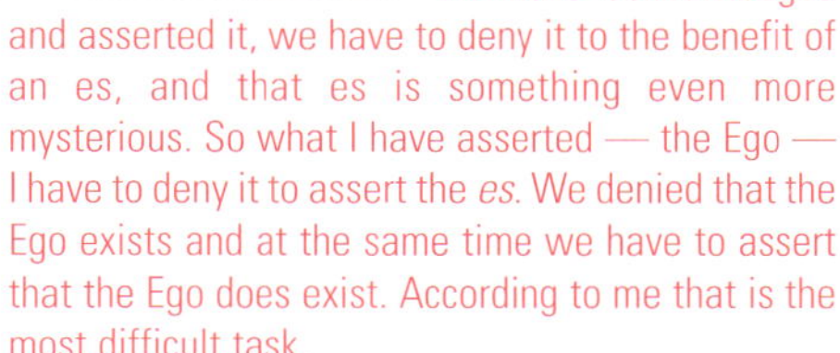

without any guarantee nor positive results. The one certainty is that of being at stake.

• We are in a position to say that the identification of the Ego is totally lacking.

Self-representation is the most difficult thing to do in our time, because we precisely lack the courage to totally deny ourselves. Everything we say, everything we are is not something we can identify in a precise entity: the Ego. The Ego from a rational, empirical point of view, you just can't find it. This is not something new. Yet it is true that once we have acknowledged and asserted it, we have to deny it to the benefit of an es, and that es is something even more mysterious. So what I have asserted — the Ego — I have to deny it to assert the *es*. We denied that the Ego exists and at the same time we have to assert that the Ego does exist. According to me that is the most difficult task.

• Maybe it will spring up in the very word that speaks. Words are not enunciative but performative. The very fact of self-representation means presenting yourself, that is, creating yourself.

• I don't see the Ego dissolving when it seeks refuge in the *es*. What I find interesting in the contemporary context is the multi-dimension. What is obsolete is a one-dimensional Ego. Today we are challenged to measure ourselves with several dimensions, to be in different dimensions at the same time, and to experience different truths in different contexts simultaneously. That is virtuality. Computerization constrains us to a kind of psychic virtualization which prevents us from recognizing ourselves in an Ego as we used to. Our Ego is changing its structure. It is a multi-dimensional Ego that plays in different dimensions without getting lost, without becoming schizophrenic. That is the challenge, the heterogenesis of human nature. A defined, monolithic Ego, with a façade reality, with its assured baggage of experience, and well-

rispondere a questa chiamata, con un adeguamento del nostro io. Questa è la sfida del contemporaneo: riuscire a mettere in relazione le nostre parti mantenendo una certa integrità. Sappiamo che il nostro io è fatto di parti, che possiamo essere diversi in contesti diversi, che possiamo abitare mondi diversi. Non lo dobbiamo fare in maniera scissa, schizofrenica, lo possiamo fare in maniera integrata. La cosa che a me interessa di Guggenheim public è che mettendomi in relazione a modalità di pensiero diverse io potenzio questa possibilità che ho di integrare le mie parti. Nel confronto con pensieri diversi, innamorandomi di pensieri diversi, aderendo a pensieri diversi, appassionandomi a pensieri diversi io mi faccio emergere. Soltanto attraverso la passione, l'eros, l'empatia posso fare questo. Solo nel "qui ed ora" io posso integrare queste parti. Integrare le nostre propensioni e le nostre capacità, quelle più intuitive, quelle più esoteriche è ciò che la contemporaneità chiede alla nostra specie. Io credo questo ed in questo momento mi sto autorappresentando, io credo che la caratteristica fondamentale per riuscire a sopravvivere in questo habitat sia quella dell'elasticità, della plasticità, del credere che non esista un essere e un non essere, ma che esista un vuoto che in qualche modo ci sostiene e in questo vuoto una multidimensionalità. Sono finiti i tempi dell'unica dimensione. Per cui l'autorappresentazione nell'unica dimensione è soltanto l'espressione della propria inadeguatezza.

arrayed structure with respect to the world, is no longer feasible from a philosophical point of view. What computerization calls on us to dwell in is a multi-dimensional world, and we have to somehow respond to that call, by adjusting our Ego. That is the challenge today: being able to connect our parts while maintaining our integrity. We are aware that our Ego is made up of parts, that we can be different in different contexts, that we can live in different worlds. We shouldn't do so in a divided, schizophrenic way, we can do it in an integrated way. What interests me in Guggenheim public is that I strengthen the possibility I have to integrate my parts by linking up with different ways of thinking. By confronting different thoughts, becoming enamored of different thoughts, embracing different thoughts, becoming fascinated with different thoughts, I make myself surface. It is only through passion, Eros, empathy that I can do this. Only in the "here and now" can I integrate those parts. Integrate our proneness and our capacities, the most intuitive, esoterical ones, is what contemporaneity requires of our species. I believe this, and right now I am self-representing myself, I believe that in order to survive in this environment we need flexibility, plasticity, the belief in the non-existence of being and non-being, but of a void that somehow supports us, creating a multidimensional condition. The days of a sole-dimension are over: self-representation in a sole-dimension is merely the expression of our own inadequacy.

di by *Anita Sieff*

Anita Sieff vive e lavora tra Venezia e New York City. Dal 1980 è attiva nelle arti visive. Le sue fotografie, i suo film, video e installazioni sono stati visti in Europa e USA. Dal 1996 si occupa di comunicazione come evento di rappresentazione del sociale. Nel 1996 crea Guggenheim public, e nel 1998 Ethtv: un processo creativo di un più ampio progetto etico che mira, attraverso il sito www.ethicstv.com, a raccogliere persone affini per creare un sistema partecipativo in cui l'arte si espliciti in termini di relazione sociale.

Anita Sieff lives and works betwen Venice and New York City. She has been ivolved in the visual arts since 1980. Her photographs, films, video, and installations have been shown in Europe as well as in the USA. From 1996 Sieff concentrated more on the aspect of communication as a means for social representation. In 1996 she conceived Guggenheim public, in 1998 EthTv: a creative process of a larger ethical project aiming to gatheri through the website www.ethicstv.com, likeminded people. The aim is to foster a partecipatory system in which art defines itself in terms of social relatedness.

Esprimere la potenza

La difficoltà di "essere", di poter esprimere il proprio potenziale, la propria potenza, rappresenta il problema chiave dell'essere umano alle soglie del terzo millennio. La società contemporanea apparentemente fornisce tutti gli strumenti necessari per rendere l'espressione possibile. Il mercato a sua volta, per venderli, promuove il potere del mezzo come espressione, come messaggio. E se questo potenziale inespresso nella maggior parte individui, non potesse in realtà esprimersi perché già rappresentato e già espresso? Allora sarebbe legittimo pensare che non sia possibile partecipare alla produzione di senso, perché già prodotto e per quello in divenire che non sia lecito partecipare se non se ne accettano le regole implicite, decise a priori.

Questo paesaggio del possibile apre all'inadeguatezza come stato di malessere generalizzato e all'arte come rappresentazione di

Reconfiguring the Public

The difficulty to "be", to express one's own potential, is the essential issue for the human being on the threshold of the third millennium. Contemporary society seemingly provides all the necessary tools for making expression possible. In turn, the market, to sell them, promotes the power of the media as expression, as message. And indeed the world is full of messages, but they are messages promoting consumerism, so a world is being created by adding together existing messages, mistaking the right to exist with the enforced traffic of pervasive information. Any form that appears, be it immaterial or crystallized, occupies an effective space, and space is but one. To be able to admit something new, that space has to be emptied of what is already there. What if the unexpressed potential in most individuals cannot be expressed because there is no room?

McLuhan was defending discontinuity as basic concept, establishing, with the Media theory, the use of temporary local centers of global civilization in the

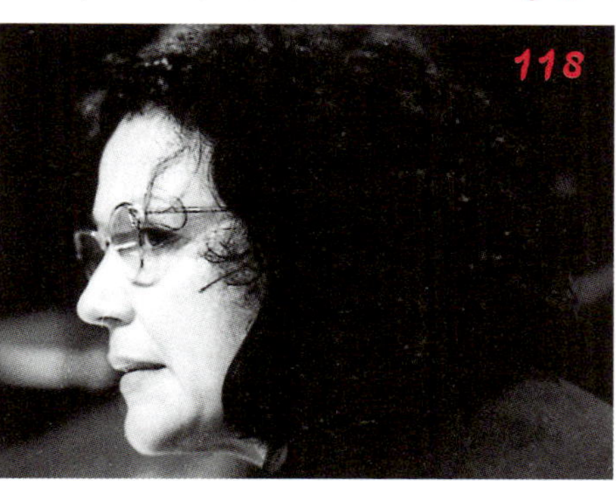

senso, come cura. È l'inadeguatezza rispetto alla norma dell'espresso che paralizza l'individuo perché lo mette nella condizione di essere giudicato ed escluso. La ragione di questa condizione è la mancanza di una coscienza etica. Etica come *ethos* significa abitare, avere un luogo dove star bene, non da soli perché da soli si è reclusi, ma insieme: etica è dunque abitare la diversità, è la casa che consente di essere formalmente diversi per sperimentarci uguali nell'essenza. Penso che ciò che ci consente di abitare un sistema condiviso sia un codice implicitamente programmato nell'essere umano e che quindi si tratta di diventarne coscienti. La scienza ha ampiamente dimostrato che la vita, le sue creature e l'ambiente sono in fittissima relazione. Nulla è separato. Nemmeno la dimensione del corpo fisico individuale è del tutto separato dal resto visto che si unisce all'aria, alla luce. In realtà non si può tracciare un confine dove il corpo finisce e forse non potremmo nemmeno dire dove inizia la vita e dove finisce, forse c'è qualcosa al di là del limite, qualcosa di non finito!

Nel 1996 alla Collezione Peggy Guggenheim di Venezia ho attivato il progetto Guggenheim public che intende usare il dialogo come metodologia per andare oltre il dualismo osservato-osservatore ed attivare la comunicazione come evento, come esperienza di condivisione. Il progetto consiste in incontri, che per i primi tre anni sono stati settimanali ed ora sono bisettimanali: ogni mercoledì, tra persone provenienti dai più diversi orizzonti della conoscenza. La sfida è di vedere se sia possibile abbandonare l'autorità del ruolo individuale per cooperare alla produzione di un pensiero che non sia più di proprietà del singolo ma, per oggettiva condivisone, sia riconosciuto come patrimonio di tutti i partecipanti.

Nella storia dell'arte abbiamo, un grande artista che ha anticipato tutto questo. Joseph Beuys negli anni settanta costituisce la "Free International University" con cui intende portare avanti un progetto che vede il fare o meglio il per-formare dell'arte più come processo non solo legato al rapporto a due, artista-opera, ma inserito in un

contesto più ampio, un campo di relazioni, dove intervengono fattori contestuali a determinarne la natura di opera. Lui parla per la prima volta di Scultura Sociale come opera d'arte che si fa per effetto della cooperazione di chi vi partecipa. Scultura perché anche l'energia è materia, materia non cristallizzata, e in quanto tale è elemento che diventa forma per effetto dell'espressione data dall'intento dei partecipanti all'opera. Cooperare al dialogo quando il dialogo è affrontato con l'intento di dare spazio all'opera è scolpire lo spazio, cioè creare lo spazio che contenga il nuovo, l'espresso.

Il problema è comunicare e più propriamente, cosa significhi comunicare.

Molto spesso, nel contemporaneo, termini come comunicazione sono usati impropriamente ed intendono semplicemente il trasferimento di dati informativi attraverso l'interazione dei soggetti coinvolti. Questo significato implica che esista un paesaggio in cui indipendentemente l'uno dall'altro, i vari soggetti agendo nel proprio interesse personale esplicitano un'azione. L'azione singola poi deve interagire con le azioni altre per portare al successo l'obiettivo del singolo. Gli strumenti che ci sono dati a disposizione sono sufficientemente sofisticati per far funzionare un'intera società in questo senso, dove la parola d'ordine è competizione e la determinazione con cui si agisce è chiamata professionalità. Comunicare però significa tutt'altro perché implica il rapporto con l'altro da sé, non nella negoziazione ma nella coscienza dello stato della relazione, implica cioè la condizione dell'interdipendenza reciproca.

Gli incontri al museo hanno nel tempo evidenziato che siamo stati educati a concepirci come soggetti isolati, con un'autonomia pressoché totale e che la dimensione della comunità è vista solo attraverso il filtro delle convenzioni sociali.
Questo comporta una generale rieducazione che, nella dinamica del dialogo, passa dall'umiltà ritrovata per auto-espressione reciproca, alla coscienza di appartenenza all'indifferenziato genere umano, fino alla ri-acquisizione del potere di esprimersi nell'individualità del singolo. Accettare

of public sharing. The project consists of encounters - each week during the first three years and now every other week, on Wednesdays- among persons coming from the most diverse fields of knowledge. The challenge is to see whether we can give up the authority of the individual social role to cooperate in the production of a reflection that ceases to be the property of the individual but, through objective sharing, is acknowledged as all the participants' patrimony, thus becoming "public" awareness.

In the history of art we have a great artist who anticipated all this. In the 1970s Joseph Beuys created "The Free International University," whereby his intent was to develop a project that considered doing or, better said, per-forming art as a process not just linked up with the dual artist-opus relationship, but as part of a broader context, a field of relationships, where contextual elements come into play, determining the nature of the work. He was the first to speak of Social Sculpture as a work of art produced by the cooperation of those who take part in it. Sculpture, indeed, because energy, too, is a material, a non-crystallized material, and as such is an element that becomes form as a result of the expression given by the participants' intent to create a space for the work, to sculpt a space, that is, to create the space that contains the new, the expressed.

The point is to communicate and more precisely, what communicating means.

Very often, in our time, words like communication are used improperly and merely mean the transferal of information through the interaction of the subjects involved. That meaning implies that there exists a landscape wherein independently of one another, the various subjects acting in their own interest explicit an action. Each individual action should then interact with the other actions to carry to success the aim of the individual. The available tools are sufficiently sophisticated to run an entire society in that sense, where the watchword is competition, and the determination with which one acts is called professionalism. Yet communicating means quite something else, because it implies the relationship

l'interdipendenza è difficile per un'implicita incapacità di riconoscerci nell'altro. La fisica quando parla di teoria dei quanti per cui un elettrone, per esempio, è visto come un insieme inseparabile di una particella e del suo campo, ci potrebbe fornire il metodo per ri-inventarci non più come soggetti interattivi ma piuttosto come soggetti partecipativi.

L'idea di espressione ha comunque in sé tutte le difficoltà di interpretazione relative all'unità della sostanza e la diversità delle manifestazioni. Seguendo il percorso di ricerca di Gilles Deleuze su Spinoza nel suo testo "Spinoza e il problema dell'espressione" vorrei segnalare quanto segue: "…l'espressione è l'esplicazione dell'Uno nel molteplice. L'Uno rimane implicato in ciò che lo esprime, impresso in ciò che lo sviluppa, immanente in quel che lo manifesta. L'esplicazione, lungi dal designare un'operazione dell'intelletto esterna alla cosa, designa invece lo sviluppo della cosa in se stessa e nella vita. …Per Spinoza la distinzione, nel senso più stretto, è sempre un dato della rappresentazione, ma la distinzione reale tra attributi non è il segno di una diversità tra sostanze. …Esiste una sostanza per attributo dal punto di vista della qualità, ma esiste un'unica sostanza per tutti gli attributi dal punto di vista della quantità. Le sostanze qualificate si distinguono qualitativamente e non quantitativamente o meglio: si distinguono 'formalmente' o quiddativamente e non 'ontologicamente'. Per Spinoza dunque la distinzione reale o quiddativa-formale esclude ogni tipo di divisione".

Questa visione potrebbe essere riproposta per rapportarci al globale non come spettro che produce omologazione ma come naturale contesto per cui le diversità si esprimano nell'unità. Di questo avviso era anche David Bohm, eminente fisico, nella sua dissertazione dell'interpretazione causale della teoria dei quanti sostiene che data la natura duale dei sistemi materiali per cui gli elettroni agiscono sia come particelle che, in certe condizioni, come onde, e data una strana proprietà di non localismo per cui le particelle sembrano in grado di influenzarsi reciprocamente anche in

assenza di apparente connessione, non sia concepibile di applicare il principio di separazione ma debba piuttosto essere applicato il principio di interdipendenza, di integralità tra chi osserva e ciò che è osservato. Il principio di interdipendenza viene esteso a tal punto da dire che è la forma a trasportare l'informazione e la forma è prodotto del contesto in cui si è espressa. Per molti anni Bohm portò avanti il dialogo come modalità aggregativa, come forma in movimento, "dia", tra i *logoi*, dove poter rintracciare la condivisione coerentemente nella verità del momento con gli altri partecipanti. Nel dialogo chiediamo ad alta voce perché il problema di uno è quello di tutti. Il nostro problema è il problema del mondo visto che noi siamo mondo e quando viene dipanato un pensiero attraverso il processo partecipativo è una forma che viene creata. Chiedere diventa allora una cosa estremamente seria perché è interrogazione del mondo e parlare altrettanto perché diventa creazione. Nel dialogo viene superato il principio di contraddizione che è la modalità a cui siamo stati educati e che non ci permette la relazione simultanea tra i molti.

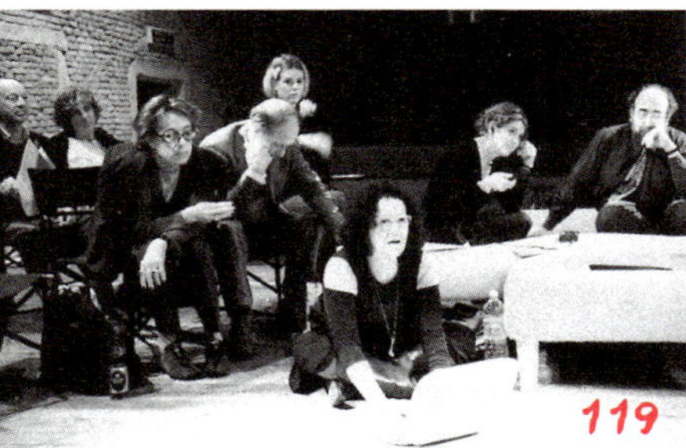

Nel condurre il mio progetto volevo evitare l'impostazione osservato-osservatore, la dinamica classica che stravolge l'uso del potere di espressione e lo trasforma in strumento protettivo, se non offensivo, per ovviare alla mancanza di controllo e allo scoglio di accogliere l'altro da sé ed avviare la dinamica del comprendere ed essere compreso. Bohm sostiene che esista una autorità centrale, un sé, che osserva e agisce in rapporto a se stesso, per esempio se io sono inquieto, cercherò di alterare questo stato. A questo punto è nata la distinzione tra l'osservatore-io, e l'osservato-inquietudine. Suggerisce che questa distinzione sia un moto che nasce dal sistema di assunzioni ed esperienze, ma sia attribuibile sostanzialmente allo stato dell'entità-io

attended to. If you won't attend to something, then you don't perceive it -it doesn't exist as far as you're concerned. But attention is not intrinsically restricted - it could widen out and go into any form. It may well be that attention is, as it were, a kind of relation between the limited and the unlimited - at least potentially so … Through such attention, we could move into more and more subtle levels of the implicate order - the more general levels of the whole process … At these general levels, consciousness in one person differs very little from consciousness in another. Those implicit, tacit thoughts that are the foundation of consciousness are shared by all… I think, then, that there is the possibility of the transformation of consciousness, both individually and collectively. It's important that it happen together-it's got to be both. And therefore this whole question - of communication and the ability to dialogue, the ability to participate in communication- is crucial." (David Bohm, *On dialogue*, edited by Lee Nichol, Routledge 1996, pg. 93).

The principle of interdependence goes so far that we could say: it is form that conveys information, and form is produced by the context in which it is expressed. For a number of years Bohm developed dialogue as an aggregative modality, as a form in motion, "dia" among the logoi, where sharing can be coherently sought, in the truth of the moment, with the other participants. In dialogue we ask out loud, because the individual's problem is everyone's problem. Our problem is the world's problem since we are the world, and when a thought is sorted out in a participatory process a form is created. Questioning, then, becomes something extremely serious because it is questioning of the world, and speaking equally so, since it becomes creation. In dialogue, the principle of contradiction, the modality we were brought up in and that prevents the simultaneous relationship between the many, is overcome.

In conducting my project I wanted to avoid the observed-observer set-up, the typical dynamic that upsets potency of expression turning it into power as

costruita negli anni dalle abitudini, automatismi e consenso culturale. Krishnamurti, con cui Bohm attivò numerose ricerche sulla natura del pensiero, diceva che l'azione dell'osservare come esperienza è la chiave per uscire dal dualismo osservato-osservatore. Quindi l'azione come "occupazione di spazio" e dunque modalità di essere nel presente. Quando si osserva attentamente, totalmente, il che significa senza divisione tra soggetto e oggetto allora e solo allora c'è percezione totale, sola percezione senza percepitore. Allora c'è ordine. Se c'è divisione c'è conflitto, "…se l'ossevatore è l'osservato il che significa che l'osservatore dice: - sono violento, la violenza non è separata da me-, allora avviene un fatto totalmente nuovo…", dice Krishnamurti "non c'è più conflitto, non c'è razionalizzazione, non c'è soppressione, controllo, non c'è la non-violenza come ideale: tu sei quello … la parola violenza è implicitamente condannatoria: è una parola che usiamo per avvalorare il suo significato lesivo. Il fatto di nominare la violenza la rafforza, ma se noi non la nominiamo perché non viviamo la differenza tra osservato e osservatore, l'emozione che emerge chiamata violenza, non esiste più…" (*Truth and Actuality*).

Il nodo da sbrogliare sembra essere la natura del linguaggio. Tutte le realizzazioni dell'essere umano, positive o negative, comportano l'uso del linguaggio e quando usiamo il linguaggio come un sistema di rappresentazione creiamo un modello della nostra esperienza. Tale modello poggia sulla nostra percezione del mondo. Quando usiamo il linguaggio per comunicare lo facciamo per rappresentare la nostra rappresentazione della nostra esperienza. Ma quando la funzione logica interviene muta il dato e lo allontana dalla realtà… "L'attività organizzatrice della funzione logica introduce nel suo processo tutte le sensazioni e costruisce il suo proprio mondo interno in modo tale da allontanarsi sempre più dalla realtà e da ricollegarsi così strettamente ad un certo livello alla realtà stessa, talché si può dire che ha luogo una transizione continua dalla realtà al mondo interno. Si può dire altresì che l'uomo possiede due distinte sfere d'azione, quella del suo mondo interno (da lui

oggettivato come mondo dell'intuizione sensibile) e quella del mondo altro da questo; cioè il mondo esterno", (H. Vaihinger, *La filosofia del come se*). Secondo Aldous Huxley "…ogni individuo è nello stesso tempo il beneficiario e la vittima della tradizione linguistica nella quale è nato; il beneficiario per accesso ai dati accumulati dall'esperienza altrui; la vittima in quanto lo conferma nella convinzione che la ridotta consapevolezza sia la sola consapevolezza e perché stuzzica il suo senso della realtà, in modo che egli è fin troppo pronto a prendere i suoi concetti per dati, le sue parole per cose vere" (*Le porte della percezione*).

Attraverso il movimento del dialogo, ho verificato, avviene l'inaspettato e questo consente l'esperienza del presente vanificando le proiezioni di modelli che si presentano come pregiudizi ed attaccamenti. Con questa sospensione facciamo correre i nostri pensieri in modo tale da vederli come sono, perché non siamo più identificati con essi. La diversità tra gli individui sembra essere nella differente ricchezza dei loro modelli. Lo stesso modello sarà utile o no a seconda del contesto e il contesto del dialogo produce la sua particolare forma che sfugge ad ogni possibile manipolazione.

Filosofi, scrittori, sociologi, antropologi, musicisti, biologi, architetti, registi, fotografi. ecc. previo incontro con ognuno per verificare la convergenza e disponibilità all'esperimento, cominciarono a confluire agli incontri del mercoledì sera alla Collezione Peggy Guggenheim di Venezia. L'articolazione della serata ha sempre previsto una cena informale perché si possa stabilire una atmosfera di partecipazione a cui segue il raduno in biblioteca attorno ad un grande tavolo per ispirarci vicendevolmente e depositare, in una sorta di concerto, i vari contributi perché possano dar vita ad un organismo autonomo, possibilmente un'opera.
Attorno a questo tavolo negli anni ho capito che in quello spazio "tra i formalmente diversi", gli ego, è nascosta la chiave per una più ampia comprensione della natura della comunicazione come accezione di inclusività e unione. L'arte abita questo spazio

experience. That model rests on our perception of the world. When we use language to communicate we do so to represent our representation of our experience. But when logic intervenes it changes the data and removes it from reality. Since each individual is at the same time victim and beneficiary of its linguistic patrimony, only the "unexpected experience" is capable of expanding the settings without removing them from the reality of the perceptive world.

I have verified, that the movement of dialogue, thwarting the projections of models that are revealed to be prejudices and attachments, doesn't allow the logic apparatus to take over, the unexpected forces to experience the present. This suspension allows us to let our thoughts flow so as to see them as they are, because we are no longer identified with them. Diversity between individuals seems to have to do with the different richness of their models. The same model will be useful or not, depending on the circumstances, and the circumstance of dialogue produces its own special form that eludes any possible manipulation.

Philosophers, writers, sociologists, anthropologists, biologists, architects, directors, photographers, and so on, receptive to the experiment, began to assemble at the Wednesday evening meetings at the Peggy Guggenheim Collection in Venice. The organization of the evening always scheduled an informal dinner followed by a gathering in the library around a large table, to mutually inspire one another and deposit, in a sort of concert, the various contributions so as to create an autonomous organism, possibly a work of art. At this table over the years I grasped that in that space "among the formally different," the egos, lies hidden the key for a broader understanding of the nature of communication as a means for inclusiveness and union. Art inhabits this space because it is essentially communication. We are all "solitary" that must explode in our potency to be, in our male side. Love as a principle of integration transforms the potential in expressed, in the female, giving rise to differentiation. By this movement the potential per-forms its energy creating the experience, the form. Then the mind, coherently retaining the images of the experience, translates it

perché è essenzialmente comunicazione. Siamo tutti "soli" che devono esplodere nella loro potenza d'essere, nel loro maschile. L'amore come principio di integrazione trasforma il potenziale in espresso, in femminile, operando la differenziazione. Con questo movimento il potenziale per-forma la sua energia creando l'esperienza, la forma. La mente poi, trattenendo coerentemente le immagini dell'esperienza, le traduce in consapevolezza. L'artista è artefice e responsabile di questo processo. Ognuno dunque è potenzialmente un artista ma lo diventa di fatto solo se se ne assume la responsabilità. La sfida è di vedere se stessi come nuovi inizi, con la possibilità di rompere l'inerzia intesa come principio di resistenza al cambiamento. Riconosciuto un simile potenziale, diventati coscienti del comune intento possiamo, nella risonanza, per-formare e diventare così agenti del cambiamento. In una prospettiva del genere evoluzione di consapevolezza e processo artistico corrono paralleli se non addirittura nella prospettiva della convergenza.

Ogni incontro viene registrato e spesso filmato. Negli anni il numero di partecipanti è cresciuto e tantissime persone si sono avvicendate, ognuna contribuendo alla crescita e al dipanarsi di quel pensiero partecipativo che nel tempo ha portato al Simposio sull'Amore, l'evento che si è tenuto nell'ottobre del 2000 a Venezia. Amore come motivazione del genere umano ad espandere la propria coscienza e ad agire. Amore come principio di integrazione, come chiave per far succedere piuttosto che ostacolare. Amore come dinamica intrinseca che consente di vedere la vita come un campo di relazioni dove comprenderci e riconoscerci nel cammino verso un comune intento. Amore dunque come partecipazione e responsabilità nei confronti di quanto per-formiamo. Nel riconoscimento della nostra natura "public", lontani dal paradigma osservatore-osservato, ristabiliamo così la tensione alla reciprocità, condizione prima della comunicazione e, nel consegnarci al processo, riconosciamo la condizione dell'Arte. Un'arte che non più di osservazione e decostruzione della realtà, ma piuttosto coinvolgimento attivo per la ricostruzione.

Una società è una connessione di relazioni tra persone e istituzioni ma questa funziona solo se abbiamo "cultura", vale a dire se condividiamo un significato, un proposito ed un valore. Altrimenti crolla. La nostra società è incoerente, se per coerenza si intende la capacità di creare nessi, e nella totale assenza ormai di una propria cultura, vista l'assenza di pensiero partecipativo è guidata dai mass media che usano le risorse della tecnologia per creare senso di appartenenza: una comunità di "inadeguati" che delegano all'autorità dei media la propria rappresentazione perché attribuiscono loro il diritto assoluto d'esistenza.

Credo sia fondamentale riproporre la possibilità dell'auto-rappresentazione e l'implicito diritto diritto di essere formalmente diversi. Il significato dell'esperienza di questi cinque anni di Guggenheim public mi porta a dire che sia ancora possibile creare senso per effetto dello stare con gli altri perché basta diventare coscienti dell'essere-con, dell'esistere con gli altri. Esistere con gli altri significa soprattutto rapportarsi con la propria inadeguatezza e riconoscere l'unità nel diverso

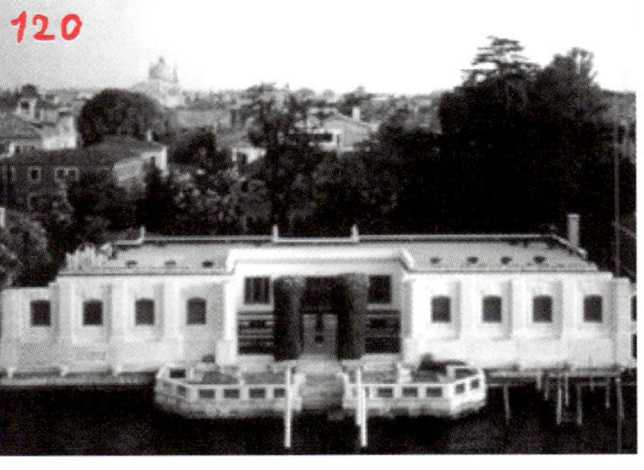

da sé. È l'ambito di ciò che viene chiamata per necessità di convivenza globalizzazione. La disabilità per inadeguatezza è superata con la eliminazione del modello osservato-osservatore. Ma per riuscire a questo non bastiamo da soli: è necessaria la cooperazione di persone che partecipino e si assumano la responsabilità della "indifferenza dei ruoli" per esercitare l'autorevolezza dell'espressione delle distinzioni di entità e in questo processo ri-conoscere se stessi nell'"altro". Un esercizio di relazione, per sperimentare come sia possibile superare, attraverso l'integrazione dell'altro da sé, il difficile stato di isolamento, reclusione perché fuori dalla norma e quindi inadeguati. Etica dunque come *ethos* che consente alle diverse monadi di

the thing, designates instead the development of the thing in itself and in life." For Spinoza, distinction, in the narrowest sense, is always a datum of the representation, but the real distinction between attributes is not the sign of a diversity between substances: there exists a substance per attribute from the point of view of quality, but there exists a single substance for all the attributes from the point of view of quantity. Qualified substances are distinguished qualitatively and not quantitatively, or better said: they are distinguished 'formally' or quid datively and not 'ontologically.' So for Spinoza the real distinction or formal-quid dative excludes any kind of division."

One might propound such a vision to relate us to global, not as a specter producing homologation but as a natural context whereby diversities express themselves in the unity of life system. In the pursuit of self-representation I recorded and frequently filmed each meeting. Over the years the number of participants has grown and a great many persons have drawn near, each one contributing to the growth and spreading of that participatory reflection that after a while led to the Symposium on Love, the event that was held in October 2000 in Venice. Love as motivation of the human race to expand its own awareness and to act. Love as a principle of integration, as a key for making happen rather than obstructing. Love as intrinsic dynamics enabling to see life as a field of relationships where we can understand and recognize one another on the way toward a shared intent. So love as participation and responsibility toward what we per-form. In acknowledgement of our "public" nature, far removed from the observer-observed paradigm, we thus re-establish the tension of reciprocity, the condition preceding communication and, in trusting in the process, we acknowledge the condition of Art, an art no longer observation and deconstruction of reality, but instead active commitment to reconstruct.

esprimere la propria potenza d'essere diverse: la dimensione dell'arte, non più nella prospettiva dell'esclusività ma dell'inclusione della dimensione collettiva, un'arte non necessariamente cristallizzata ma, nella sua forma più immateriale, evento della comunicazione. "Quando capiamo che non possiamo raggiungere alcun obiettivo senza il sostegno e la comprensione degli altri, viviamo quello straordinario stato d'animo che è simile allo stato dell'innamoramento, del riconoscere un'amicizia importante, allora siamo nella condizione di creare arte" (Joseph Beuys).

Ho chiamato il progetto "public" perché penso che sia fittizia l'idea di essere separati: siamo sottoposti alla relazione come condizione esistenziale e questa condizione ci avvicina drammaticamente agli altri. Non possiamo più pensare di abitare nel privato la dimensione che ci appartiene come vocazione e vestire in pubblico la forma di convenzioni sociali. Tutto è sotto la luce del sole, o meglio, sotto la luce dei riflettori. L'essere pubblici ci mette nella condizione di dover vivere il privato, o ciò che siamo abituati a concepire come privato, in pubblico, e dunque di non poterci più sottrarre alla responsabilità delle nostre azioni e scelte. Un essere pubblico che ci toglie dal ristretto nucleo famigliare e ci obbliga a far parte della grande famiglia dei molti. Se non vogliamo delegare la nostra rappresentazione allo stereotipo dei mass media, non ci resta che trovare lo spazio dove produrre senso, per dare espressione all'auto-rappresentazione. L'unica dimensione che possiamo considerare non accessibile al pubblico e quindi considerare privata è quella dello spazio interiore. Il privato, visto in questa chiave, diventa il luogo inaccessibile, dove avvengono i veri drammi della vita e dove possiamo costruire l'"intento". Questo spazio interiore diventa il santuario dove avviene il "sacrificio", il *sacrum facere* della trasformazione in coscienza. La coscienza, a sua volta, diventa motore d'espressione. L'espressione si trasforma in contributo individuale che va ad arricchire la complessa opera di auto-rappresentazione del pubblico come evento di co-creazione.

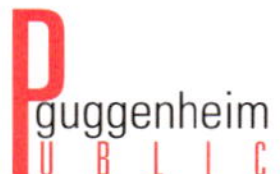

Nella perdita volontaria del dispositivo di auto-referenzialità, ci prestiamo ad essere forma e troviamo il tempo per dedicarci al dispiegamento del nostro potenziale come potere di creare. Perdere auto-referenzialità per diventare auto-rappresentazioni del potenziale che ci abita, diventare quindi coscienti d'essere forma e creare. Creare quando è coscienza significa creare spazio. L'azione che, poiché inaspettata, crei il vuoto per accogliere l'evento, produca attenzione per effetto del disorientamento ed inspiri la visione nella prospettiva di ridare coscienza a noi stessi. Siamo forma che rivela, si manifesta, ogni volta che si sottopone alla perdita della forma precedente. Una forma non più facilmente individuabile perché immateriale, una forma come coscienza della perdita dell'identità singola a favore di un organismo più complesso. La forma quindi diventa nella sua portata di azione l'evento stesso. Questa forma nel contemporaneo è la "comunicazione". Creare nuove forme vuol dire creare lo spazio, e creare lo spazio significa entrare nella dimensione di vivere il tempo come presente.

Quel tempo condiviso, che per effetto dell'innocenza dell'artista, diventa inaspettato e dunque "accogliente" è quindi il possibile luogo di appartenenza. La comunità si forma nel luogo dell'accoglienza che è anche luogo della cura per dare forma all'esperienza come "azione" che produce coscienza. Per eredità siamo abituati a pensarci "contenuti" abbiamo perso di vista il potere che abbiamo di essere forma. Forse è tempo di pensare alla propria natura di essere medium e coglierne l'implicito potenziale di auto rappresentazione. Un medium tra l'altro che non ha alcuna specializzazione ma che nella sua manifestazione si diversifica in rapporto al motore che lo aziona. Questo dato ci dovrebbe liberare dalla pre-occupazione di cadere nell'indifferen-ziazione, mentre dovrebbe incoraggiarci per la possibile esperienza della cooperazione, dove i diversi finalmente contribuirebbero alla rap-presentazione di quella complessità di cui oggi abbiamo coscienza.·

gennaio 2001

belongs to us as a vocation and that in public assumes the forms of social conventions. Everything is in broad daylight, or better said, in the limelight. Being public puts us in the condition of having to live privacy, or what we are used to conceiving as privacy, in public, and therefore no longer be able to withdraw from the responsibility of our deeds and choices. The one dimension we can consider not accessible to the public, and therefore consider private, is that given by our inner space. Privacy, thus viewed, becomes the inaccessible place where the true tragedies of life take place and where we can construct "intent." That inner space becomes the sanctuary where "sacrifice" takes place: the "sacrum facere" of the transformation into awareness. Awareness, in turn, becomes the motor of expression. Expression is transformed into individual contribution that will enrich the complex work of self-representation of the public as co-created event.

In the voluntary loss of the self-referentiality device, we are willing to be form and to find time to focus on the unfolding of our potential as potency to create. Therefore we become aware of being form and creating. Creating when there is awareness means creating space. The action that, since it is unexpected, creates the vacuum to circumscribe the event, produces attention as a result of our being disoriented, and inspires vision in the perspective of giving us back awareness. We are form that reveals, appears, every time we are willing to loose the previous form. A form no longer easily recognizable because often immaterial, a form as awareness of the loss of the single identity to the benefit of a more complex organism. Form then becomes, by its scope of action, the event itself. Today such a form is "communication." Creating new forms means creating space, and creating space means entering the dimension of living time as the present. This shared time, that as a result of the artist's innocence, - innocence as absence of programming - becomes unexpected and therefore "welcoming", is the possible place of belonging. Community is formed in the place of welcoming, that is also the place of healing, to give form to experience as "action" producing awareness.

April 2001

1 - 5 - 6 - 12 - 13 - 20 - 21 - 30
47 - 74- 75 - 86
Venezia
2 - 14 - 15 - 16 - 17 - 18
Teatro Fondamenta Nuove, l'elaborazione,
14 ottobre 2000
3- 4 - 7 - 8 - 9 - 46
Fondazione Querini Stampalia, riflessione
conclusiva, 14 ottobre 2000
10 - 19 - 32 - 108 - 109 - 111 - 112
113 - 115 - 117 - 119
Teatro Fondamenta Nuove, il dialogo,
13 ottobre 2000
11 - 24 - 52 - 53 - 72 - 73 - 76 - 77
Accademia di Belle Arti di Venezia, introduzione,
12 ottobre 2000
22
Fabrizio Elefante, Donatella Caprioglio
23
Joseph Kosuth
25
Marilyn Tunneshende con un'amica
26
Chiara Barbieri
27
Elena Cimenti
28
da ds: Maurizio Lazzarato, Anita Sieff, Joseph Kosuth
29
da ds: Franco Ferrero, Karen Moller, Anita Sieff,
Paolo Bianchi
31
Anita Sieff, Catherine Shainberg
33
relax
34 - 35
Catherine Shainberg, Massimo Kaufmann
36
Massimo Kaufmann, Maurizio Lazzarato, Antonio
Marazzi
37
da ds: Angiola Churchill, Satish Kumar, Ebba
Matz, Ghislain Devroede, Fabrizio Elefante
38
Merilyn Tunneshende, Ghislain Devroede
39
Philip Rylands, direttore della Collezione Peggy
Guggenheim, Accademia di Belle Arti di Venezia,
12 ottobre 2000

40
Palazzo Ducale, Venezia (photo Anita Sieff)
41
Susan Wise, Ghislain Devroede, Martine Batchelor
42
Martine Batchelor
43
Paolo Bianchi
44
da ds: Don Factor, Susan Wise, Paolo Bianchi
45
Sandra Caroldi
48
Mario D'Avino, Antonietta Grandesso
49
da ds: Sandra Caroldi, Elena Cimenti, Mario D'Avino
50
da ds: Stefania Giammetta, Anita Sieff, Antonio
Marazzi, Pucci Dallerba Ricci
51
da ds: Karen Moller, Pucci Dallerba Ricci,
Catherine Shaimberg
54
Ghislain Devroede
55
Ghislain Devroede, Angiola Churchill
56
da ds: Ghislain Devroede, Claudio Ronco, Satish Kumar
57
Don Factor
58
da ds. Ghislain Devroede, Dan Factor, Satish
Kumar, Antonio Marazzi
59
da ds: Claudio Ronco, Martine Batchelor,
Elizabeth Thompson, Andrew Salcius
60
Marco Ferraris, Martine Batchelor
61 - 62
Massimo Kaufmann
63 - 65
Satish Kumar
64
da ds: Ghislain Devroede, Claudio Ronco, Satish Kumar
66
Paolo Bianchi, Maurizio Lazzarato
67
da ds: Paolo Bianchi, Maurizio Lazzarato, Mafalda
Marchioro, Catherine Shainberg

68
Alberto Madricardo
69
da ds: Alberto Madricardo, Pucci Dallerba Ricci,
Sandra Caroldi
70 - 71
Antonio Marazzi
78 - 79
John Peter Nilsson
80
da ds: Joseph Kosuth, John Peter Nilsson, Ghislain
Devroede
81
da ds: Richard Tarnas, Massimo Kauffmann, Don
Factor
82
Mafalda Marchioro con un'amica
83 - 84
Claudio Ronco
85
da ds: Stefania Giammetta, Natasha Bordiglia,
Claudio Ronco
87
da ds: Maurizio Lazzarato, Mafalda Marchioro,
Joseph Kosuth, Ghislain Devroede, Marco Senaldi
88 - 89
Catherine Shainberg, Massimo Kaufmann
**90 - 91 - 102 - 103 - 104 - 105 - 106
107 - 110 - 114**
Scultura Sociale n.2 di www.ethicstv.com
Teatro Fondamenta Nuove, 12 ottobre 2000
92 - 93
Richard Tarnas
94 - 95
Elizabeth Thompson
96 - 98
Merilyn Tunneshende
97
Merilyn Tunneshende, Elizabeth Thompson
99
Susan Wise
100
da ds: Franco Basaglia, Susan Wise, Gabriella
Cardazzo, Paolo Bianchi
101
Franco Basaglia, Susane Wise
116
Elizabeth Thompson, Anita Sieff

118
Anita Sieff
120
Peggy Guggenheim Collection
Palazzo Venier dei Leoni, Venezia
(photo David Heald)

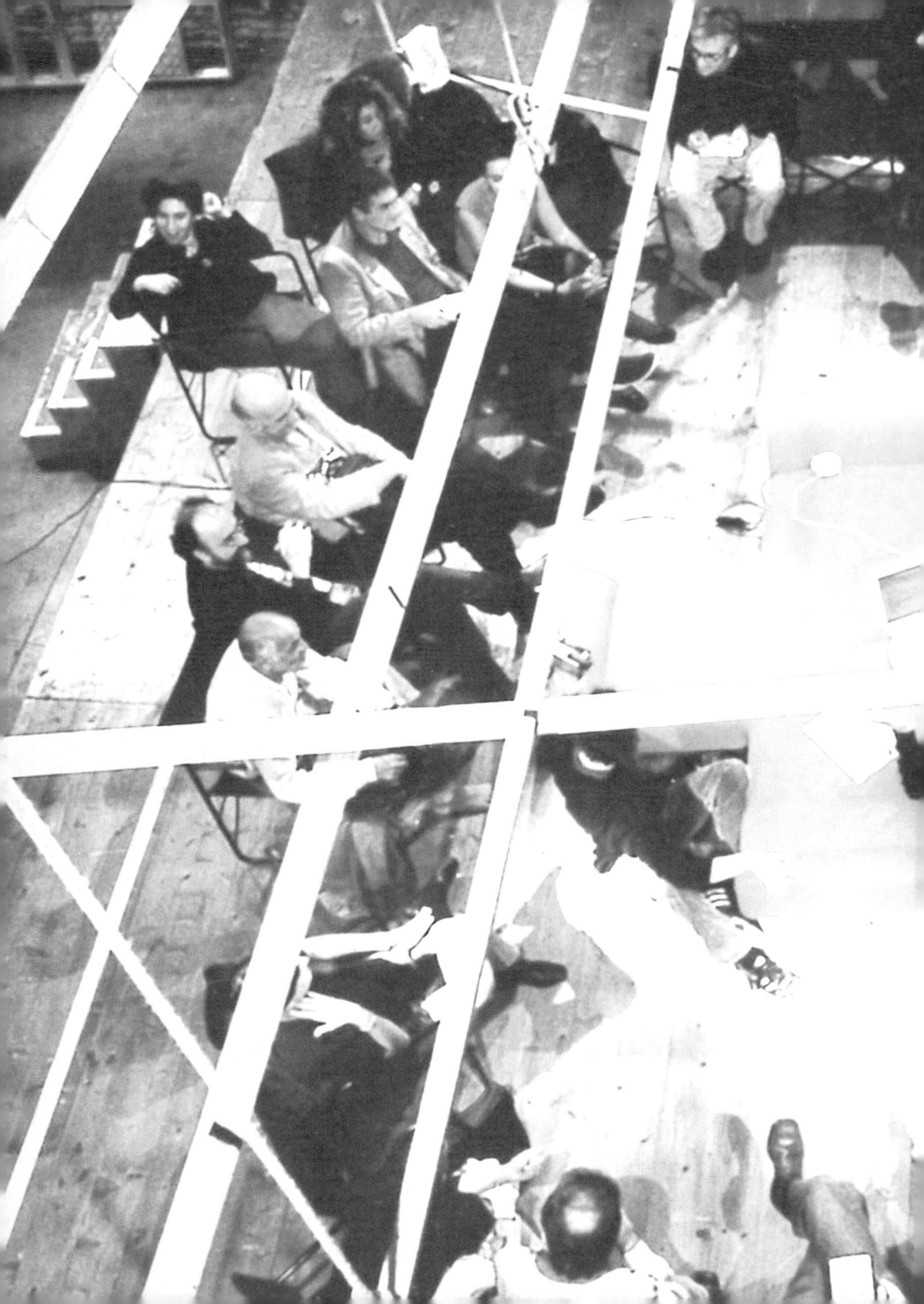

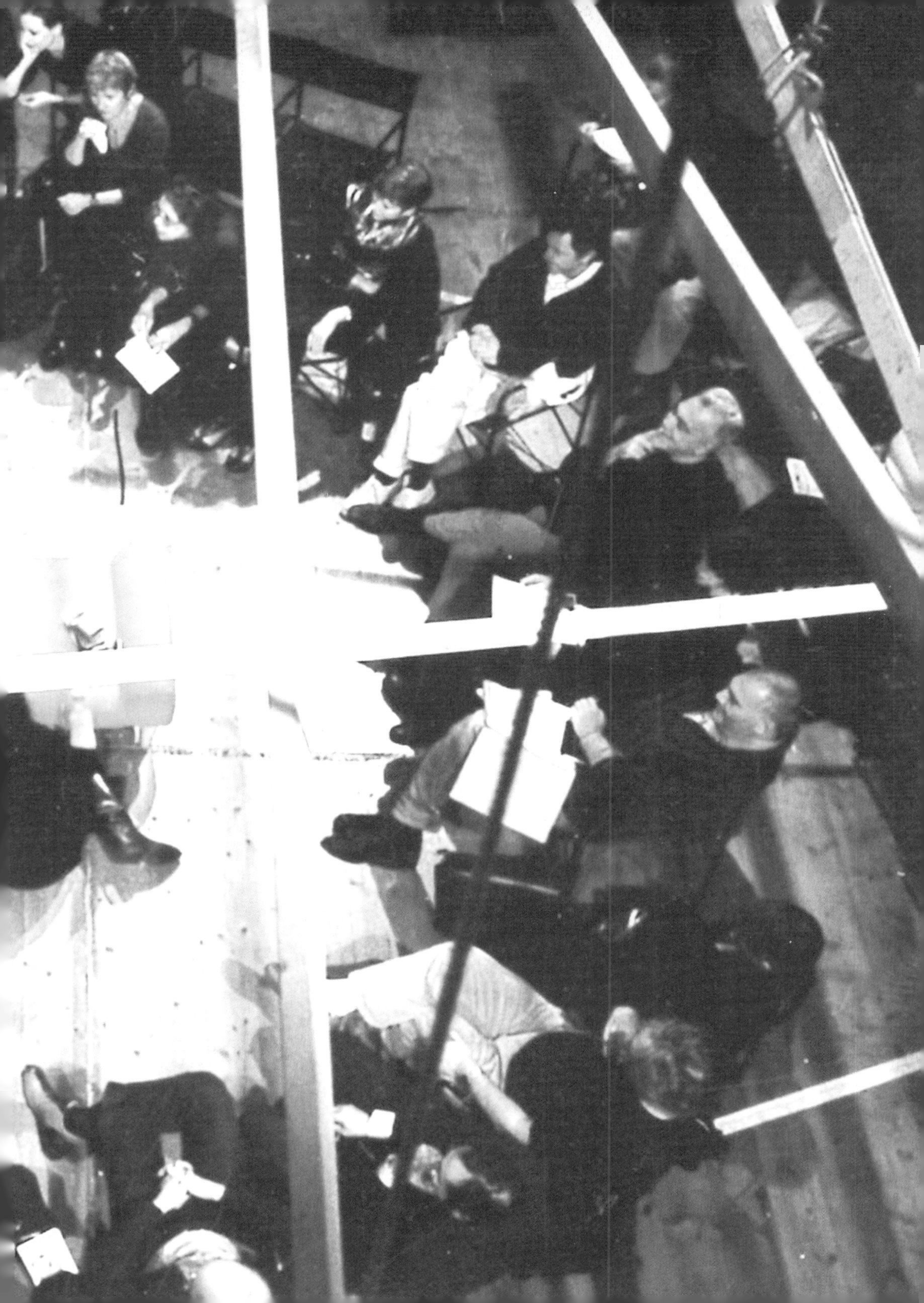

Finito di stampare nel gennaio 2002 da Garabello Artegrafica, San Mauro Torinese (To)